城市轨道交通系列丛书

城市轨道交通线路与站场

韩宜康　林瑜筠　主编
李腾万　主审

中国铁道出版社有限公司
2023年·北京

内 容 简 介

本书主要介绍城市轨道交通线路与站场的基本组成和基本原理，包括：城市轨道交通线路规划、城市轨道交通线路、城市轨道交通轨道、城市轨道交通道岔、城市轨道交通车站、城市轨道交通车辆段/停车场等内容。

本书可作为从事城市轨道交通线路与站场的工程技术人员和技术工人的学习资料，以及城市轨道交通技术培训用书。也可作为城市轨道交通高、中等学校相关专业的教材。

图书在版编目（CIP）数据

城市轨道交通线路与站场/韩宜康，林瑜筠主编．—北京：中国铁道出版社，2013.7（2023.12 重印）
（城市轨道交通系列丛书）
ISBN 978-7-113-16406-5

Ⅰ.①城… Ⅱ.①韩… ②林… Ⅲ.①城市铁路—轨道交通—铁路线路 Ⅳ.①U239.5

中国版本图书馆 CIP 数据核字（2013）第 076197 号

书　　名：城市轨道交通线路与站场
作　　者：韩宜康　林瑜筠

责任编辑：徐　艳　　**电话：**（010）51873193
封面设计：薛小卉
责任校对：孙　玫
责任印制：高春晓

出版发行：中国铁道出版社有限公司（100054，北京市西城区右安门西街 8 号）
网　　址：http：//www.tdpress.com
印　　刷：三河市宏盛印务有限公司
版　　次：2013 年 7 月第 1 版　2023 年 12 月第 9 次印刷
开　　本：720 mm×960 mm　1/16　**印张：**14　**字数：**276 千
书　　号：ISBN 978-7-113-16406-5
定　　价：43.00 元

前　言

城市轨道交通（包括地下铁道和轻轨交通）具有运量大、速度快、安全可靠、污染轻、受其他交通方式干扰小等特点，对改变城市交通拥挤、乘车困难、行车速度下降、空气污染是行之有效的。因此，城市轨道交通是现代化都市所必须的。20 世纪 90 年代以来，我国城市轨道交通加快了建设步伐，尤其是进入 21 世纪，迎来了城市轨道交通建设的高潮。除北京、天津、上海、广州、深圳、南京、大连、长春、武汉、重庆、沈阳、成都、佛山、西安、苏州、杭州、昆明等城市已建成规模和档次不同的地铁和轻轨并进行扩展和延伸外，还有青岛、哈尔滨、无锡、宁波、福州、南昌、长沙、郑州、贵阳、合肥、南宁、石家庄、太原、兰州、厦门、常州等已在建设，其他一些城市也正在筹建。我国城市轨道交通呈现着十分广阔的发展前景。

线路是城市轨道交通的车辆运行的基础实施。车站是城市轨道交通的窗口，是集散客流的基本设施。车辆段/停车场是城市轨道交通的列车停留、折返、临修及检修的基地。线路和站场对于城市轨道交通来说，是赖以存在和发展的基础。由于城市轨道交通运营所具有的特点，城市轨道交通的线路和站场也有其独特之处。

本书主要介绍城市轨道交通线路和站场的知识。全书共分六章：城市轨道交通线路规划、城市轨道交通线路、城市轨道交通轨道、城市轨道交通道岔、城市轨道交通车站、城市轨道交通车辆段/停车场。

第一章介绍城市轨道交通线路规划、线网结构、城市轨道交通系统的选择、客流预测。第二章介绍城市轨道线路基本知识、选线、线路平面设计和纵断面设计、地下结构、高架结构、线路限界以及线路选线实例。第三章介绍钢轨及其联结、轨道扣件、轨枕、道床、路基、无缝线路、轨道安全设备、轨道的几何形位、轨道工程施工、轨道线路维修。第四章介绍道岔的构造、种类、参数、运用以及单轨交通的道岔。第五章介绍城市轨道交通车站的基本情况、结构以及换乘站。第六章介绍城市轨道交通车辆段/停车场的作用、设置和设施。

本书由南京铁道职业技术学院韩宜康、林瑜筠主编。北京地铁公司李腾万主审。韩宜康编写第一章、第二章、第三章。林瑜筠编写第四章、第五章、第六章，并对全书进行统稿。

在本书编写过程中，得到单位和同仁的大力支持和热情帮助，于此表示衷心的感谢。

由于我国城市轨道交通线路和站场比较纷杂，资料难以搜集齐全，再加上编者水平所限，时间仓促，教材中不免有错误、疏漏、不妥之处，恳望读者批评指正，以不断提高本教材水平，为我国城市轨道交通事业的发展尽绵薄之力。

编　者

2013 年 4 月

目　录

第一章 城市轨道交通线路规划

第一节　轨道交通线网规划

城市轨道交通项目的建设是一个城市有史以来最大的公益性基础设施,是一个涉及面广、综合性很强的系统工程。它的建设和实施是城市的百年大计,对城市的形成及发展模式都将产生深远的影响。

城市轨道交通线网规划是城市总体规划的一个组成部分,轨道交通线网规划必须支持城市总体规划提出的城市发展战略。城市轨道交通线网规划的主要任务是:落实城市总体规划提出的城市轨道交通发展目标和原则要求,确定城市轨道交通线网的规划布局,提出城市轨道交通建设用地的规划控制要求。城市轨道交通线网规划的范围应与城市规划提出的规划范围一致,城市规划区为规划编制的重点。城市轨道交通线网规划的年限应与城市总体规划一致,同时应对城市远景发展的轨道交通线网布局提出设想。

城市轨道交通线网的布局是否合理,直接关系到轨道交通是否能在城市公共交通中发挥重要的作用,直接关系到基本建设能否合理降低造价、节约投资,也关系到是否有利于城市各项设施的建设,能否方便、有效地为居民生活服务。反之,如果轨道交通线网的规划不够合理,那么就会直接影响到城市的建设和长远的发展。由于线网的规划与城市用地规划紧密相关,因此在轨道交通线网建设中必须对线网规划做到心中有数。城市轨道交通线网布局合理与否,将决定是否能最有效地吸引客流。而且,国内外的经验证明,轨道交通的建设只有在形成一定的线网时才可以吸引更大的客流需求。

因此,怎样做好一个城市的轨道交通规划、编制原则及需求条件,预测项目按规划建成后能否充分发挥城市轨道交通的整体效益,促进土地的有效开发利用,都是当前亟待探索和需要解决的重大问题。

我国城市修建轨道交通系统的历史还不长。从 20 世纪 80 年代以来,有些城市才开始进行城市轨道交通线网规划。在此以前,总体规划中很少包括轨道交通线网,有些城市甚至连综合交通规划也不够完善。因此,编制轨道交通规划对于城市规划人员和建设者来说是个新生事物。哪些城市可修建地铁,哪些城市应修建轻轨,都要经过充分论证和规划,才能使我国城市的轨道交通事业做到健康有序地发展。它的发展直接影响城市的整体布局和功能定位,对城市实现可持续发展将产生深远的影响。线网规划是轨道交通工程设计建设的主要技术依据,它的好坏直接影响城市交通结构的合理性、工程投资及工程建设的经济效益和社会效益。所以每一个城市在修建轨道交通线路之前,应按规划设计年限认真编制好城市轨道交通线网规划。

一、线网规划设计原则

城市轨道交通线网是指多条轨道交通线路通过换乘车站衔接组合而形成的线网系统。轨道交通线网规划包括线网结构和线网方案两个研究阶段。线网结构研究的主要任务是确定轨道交通线网的基本结构;线网方案研究的主要任务是确定轨道交通线网的规划布局,原则确定各条线路的敷设方式。线网规划应根据城市交通需求的特征,划分城市轨道交通线网的功能层次,提出不同层次线网的服务水平指标。线网规划应进行多方案比较和研究,通过对轨道交通线网规划方案的评价,研究确定较优方案。线网规划应考虑系统安全保障要求,线网方案应有利于自然灾害防范。

在线网规划设计时,应借鉴国内外轨道交通线网规划的经验,遵循以下原则:

1. 线网的规划要与城市客流预测相适应

通过对城市主要交通干道的客流预测,定量地确定各条线路单向高峰小时客流量,也就可以确定每条线路规模。规模确定后,就可以确定其为高容量、大容量、中容量还是小容量的轨道交通。大城市修建轨道交通的最主要目的是方便出行,为居民提供方便、快捷的交通服务,尤其是对中、远程乘客,城市轨道交通应是最能满足出行要求的交通方式。居民每天出行的交通流向与城市的规划布局有密切关系,轨道交通只有沿城市交通主客流方向布设,才能最大程度地满足居民快速、方便的出行需要,并能充分发挥城市轨道交通客运量大的优势,对提高城市的社会效益、经济效益以及企业内部的经济效益都是非常有益的。

2. 线网规划必须符合城市的总体规划

城市轨道交通规划必须依据城市总体规划和城市交通规划编制,城市轨道交通规划也是城市总体规划的重要组成部分,交通引导城市发展是一条普遍规律。我国城市发展大都是围绕老城,呈现一种摊大饼式的发展模式。这种发展模式与发达国家在19世纪末的发展模式相类似。城市轨道交通的发展改变了大都市地区的发展形式,使城市沿轨道交通走廊轴向伸展,如上海市新一轮总体规划中确定城市发展的四个伸展轴,无不依附于相应的城市轨道交通干线。

城市轨道交通的规划和建设,还可带动沿线住宅和商业区的开发和升值。国际上成功的做法是:先修路、后建房,政府修路,商家建房。政府可以通过规划建设轨道交通,促进沿线城市发展,带动土地升值,土地升值带来的效益,又可以用于新的市政建设,从而使城市的发展走上良性循环的道路。

城市轨道交通线网规划要与城市的远景规划相结合，具有前瞻性。例如，巴黎市郊快速轨道发展规划是在巴黎城市总体规划和土地使用规划的基础上，结合巴黎市远期发展制定的。在巴黎从单中心向多中心转变的过程中，巴黎的规划部门已经预见到由此带来的客流潜力，及时规划和建设了地区快速轨道交通线，从而在转型发展期间成功地疏散了大量客流。交通的便捷也反过来促进各中心区经济迅速发展，从而使城市步入良性发展的轨道。

3. 规划线路要尽量沿城市主干道布设

城市轨道交通线网应联系城市主要客流集散设施，交通线路应贯穿连接城市交通枢纽（如火车站、飞机场、码头和长途汽车站等）、商业中心、文化娱乐中心、大型生活居住区等客流集散数量大的场所，以减少线路的非直线系数和缩短居民的出行时间。这样规划的轨道交通线可以满足城市居民由于工作、学习或购物等原因外出换乘需要，最大限度地吸引客流，使经济效益和社会效益显著提高。另外，沿城市主干道布置的轨道交通线，可以减少动迁拆除费，大型主干道路面宽阔，便于工程施工的开展，减少对城市居民生活的干扰。

4. 线网中线路布置要均匀

线路密度要适量，乘客换乘要方便，换乘次数要少。乘客最关心的是一次出行在旅途中要花多少时间。线网密度、换乘条件及换乘次数同出行时间关系极大，并且直接影响着吸引的客流。根据国内外的经验，两平行网线间的距离在市区一般以 1 400 m 左右为宜，同时要与街道布局相配合，除特殊情况外，两线间距离最好不少于 800 m，且不大于 1 600 m。在市郊两线间距离可以适当增大，若乘客必须换乘时，除在设计中创造方便的换乘条件之外，其次数最好经一次换乘就能达目的地，最多不要超过两次。

5. 大城市的交通组织一定要构成立体交通体系

大城市要发展以城市轨道交通为骨干，常规的公共交通为主体，辅之以其他交通方式，构成多方位、多层次、立体交通体系。

城市轨道交通是城市大运输量交通系统，因投资巨大、建设周期长，短时间无法形成密度适中的线网。为了减少乘客的不便，城市轨道交通应做好与城市其他交通形式如公共汽车等的衔接。

6. 线网中各条规划线路上的客运负荷量要尽量均匀

要避免个别线路负荷过大或过小的现象。注重考虑线路吸引客流能力，穿越商业中心、文化政治中心、旅游点、居民集中区次数要均衡。居民出行可达性要好，乘客平均乘距与线路长度的比值要大，并且越大越好。

7. 在考虑线路走向时，应注意沿线地面建筑情况

要注意保护重点历史文物古迹和保护环境。要先考虑地形、地貌和地质条件，尽量避开不良地质地段和重要的地下管线等构筑物，以利于工程的施工和降低造价。线路

位置应考虑与地面建筑、市政工程相结合及综合开发的有利条件，充分开发利用地上、地下空间资源，以利于提高工程实施后的经济效益和社会效益。

8. 尽可能利用城市旧有的铁路设施

如上海市轨道交通 3 号线，充分利用旧有的淞沪、沪杭两条铁路线；规划中的南京地铁 8 号线也拟充分利用市内的宁芜铁路旧线。这样既可以减少地面拆迁费用，又解决了困扰广大市民铁路道口交通通行的难题。该工程可使既有铁路的多处平交道口得以解脱，从而大大改善了地面公共交通的拥挤堵塞状况。

9. 规划好车辆段的位置和用地范围

在规划线路时，一定要同时规划好车辆段（停车场）的位置和用地范围。另外还要规划好设备维修、维修材料供应和人才培训基地的用地等。该基地最好和车辆段（停车场）规划在一起，若条件不允许时，可单独设计。这些基地占地面积较大，在寸土寸金的大城市里，规划设计一定要做到合理用地。一般车辆段设置在一条线路的两端郊区。在网线之间为便于线路调用车辆，还要设置联络线。

10. 规划好环线的布设

一个城市轨道环线的布设，要在客流预测的基础上，经过分析比较，优化组合确定，不可生搬硬套，要做到因地制宜。环线的主要作用是为了减少不必要到市中心换乘的客流，并使沿环线乘行的乘客能直达目的地，提高其可选性，以起到疏散市中心客流的作用。在环线上一定要保证日常有足够的客流，不然环线客流负荷强度太小，会影响其运营效率和企业的经济效益。

11. 规划好各线路的修建顺序

在确定线路规划网中的各条线路修建顺序时，要与城市建设规划和旧城改造计划相结合，以保证城市轨道交通工程建设计划实施的可能性和连续性及工程技术和经济的合理性。

二、线网规划的方法

城市轨道交通线网规划尚无成熟的理论和模式，根据对交通模型的重视程度不同，可归纳为 3 种方法：传统方法、定性与定量相结合的方法和交通模型分析法。

传统方法的特点是以定性分析为主，定量分析为辅，即使用了交通模型，其功能也仅限于客流预测。

定性与定量相结合的方法的主要特点是详尽地论述了与城市规划的衔接，根据交通模型得出的分析数据来修正规划方案。

交通模型分析法的主要特点是定量分析为主，定性为辅，定性分析主要用于模型中参数的确定。

目前，城市轨道交通线网规模研究主要采用定性与定量相结合的方法，主要有三种：类比分析法、轨道交通量需求分析法和轨道线网服务水平分析法。

三、线网方案的内容及评价

1. 线网方案的内容

城市轨道交通线网方案应包括下列主要内容：

(1)依据线网结构，研究确定各条线路的大致走向和线路起讫点位置，给出线网密度等线网服务性指标；

(2)研究确定主要换乘车站的规划布局，明确各主要换乘车站的功能定位；

(3)分析提出各条线路的敷设方式；

(4)研究轨道交通运营组织形式；

(5)研究联络线的分布位置；

(6)提出分期建设的建议。

城市轨道交通线网应联系城市主要客流集散设施，处理好轨道交通线路之间的换乘关系，充分考虑轨道交通与其他交通方式的衔接，提出枢纽型车站的设施控制条件，重视轨道交通的运营效益。线路敷设方式是城市建设中协调轨道交通和其他基础设施竖向关系的基本依据。确定线路敷设方式应充分考虑城市规划和环境保护的要求，以及沿线地形、道路交通和两侧土地利用的条件。线网规划应分析确定轨道交通运营组织形式，以检验线网方案的合理性。线网规划应根据轨道交通运营组织的要求，对线网中的联络线进行统一规划，保障联络线的工程预留条件。

2. 线网方案的评价

城市轨道交通线网方案评价应遵循定性与定量相结合的原则，综合考虑多方面影响因素，建立科学的评价指标体系，采用相应的评价方法，对线网方案进行整体效益评价，以供分析和决策。评价指标应有明确的定义，指标量化所需资料应收集方便，易于计算。评价指标的量化标度必须以科学理论为依据，应能客观合理地反映出轨道交通线网规划方案的信息。评价指标体系应力求全面反映轨道交通线网规划方案的综合情况。指标体系可覆盖经济指标、技术指标、环境指标和社会指标等多个方面。评价方法必须具有科学的理论依据，可采用综合评分法、理想方案法等评价方法。宜采用多种方法对轨道交通线网规划方案进行评价。

线网方案比选应在建立线网方案评价指标体系的基础上，分别从网络形态、交通运营功能、社会经济效益和战略发展四个方面进行指标分析，经综合比较最终确定推荐方案。

四、线网规划内容

城市轨道线网规划作为城市规划的一部分，与其他专业的规划紧密相关。它需要根据城市的现状、城市的规划，对未来的城市交通需求做出预测，根据城市客流交通需求,再结合轨道交通与土地使用的互动关系,分布轨道交通线路。通过轨道交通线网规划,确定稳定的轨道交通线路布局,同时需控制其实施条件,为轨道交通的建设创造良好的条件。

城市轨道交通线网规划的主要内容是分析城市和交通现状,预测城市客运交通需求;论证城市轨道交通建设的必要性;分析城市轨道交通发展目标和要求;研究确定城市轨道交通线网的规模;研究城市轨道交通线网结构,确定城市轨道交通线网规划方案;对城市轨道交通线网规划方案进行综合评价;分析提出城市轨道交通车辆基地的规模,确定车辆基地规划布局;提出城市轨道交通建设用地的规划控制要求。

从轨道交通线网规划的内容角度分析,主要包含以下五部分:

1. 线网总体规模

城市轨道交通作为长远性的大型投资基础设施建设项目,其建设规模必须与城市的发展规模、地位相适应,一方面必须能够满足城市发展的需求并促进城市的发展,另一方面要尽可能发挥轨道交通作为大运量交通工具的功能。在确定的总体规模时,主要考虑以下两个因素:

(1)交通需求

作为一项交通基础设施,满足交通需求是首要的。

(2)经济前景

根据城市的经济发展潜力,考虑城市对轨道交通基础设施的承担能力。

实际上,线网的总体规模类似于城市规划中的规划纲要,解决的是确定线网规划中的重大原则问题。在线网规模的总体控制中可以根据城市规划纲要确定的城市规模、性质、区域地位以及城市发展方向来进行线网总体规模等级的划分。可以将线网的总体规模确定在一定的范围之内,以免造成规划的线网规模不合理,要么不能够满足交通需求,要么是规模偏大造成资源的浪费。

2. 线网结构

一个城市的轨道交通线路一般在三条以上,这些线路相互组合,并受各城市具体的人文地理环境等条件制约,便形成了千姿百态的路网结构。线网规划研究的重点内容线网结构,主要是根据城市的形态确定线网的基本形态,根据城市的主客流走廊分布及大型的客流集散点来确定线路的具体走向。

线网结构最基本的形态有棋盘型、放射型、扇型等,但根据城市的不同形态,线网结构呈现不同的形状。实际上,在考虑线网的基本结构时,需要考虑的最基本的要素就是线网的分布密度问题。城市核心区及城市重点发展区域将是未来客流的主要发生点,它的交通设施系统的完善与否直接关系着整个城市交通的通畅。世界上比较成功的轨道交通线网为多心分层次的线网结构,也就是围绕几个中心区密布线网,向各个周边区域发散。因此,进行线网规划时要着重考虑这些地区,加大对这些地区的线网密度分布。

由于在研究线网结构时,需要考虑的因素较多,既有定量的,又有定性的,应做多方案的比选,从中优选出最佳方案。

线网的线路越长及条数越多,所构成的线网形态就越复杂。最常见、最基本的线网结构是网格式、无环放射式及有环放射式。

(1)网格式

网格式线网由纵向和横向的平行线交织而成,呈格栅状或棋盘状。网格式线网中的线路分布比较均匀,客流吸引范围较大,线路按纵横两个走向,多为相互平行或垂直的线路,乘客容易辨识方向,换乘站较多,纵横线路间的换乘方便,线网连通性好。缺点是:线路走向比较单一,对角线方向的出行需要绕行,市中心区与郊区之间的出行常需换乘,有时可能要换乘多次;平行线路间的换乘比较麻烦,当线网密度较小、平行线之间间距较大时,换乘很费时。网格式线网结构适合于人口分布比较均匀、没有明显的市中心或不希望形成强大的市中心的城市,这在当前世界上建有轨道交通线网的城市中是不多见的。

(2)无环放射式

无环放射式线网是由若干直径线或放射线构成。这种线网可使全市各地至市中心的距离较短,因此市中心的可达性很好,市中心与市郊之间的联系非常方便,有利于市中心客流的疏散,也方便市郊居民到市中心工作、购物和娱乐出行,有助于保证市中心的活力。由于各条线路之间都相互交叉,任意两条线路之间均可实现直接换乘,因此线网连通性很好。由于没有环行线,圆周方向的市郊之间缺少直接的轨道交通联系,市郊之间的居民出行需要经过市中心的换乘站中转,绕行距离很长,或者需要通过地面交通方式来实现,交通联系很不方便,这种不便程度随着城市规模的扩大而增大。无环放射式线网结构适合于有明显的市中心、城市规模中等且市郊周边方向客流量不大的城市。

(3)有环放射式

有环放射式线网由径向线及环行线构成,是在无环放射式线网的基础上加上环形线形成的,列车在其上循环运行。在一些轨道交通线网规模不是很大或建设时期较短的城市,环线一般只有一条,而在一些轨道交通线网规模较大、轨道交通发展比较成熟的城市,会出现两条或两条以上的轨道交通环线。有环放射式线网既具有无环放射式线网的优点,又克服了其周边方向交通联系不便的缺点,可以利用环线便捷地出行。这种线网对城市居民的使用最为便利。当城市因其郊区发展成市区后,便于线网有效地扩展。与无环放射式线网一样,在市中心区交汇成一点是不利的,而改进成为在市中心区范围内多点交叉。有环放射式路网结构特别适合于有强大市中心的城市。

3. 综合规划

轨道交通系统作为大型的交通基础设施,能够承担大运量客流的运输,但其作为一种投资大、经营成本高的交通方式,需要有大量的客流,否则不仅造成资源的浪费,还增加其单位成本。一般情况下,轨道交通的吸引范围在 500 ~ 800 m,但仅仅依靠一次吸引还是不够的,还需要其他的交通方式为其集中客流,也就是要充分考虑轨道交通系统与其他方式的衔接。在轨道交通线网规划的基础上,对城市整个公交客运体系进行综合分析,确定轨道交通与其他交通方式的接驳点以及这些接驳点的场、站规模。

轨道交通一方面为一定的交通出行提供服务,另一方面能从宏观上引导城市土地的使用和开发,进而产生新的交通需求。因此,在确定轨道交通线网之后,应从宏观上分析对城市土地产生的影响,从轨道交通建设与城市土地的互动关系出发,为城市土地的使用规划提供基础条件。

4. 轨道交通系统方案

轨道交通系统方案的研究是线网实施性规划的重要内容,其方案的确定是研究各条线路实施方案的基础条件,包括交通模式的选择、运营方案的研究和车辆段布局的研究等。

(1)交通模式

由于各条线路在整个城市线网中承担的作用不一样,其客流规模也不一样,应根据不同的情况考虑不同的模式,适应不同线路交通客流的需求。轨道交通经过百多年的发展,其技术已经发展得比较成熟,而且随着科学技术的发展,轨道交通技术将会更加成熟、完善。因此,对于轨道交通线路的模式,应充分结合技术发展的可能性考虑各条线路的模式。

(2)运营方案

根据确定的交通模式及预测的客流量,研究各条线路的运营方案,确定各条线路运能及规模大小,包括轨道交通所占客运量比重、客运周转量等指标。

(3)车辆段(停车场)布局研究

一般情况下,车辆段(停车场)的用地尽量靠近城市的边缘地带,但由于目前城市拓展的速度比较快,而且车辆段(停车场)的位置往往受到线路近期工程起讫点的限制,也就是说车辆段(停车场)的位置不可能偏离城市市区太远,在这种情况下,车辆段(停车场)用地的选择非常重要,它是轨道交通线路实施的一个重要的控制因素。

5. 实施方案与用地规划

现在各大城市都强调要做好线网规划,一方面是有利于在近期建设工程中做好与远期工程的衔接关系,同时它也为城市规划部门做好进一步的相关控制提供了基础条件。因此,为了更好地发挥线网规划的作用,对于控制性的用地应提前作好规划,使城市空间资源能合理地配置,使城市经济、社会活动及建设活动能够高效、有序、持续地进行,节省大量由于无控制性的工程而造成的浪费。

实施方案与用地规划的研究内容主要包括换乘节点布置方案、线路敷设方式的研究以及重点地段和其他交通衔接枢纽的控制用地研究。

五、线网实施规划

线网实施规划主要包括系统方案研究、实施方案研究和用地规划。

1. 实施方法

对于轨道交通线网实施规划，主要的实施方法有三种：

(1)规划加配合

此种方法主要是在线网规划之后，将整个线网作为一个规划条件存在，当相关用地有建设工程时，再进行配合。

目前北京采用的就是这种方法。北京市的轨道交通线网形成后，当周边有建筑工程时，需相关部门进行配合设计，预留轨道交通用地。这种方法并没有将轨道交通实施条件形成真正的外部控制条件，不利于规划部门直接掌握轨道交通建设的基本条件进行相关用地控制。

(2)全线规划

全线规划在规划的线网的基础上，针对全线的用地进行规划控制，包括区间线路、车站用地和车辆段用地。

青岛在轨道交通线网规划中采用了全线实施规划的方法。在青岛市的线网实施规划中，对于车辆段，首先进行车辆段的分工和选址，再规划其用地范围；对于区间线路，根据规划的线网确定其平面位置，进行线路敷设方式的设计，再规划线路走廊用地；对于车站，通过站位的选择和站间距的研究确定车站的分布后，再进行车站布置的研究，包括车站规模、出入口风亭布置和换乘站的布置，最后确定车站范围用地。

这种实施规划在规划线网的基础上，提出了线网的实施条件，有利于规划部门在做相应区域的规划时，直接将其作为一个外部条件进行控制，当然这其中也有可能因特殊情况对线网的实施条件做一定的调整，但这仅仅是少数。对于城市中心城区以外的用地，往往由于开发项目还仅仅处于一种用地性质规划的状态，也就是说轨道交通的外部条件还比较灵活，在此种情况下，应该考虑的是轨道交通如何与未来项目融入一体的问题，因此过早地进行用地控制则显得不必要了。

(3)控制点、段规划

针对重点控制地段，比如线路变化点、换乘站和交通枢纽等进行用地规划，达到控制外部条件的目的。控制点、段一般位于城市中心区内，由于城市中心区内规划建设条件相对比较稳定，因此通过轨道交通用地规划能够方便规划部门对相关用地进行控制。而对于规划建设条件相对宽松，与轨道交通用地矛盾较小的区域，不必特殊控制。因此对控制点、段进行规划是一个比较合理的方法。

2. 实施性规划的目的

通过以上实施性的规划,达到以下目的:

(1)利用有限的城市空间,合理安排城市地上、地下建筑与设施,减少浪费,使城市土地利用达到均衡、合理及有效的发展,创造良好、舒适的城市生活空间。

(2)便于城市规划部门做好用地控制规划,确保今后工程建设的可实施性,提高线网的可操作性,为轨道交通建设持续发展奠定基础。

(3)做好用地规划,为轨道交通提供建设条件,达到稳定线网的目的。

(4)有利于综合考虑城市建设,节约政府的投资。轨道交通是大型的城市基础设施工程,由于功能要求,通常穿越城市建筑密集区,必定带来一定的拆迁工程,如果及早做好线网用地控制,可以减少不必要的浪费。

3. 轨道交通线网规划的阶段

随着社会经济的发展、城市化进程的加速,无疑会使更多的城市加快轨道交通的建设步伐,线网规划的合理性和实施条件的控制与否直接影响轨道交通建设情况。不仅要使规划的线网布局合理,而且要控制其实施条件。因此在轨道交通线网规划中,应将轨道交通线网规划分为两阶段:第一阶段研究线网规模、线网结构及综合规划,达到稳定线网结构的目的;第二阶段研究系统方案、实施方案与用地规划,达到控制轨道交通实施条件的目的。通过这两阶段的研究,充分发挥轨道交通线网规划的作用,为城市轨道交通持续发展创造良好的条件。

六、轨道交通线网规划现状

21世纪,城市轨道交通的建设方兴未艾,尤其是在我国经历了长期城市交通问题的困扰,体验了北京、上海等轨道交通建成后的种种效益之后,已有越来越多的城市开始着手轨道交通规划。但在规划过程中仍存在不少问题,不能完整地反映"公共交通"理念,不能适应新世纪城市交通的发展。

1. 线网规划存在的问题

综合北京、上海、广州等国内大城市的路网规划不难发现,普遍存在以下问题:首先是较少考虑资源、环境承载力的影响,或仅在评价系统中有些环境指标,而在"公共交通"理念指导下,应该在规划一开始就将资源、环境的约束纳入其中;其次,路线确定上主要采取定性方法,在整个规划过程中,除客流预测时用到定量技术外,在线路确定上规划者大多依据城市普通道路规划的经验和感性认识进行轨道定线,随时间推移再由新的主客流方向形成新的路线,这样形成的线网零乱,缺乏系统性;最后是缺乏市郊轨道交通的规划,随着城市化进程,市郊轨道交通势在必行,国外大城市已开始规划市郊轨道交通,如日本的东京等,为此我国的轨道交通应在规划一开始统筹考虑市区和市郊轨道交通,走可持续发展之路。

2. 线网评价现状

首先,轨道线网评价指标权重的确定缺乏足够依据,不仅评价指标数目繁多,而且指标的权重没有统一的依据,势必会造成一定的偏差,再由于误差的累计,可能产生不合理的结果;第二,评价的指标虽然很多,但有些指标之间相互关联,如广州市轨道交通线网规划指标体系中,公交平均出行时间与平均出行车速相关;第三,指标的定性分析缺乏客观性,轨道线网的评价指标,有些指标如促进合理的土地开发、提高劳动生产率等难以量化,规划者在分析时融入本人的主观意识,势必会降低它的科学性;第四,在整个评价体系中往往缺乏对轨道交通的"绿色性"评价,没有纳入人的舒适度、安全度、环境、噪声、振动、大气的污染等,不符合"以人为本"的规划思想。

可见,目前国内的轨道交通线网规划并不完全符合可持续发展要求,更没有完整地反映"绿色交通"的理念。

第二节　轨道交通线网结构

城市轨道交通线网规划最主要内容之一就是研究城市轨道交通线网结构,确定城市轨道交通线网规划方案。在选定线网的结构形式时,首先应考虑客流主方向,并为乘客创造便利条件,以便吸引更多乘客。线网的形式布置得当与否,直接关系到线网建成后的经济效益、社会效益及交通服务质量。为此在设计线网时,不但要考虑各线的具体情况,更要考虑线网的整体布局,也就是考虑线网总的结构形式是否合理。

一、线网的结构形式

根据城市规划现状与规划情况编制的线网中各条线路组成的几何图形一般称为线网的结构形式,其形式一般要与城市道路路网的结构形式相适应。

虽然世界各国城市轨道交通线网结构形式千差万别各有特色,但从几何形状区分,主要归纳为放射形(星形)结构、条带形(树状结构)、放射加环形、棋盘形(栅格网状结构)、棋盘加环线形、棋盘环线加对角线形和其他形,如十字、L 字、T 字等简单图形及混合图形等,如图 1-1 所示。

1. 放射形(星形)

星形结构是指线网中所有的线路只有一个焦点(换乘站)的结构,如图 1-1(a)所示。其唯一的换乘站一般都位于市中心的客流集散中心。这种线网结构中所有线路间都可以实现直接换乘,但换乘站上的客流量大,换乘客流相互干扰也大,常易引起混乱和拥挤。此外换乘车站的设计与施工的难度也大,一般要采用分层换乘。这使得车站埋深加大,车站建设费用增加,乘客换乘时间延长,车站通风、排水及运营费用也会有所增加。由于所有线路都通达市中心,并且由一条线路到另一条线路只要一次换乘就可

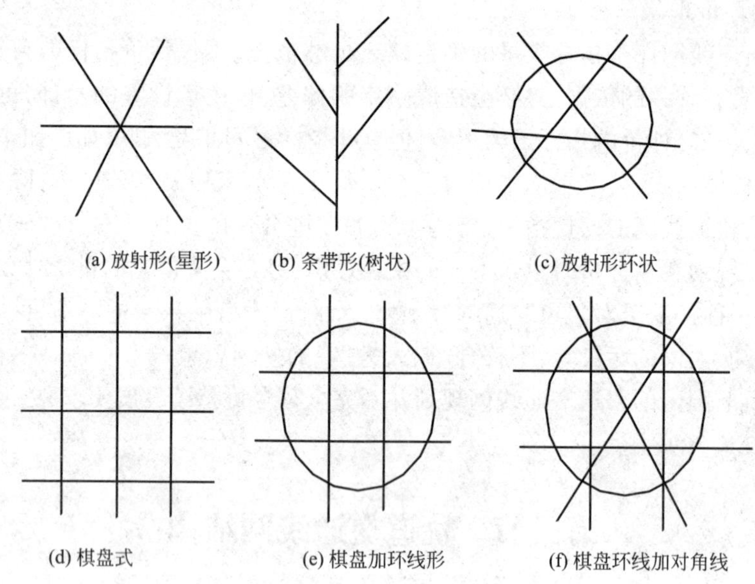

(a) 放射形(星形)　(b) 条带形(树状)　(c) 放射形环状

(d) 棋盘式　(e) 棋盘加环线形　(f) 棋盘环线加对角线

图 1－1　线网几何结构图形

以实现,但是市郊之间联系不便,必须经过市中心的换乘站。所以,在两条以上放射线相交时,要尽量避免出现这种形式。如布拉格地铁就是这种形式。

2. 条带形(树状)结构

树状结构是指几条线路有 $n-1$ 个交叉点(换乘站),且在网络中没有网络结构,形如树枝状,如图 1－1(b)所示,适合于沿江或沿山谷条带状发展的城市。这种结构连通性差,线路间换乘不方便,两条树枝线间至少要换乘两次才能实现互通。此外线路上客流分布不均,同一线路上两个换乘站之间的路段因担负着大量的换乘客流,客流量较换乘站外侧路段显著增高,给线路的行车组织带来困难。

3. 放射环形状结构

放射环形网状结构是在放射网状的基础上增加环行线而成的线网结构,如图 1－1(c)所示,常见于一些规模很大的城市。世界上轨道交通网络规模较大的城市大都采用这种结构,如莫斯科、巴黎、东京、上海等。放射环结构一般在城市中心城区布置一条轨道交通环线(可以是地下或地面铁路),市郊铁路的终点站大都位于该环线上,与轨道交通系统在此构成换乘,实现市内轨道交通与郊区铁路的一体化。这种线网结构既具备了放射形线网结构的优点,又克服了其不足之处。由于环线和所有经过径线可以直接换乘,整个线网连通性好,方便了环线上的直达乘客和相邻区间需要换乘的乘客,而且能有效地缩短市郊乘客利用轨道交通出行的总里程和时间,还可以起到疏散市中心客流的作用。

4. 棋盘式(栅格网状结构)

栅格网状结构是指由若干线路(至少四条)大多呈平行四边形交叉,所构成的线网多为四边形线网结构,如图1-1(d)所示。这种线网最大的缺点是二次换乘多,如结合城市干道网必须采用这种结构形式时,应尽量将分叉点布置在大的客流集散点上,以减少换乘次数,方便乘客。这种结构在内城区分布比较均匀,但线路深入市郊的不多。由于存在回路,这种结构连通性好,乘客换乘的选择较多。其线路多为平行分布,方向简单,一般只有纵横两个方向,能提供很大的运输能力,线路和换乘站上的客流分布也比较均匀,但由于没有通达市中心的径向线路,市郊到市中心出行不便。

5. 棋盘加环线形

这种结构形式的线网,如图1-1(e)所示。环线应选择在客流密度较大的地方,并尽量多地贯穿大的客流集散点,如火车站、汽车站等。这种线网的最大特点是提高环线上乘客的直达性和减少换乘次数,改善环外平行线间乘客的换乘条件,缩短了出行时间,并减轻了市中心的线路负荷,起到疏散客流作用。北京的城市轨道交通线网结构就是采用的这种形式。

6. 棋盘环线加对角线形

对角线形是在棋盘加环线的基础上,增加对角线走向线路,如图1-1(f)所示。这种形式可弥补棋盘形非直线系数大的缺点。对角线上的街区之间,或郊区至市中心的居民出行,增加了其可达性,并且减少了出行时间。但若对角线只沿棋盘形道路布置成若干阶梯形线路,不但不能缩短乘客出行距离,反而由于增加了许多曲线恶化了线路条件。这种对角线形式不但没有弥补棋盘形路网的缺点,反而增加了线路长度。只有对角线方向的客流确实较大,并且有布置线路的适宜条件时,才能采用这种形式的线网。

7. 混合型

混合型线网结构是结合城市的具体情况,将上述几何图形的两种或多种有机地结合在一起,成为一个完整的线网结构形式,称为混合结构型线网。只有充分适应城市的特点,并尽力吸收各种几何图形的优点,因地制宜布置与城市特征相协调的线网形式,才能达到最好的效果。目前,选用混合型线网结构的城市越来越多。

城市轨道交通建设主要解决大城市的客运交通问题,轨道交通线网结构应尽量优化,以提高运营效率。在进行线网规划时一定要重视线路结构的研究。

二、不同线网结构形式对城市的影响

不同的线网结构形式,因其运输特性不同,对城市经济的引导方向不同、对城市人口分布的影响不同,因此对城市结构的影响也不同。

1. 放射(星形)结构对城市发展的影响

星形结构引导城市向单中心结构发展。因为所有轨道交通线都从市中心出发,导致城市中心比其他任何地方的可连性都显著提高。在吸引各种功能设施时，市中心便成为首选位置，市民也愿意在交通便利的市中心城区居住，而城市中的其他地方则会因此而受到不同程度的冷落。随着市中心交通基础设施的不断完善，居民密集现象更为加剧，最终结果便是在城市中心形成一个强大的市中心区，造成城市在市中心区高密度的土地利用。

2. 条带(树状)结构对城市发展的影响

树状结构引导城市呈条带状中心区结构发展，树状结构两个换乘站之间的线路客流量相对较高，表明这段线路为城市中的交通干道。这会吸引开发商在这段线路周围开发土地。开发的结果是大量功能设施和居民在线路两侧聚集，而密集的功能设施又会吸引市郊居民到这一地区出行，包括就业、娱乐和购物。更多的客流会刺激更多的功能设施聚集，但为了保持交通便利的优势，这种聚集都是尽可能地靠近线路，从而在城市中形成密集的带状中心。

3. 栅格网状结构对城市发展的影响

由于这种结构的线路分布比较均匀，在线网的覆盖区域内各点的到达性相差不大，因而会有效降低既有市中心的土地利用强度。这一方面是由于市中心地价较高，另一方面在同样的交通环境下，人们更喜欢广阔的居住生存空间。因为线路能纵横两个方向分布延伸，为了方便利用轨道交通，从市中心迁出的人口也会沿这两个方向分布。线网分布范围内可达性差异不大，线网分布范围以外郊区交通条件相差很大，使郊区居民向轨道交通网附近迁移。这些都引导城市较均匀地向外扩展，对整个城市不易形成土地利用强度特别高的市中心。

网格式线网中线路走向比较单一，其基本线路关系多为平行或“十”字形交叉两种。线路分布比较均匀，客流吸引范围比例较高，线网纵横相交换乘方便，连通性好，但走向比较单一，对角线方向的出行需要绕行，市中心区与郊区之间的出行需要换乘，有时可能要换乘多次。另外平行间的换乘比较麻烦，一般要换乘 2 次以上，比较浪费时间。

4. 放射-环形线网对城市发展的影响

放射-环形轨道交通线网结构引导城市结构发展的功能尤为明显，具有射线网络结构的全部优点，引导城市沿放射线方向呈轴向发展。放射-环形结构更重要的是能很好地引导区域城市形态的发展，促进城市副中心的产生，可以大大减少市中心的客流，对现代大都市由于区域社会经济环境及空间形态合理发展的需要而向“多中心、多层次、组团式”方向发展的趋向起了极大的支持及推动作用。环状轨道交通线由于能在市中心及各城市副中心之间提供大运量的便利快捷的走廊，因而可对这种城市形态的发展起引导作用；同时，城市的多中心、多层次方向的发展又促进城市轨道交通环线的发展。

从世界各国使用环线的成功例子可以看出，环线是否能串联足够规模的客流集散点，这些客流集散点在环线方向上是否有强大的出行量，是设置环线成败的关键。

我国城市要走持续发展之路，必须借鉴世界发达国家城市发展的成功经验，必须借助轨道交通引导城市由过去的单一中心的同心圆平面发展模式向多中心的轴线式发展模式转变，由单一向的平面坐标延伸向地面、高空和地下三维立体模式拓展转变。

第三节　城市轨道交通系统的选择

我国大城市集中了过多的功能，城市拥堵现象十分严重，已严重影响人们的工作、生活，城市交通拥挤越来越成为一个亟待解决的问题。轨道交通有节约土地资源、减少资源消耗、降低环境污染、开发地下空间、强化城市辐射功能、改善产业结构布局等方面的作用，所以对于大中城市来说，大力发展城市轨道交通系统为主的公共交通体系是解决这一问题的根本途径。不同类型的城市轨道交通系统的运量、运速、造价、占地面积、限制坡度等指标均有所不同，所以每个城市都应根据本城市规模大小、人口数量、经济发展水平等特点选择适合本城市发展的轨道交通系统。

一、城市轨道交通系统的分类

一般而言，广义的城市轨道交通是指以轨道承载列车运行和导向，集中、快速输送乘客的大容量运输方式，是城市公共客运交通中具有中等以上运量的轮轨交通系统（有别于道路交通），主要为城市内（有别于城际铁路，但可涵盖郊区以及大都市圈范围内）公共客运服务，是一种在城市公共客运交通中起骨干作用的现代化立体交通系统。

城市轨道交通系统的目标是安全、快速、经济、大运量、准时输送乘客，满足城市居民不断增长的出行需求，形成安全、高效及可持续发展的城市绿色公共交通体系。

城市轨道交通系统的基本功能是实现乘客的位移，提供安全、快速、准时、经济和大容量的公共交通工具，完善城市公共交通结构。在城市交通问题日益严重的今天，地铁及其他轨道交通是很多城市市民出行最理想的交通工具，轨道交通在城市公交客运总量中所占比重不断提高，成为城市公共交通的主体。同时，由于轨道交通安全、舒适、快速、准点的乘车条件，也促使相当数量的城市居民放下其他交通工具而改乘轨道交通，极大缓解了道路交通紧张状况。

城市轨道交通是指利用轨道作为车辆导向的运输方式，并以客运为主，包括、地铁、轻轨交通、单轨交通、有轨电车和市郊铁路5种子系统。

地铁具有运量大、速度快、安全、准时、能耗少、无污染排放、占地面积少等诸多优点。地铁单向小时输送能力可达3万~6万人次，高居于各种交通方式之首，平均运行速度40~60 km/h；行驶不受外界干扰，是乘客出行准点保证率最高的交通方式。但是地铁造价高，由我国目前已修建的情况来看，平均每公里6亿~8亿元，根据地铁的技术经济特点，主要适用经济较发达、人均国民收入水平较高且客源充足、具有强大客流方向的城市市区和近郊区，可成为城市交通线网的主干线和大通道。

轻轨是中运量的公共交通方式，客运能力为每小时1万~3万人次，介于地铁和公共汽车之间，为城市公共交通系统中中量客运技术填补了空白。运行速度30~40 km/h，最大坡度为6‰。轻轨的造价为每公里1亿~1.5亿元，约为地铁造价1/3~1/4，轻轨主要适用范围为单向小时客流量在1万~3万人次的城区和郊区。

不同类型轨道交通系统有不同的特点，它们的运输能力、占地面积、造价等的不同，决定了不同规模、不同特征的城市应根据自身实际情况合理选择，比如特大城市优先选择地铁、轻轨，大中等城市选择轻轨、单轨，山城和沿海城市选择单轨，同时也考虑城市的经济承受水平。

二、城市轨道交通系统的选择

城市轨道交通系统的选择，主要应根据城市规模、建设目的、远期的预测客流量、交通特征和工程技术经济等情况并结合城市规划进行。

1. 城市规模

特大城市人口众多，应优先选择大运量的地铁系统，并辅以轻轨为补充。大中城市较特大城市客流量小，一般属于中等客运量，经济实力也较特大城市差。由于地铁造价很高，建设周期长，短期内无法缓解交通拥挤的状况，又属于大运量系统，因此大、中等城市修建地铁，从整体上来说不仅不具备足够的财力物力，而且也是没有必要的。轻轨从运量、运速和造价方面都较地铁低，建设周期短，可作为大、中等城市轨道系统的一种选择方案。

2. 建设的主要目的

我国建设城市轨道交通的目的是解决城市交通拥挤、大客流运送的问题，因此必须选择安全、方便、快速、准点、经济的轨道交通系统，大部分为大运量的轨道交通系统。根据我国经济实力和技术基础，应选用安全、成熟、投资低、实用型的系统，在吸收引进国外轨道交通建设先进经验和技术设备的基础上，逐步实现各类设备系统的国产化。现在国家规定，在修建城市轨道交通的项目中，国产化率必须达到70%。

3. 预期客流量的要求

客流量不同，选择的系统也不同。客流量较大的系统，应选择钢轮钢轨的轨道交通系统，选择载客量较大的车型，供电电压可选用直流1 500 kV，线路设置方式为地下、高架或地面，并采用相应的封闭隔离系统。中容量系统应选用载客量较小的车型、钢轮钢轨的轨道交通系统，供电电压可选用直流1 500 kV和750 kV，线路设置方式为高架、地面或地下。单向高峰小时运量在1万~3万人之间的小容量系统，可选择单轨交通系统或新交通系统，也可选择轮轨轨道交通系统，线路设置方式一般采用高架或地面。单向高峰小时运量小于1万人的可以选择有轨电车系统。

4. 投资和经济方面的要求

一般来说，轮轨轨道交通系统，滚动摩擦力小，单位电耗少，运营费用较经济。线路设置方式与投资额的关系很大，同样一条线路，采用地面、高架和地下三种线路方式其经济投资比例一般为1∶3∶9。因此，从工程投资的角度考虑，选择线路敷设方式的顺序为：地面→高架→地下。但市中心区由于条件限制，一般采用地下，有条件时采用高架。在郊区和城乡结合部一般采用高架或地面线。

5. 环境要求

城市轨道交通对噪声控制的要求较高。在市中心等对噪声有严格限制的环境中，应该选择胶轮系统或选择地下线路方式，也可采用罩形声屏障的高架线路。地下线路敷设在地面以下，不占用宝贵的土地资源，对城市地面没有噪声污染，与地面交通没有交叉，是最理想的轨道交通系统，但造价较贵。采用混凝土结构的高架线路，如果效果处理不好，地面上会形成一片混凝土柱林，在一定程度上影响城市景观，而且噪声污染较大，如果在中心城区采用高架线路一定要采取降噪措施，比如声屏障、超长无缝线路或减振降噪的轨道结构。因此，无论选用何种交通方式，究竟采用地面线、高架线还是地下线，都必须考虑城市噪声和城市景观，综合城市自身规划，因地制宜、不拘一格、灵活选用，才能达到事半功倍的效果。

综上所述，每个城市都应从实际出发，科学地选择符合本城市发展的城市轨道交通系统。

第四节　城市轨道交通线路客流预测

一、客流预测

城市轨道交通客流预测是近年发展起来的一门交通预测学分支。在20世纪60年代我国建设地铁之初，虽对地铁客流预测有所研究，但调查数据少，方法简单。当时以“战备为主、兼顾交通”为建设原则，对地铁客流预测尚未放到重要位置，缺乏系统认识。20世纪70年代末，国家调整了宏观政策，使地铁建设原则调整为“交通为主、兼顾战备”。在技术上与国外有了充分交流，从国外引进了客流预测方法及数学模型。随着计算机技术的发展，轨道交通客流预测已经成为一项专门的技术学科。

客流量是城市轨道交通规划、设计、建设及运营各环节的基本依据，客流预测是城市轨道交通建设的一个十分重要的环节，是各项设计工作的基础，预测结果的可靠与否直接关系到城市轨道交通的建设投资、运营效率和经济效益。由于城市轨道交通建设项目的投资巨大,客流预测的影响结果也就更为明显。在工程可行性研究阶段,项目决策对城市轨道交通工程造价的影响度可达80%~90%,客流量又是决定城市轨道交通工程必要性和可行性的重要参数。在这个阶段中,客流预测工作做得科学细致,可以使城市轨道交通修建方面的许多不合理因素得到控制。在工程设计建设阶段,系统的运输能力、车辆选型及编组、设备容量及数量、车站规模及工程投资等都要依据客流量的大小来确定,客流预测结果在相当程度上决定了线路形式和造价。因此,能否准确地预测客流量,尽量使车站规模、形式、间距和车辆编组符合实际客流增长的需要,并尽量接近实际客流,构成了影响城市轨道交通造价的重要因素。

客流预测是城市轨道交通建设必要性、规模选择、经济效益分析和各项专业设计的基础和前提依据,科学的客流预测对城市轨道交通可行性研究、城市轨道交通线网布局规划及城市轨道交通建设规模、建设水平等问题的决策都有着极其重要的作用。因此,应该以科学的态度对城市轨道交通客流进行预测。

客流预测是通过开发交通需求预测模型,模拟城市交通系统运行状况,为论证轨道交通建设必要性、研究轨道交通线网规模、确定轨道交通线网规划方案等提供定量的依据。

在规划线网方案时,先要根据居民出行调查 OD 分布图及城市道线网等资料,初拟出线网规划图,然后预测线网客流量以证明线网设计的合理性,如发现不合理的地方,要重新调整线网规划,并重新做客流预测,多次反复,直到合理为止。

二、预测年限

预测年限就是设计年限和规划年限,它是随两者的变化而变化的。在新线设计时,它应和设计年限相一致,在规划线网时,则应和规划年限相一致。

所谓设计年限,就是在规划设计时,城市对轨道交通的最大客流需求量,与轨道交通最大的系统运输能力的合理匹配年限。

设计年限是控制工程规模和工程投资的重要因素,其合理与否,可直接影响工程建成后的效率和效益。若设计年限定得过长,虽能为以后的发展留有充分的余地,但工程规模随之增大,整个系统的运量不能充分利用,长期处于欠负荷运营状态,工程不能充分发挥作用,必然会造成长时期的不经济运营;若年限定得太短,会使整个工程的运量很快饱和,将长期处于超负荷运营状态,不但降低了交通服务质量,并且不能很好地解决交通问题,同样是浪费。所以,恰当地定好设计年限是非常重要的。

设计年限一般分为近期和远期两个阶段,时间均从建成通车之年起算。目前,国内准备修建地铁和轻轨的城市,在工程可行性研究和设计中,为了从客流角度评估一下现时修建工程的必要性和减少工程初期投资,都预测了工程建成通车年,即初期的客流量,并据此配备运营车辆和相应的车辆检修设备。根据国内外的经验,设计年限一般近期定为10~15年、远期20~30年较为合适。

线网规划年限一般应与城市发展总体规划规定的年限相一致，但不应少于30年。

三、客流预测方法

1. 客流预测方法的发展

客流预测是确定城市轨道交通系统线网规模、交通方式选择以及线路运输能力、车站规模、设备能力、运营组织、经济效益评价的重要依据。

客流预测是一门新兴的学科，城市总体客流预测方法逐步趋于成熟，但城市轨道交通线路客流预测尚处于探索研究阶段。城市客流量的大小和城市人口规模及人口分布、城市用地类别以及分布、城市社会经济及发展水平、城市文化程度和人民群众生活水平等因素密切相关。根据国内外的实践经验，在进行城市客流预测时，首先对现状客运交通进行调查，除了搜集历年来的统计资料外，普遍的做法就是开展城市居民出行调查。依据调查资料，可以比较科学地掌握城市居民的出行特征、有关参数及客流在时空分布上的规律。在此基础上，依照城市发展人口用地规模以及城市客运交通的发展趋势，选择合适的预测模型，运用趋势外推的方法预测未来线路客流量。这种基于现状的预测方法能够比较好地反映近期交通量的增长情况，但无法预测轨道交通建成后所引起的交通结构的变化和城市交通分布变化。目前国内普遍采用量化分析四阶段法，即交通的产生、交通的分布、交通的方式和交通在线网上的分配四个阶段。城市客流预测的主要参数一般可通过城市居民出行调查资料获得，通过城市居民出行调查可获得城市人均日出行次数，城市客运交通方式结构、OD分布及线网上客运量的分配量以及客流在时间上的分布。城市客运结构对轨道交通线路的客流预测影响较大，影响因素有社会、经济、政策、城市结构、基础设施水平和地理环境等。从国内若干城市的实践经验，普遍的趋势是采用定性和定量相结合，根据城市经济发展水平、客流交通政策以及相关城市的类比，确立未来城市的交通比例，以此来指导城市轨道交通客流进行微观预测。城市轨道交通作为城市客流运输的骨干，起着其他交通方式难以替代的作用，但轨道交通也需要其他交通方式的辅助和接驳。在客流预测中，最难预测的是城市交通结构。城市交通结构的变化和政策导向、经济水平和人们的习惯等社会因素有关，将小区的出行量以一定的比例分配给轨道交通和其他交通方式等。目前较为常用的有转移曲线法，交通方式比例随出行时耗、出行距离和各种交通方式出行时耗比的转变而呈一定的函数关系；其次是概率方法，又称费用函数和效用函数法，出行者通常以出行费用最小，也即是效用最高的交通方式出行，其难点在于费用函数的确定。

客流预测中票价因素，直接关系到轨道交通吸引客流量的多少，特别在短期内影响更大。以往的客流预测绝大部分未考虑票价因素，不能提供不同票价下的客流情况，因此也就降低了轨道交通系统效益评价的可信度。轨道交通总体线网与个别线路客流预测的依赖关系不同。轨道交通的线网规划是与城市发展密切相关的,其客流预测侧重于客观上与城市中其他交通方式的协调,强调线网布局的合理性。个别线路客流预测侧重于线路各点客流分布与断面客流量,是微观的和具体的。在客流分析中不仅要考虑线路在线网中的作用,也应该考虑站点的布局形式对客流的影响。

总之,轨道交通规划和建设中客流预测问题,是我国目前面临的一个难题。它不仅技术性强,也存在政策性、社会性和经济性等因素的制约。

2. 客流预测模型及方法

城市轨道交通客流预测虽然在我国起步较早,但真正应用于工程实践中,则始于20世纪80年代的上海轨道交通1号线设计。目前全国在客流预测方法上仍处于探索阶段。中国城市轨道交通客流预测模式主要分为3类: 非基于现状OD(起点)客流的预测模式, 将相关的公交线路客流和自行车流量向轨道交通线路转移, 得到轨道交通客流;基于现状OD客流的预测模式,以经典的"四阶段法"为基础, 结合城市规划推算未来轨道交通的客流;基于非集聚模型的预测模式 。目前应用较多的是在"四阶段"法基础上进行轨道交通线路客流的预测。该方法是通过对交通出行生成预测、交通出行分布预测、交通方式划分、交通分配四个步骤进行城市客流预测,并根据城市不同特点,建立相应的客流预测数学模型和快速轨道交通客流分配模型。

(1)交通出行生成预测

土地使用动态是出行客流生成的起源,居民出行预测要建立在对规划线路一定范围内城市建设和土地开发变化、人口分布及就业情况的基础上进行。采用单位系数法按不同出行目的预测各交通小区出行的生成量与吸引量。在市区以主要道路为小区中轴,以交叉路口为小区中心,在市中心区以1.4 km左右为边长划分小区。小区近似方形,面积约为2 km^2,随着向郊区延伸,面积逐渐加大。小区用地性质要尽量单一。在郊区以主要道路为中轴,以出行的主要集散点为中心,在人口稠密区当跨度不大时,不要分割成两个小区,使其位于小区的中心附近,尽量以自然障碍物为边界,如铁路、河流、湖泊、农田等划分,面积约为6 km^2。在交通小区的基础上,将2~5个小区组合成交通中区,并在保持行政区形状基本不变的前提下,将若干交通中区组合成交通大区。

①出行生成预测模型

$$P_i = \sum_{i}^{n} C_{pi} X_{pi} \tag{1-1}$$

式中 P_i——i交通小区的出行生成量(人次/日);

X_{pi}——i交通小区的总人数、成人数、学生数或就业岗位数;

C_{pi}——相应的出行生成系数。

②出行吸引量预测模型

$$P_i = \sum_{i}^{n} C_{pi} X_{pi} A_j = \sum_{i} C_{a_j} X_{a_j} \tag{1-2}$$

式中　A_j——j 交通小区的出行吸引量(人次/日)；

X_{a_j}——j 交通小区的总人口数、就业岗位数及用地面积；

C_{a_j}——相应的出行生成系数。

(2)出行分布预测

出行分布的目的是将分离出的城市轨道交通客流分配到虚拟的城市轨道交通线网上，运用传统的重力模型思想，按出行目的，采用节点分配的方法，利用对乘客来说是最小距离的原则批量进行分配。

居民出行分布形式和小区的生成量、吸引量、小区的阻抗及城市布局等因素有关，一般采用综合重力模型进行居民出行分布量预测。

综合重力模型为：

$$T_{ij} = \frac{P_i A_j F(l_{ij}) K_{ij}}{\sum_{j=1,i=1}^{n} A_j F(l_{ij}) K_{ij}} \tag{1-3}$$

式中　T_{ij}——i 交通小区至 j 小区的居民出行分布量；

P_i——i 交通小区的出行生成量；

A_j——j 交通小区的出行生成量；

$f(t_{ij})$——两交通小区 i 至 j 间的出行阻抗函数，一般是出行时间或出行距离的函数；

K_{ij}——两交通小区 i 至 j 间的布局调整系数。

并以下式迭代消除误差：

$$A_j^{(k)} = A_j^{(k-1)} \frac{A_j}{\sum T_{ij}^{(k-1)}} \tag{1-4}$$

(3)出行方式划分

在我国大多数城市居民出行所用的交通方式有：步行、自行车、常规公交、出租车、小汽车等。各个交通工具都有其不同的使用人群。对交通方式划分的影响因素很多，有出行者个人的因素，如：年龄、性别、收入、私人交通工具拥有情况、职业以及人员的类别(常住人口、流动人口)；也有交通方式自身的因素，如：旅行速度、票价、舒适度、安全性等。充分了解人们的出行选择与各影响因素的关系，是进行合理方式划分的基础。

常用的交通出行方式划分模型形式：

$$P_{ij}^{k} = \frac{\exp(-u_k)}{\sum_{k} \exp(-u_k)} \tag{1-5}$$

式中　P_{ij}^{k}——i 交通小区至 j 交通小区第 k 种出行方式的分配率(%)；

u_k——i 交通小区至 j 交通小区第 k 种出行方式的广义运输费用。

$$u_k = \beta \cdot t_k + C_k \cdot L \cdot d_k$$

其中　t_k——i 交通小区至 j 交通小区第 k 种出行方式的出行时间(min)；

L——i 交通小区至 j 交通小区的出行距离(km)；

$C_k \cdot L \cdot d_k$——参数。

(4)交通分配

交通分配的目的是将已经预测出的城市轨道 OD 交通量按照一定的规则符合实际地分配到道路网中的各条道路上，并求出各条道路的交通流量。一般来说，在道路网中,两点之间(即 O、D 间)有很多条道路，如何将 OD 交通量正确合理地分配到 O 与 D 之间的各条道路上即是交通分配模型要解决的问题。

交通分配模型形式：

$$P_k = \frac{\exp(-\beta \cdot t_{ij}^k)}{\sum_k \exp(-\beta \cdot t_{ij}^k)} \tag{1-6}$$

式中　P_k——居民出行选择路线 k 的概率；

t_{ij}^k——路线 k 的出行广义费用,一般采用出行时间；

β——系数。

3. 客流预测结果

线网中各条线路经过详细的客流预测工作,最后要获得下列各主要成果资料：

(1)交通小区划分图；

(2)规划年居民全方式出行期望路线图；

(3)规划年全市客流分布图；

(4)规划年各网线全日乘降量及断面客流量表；

(5)规划年各网线早高峰小时乘降及断面客流量表；

(6)规划年各网线晚高峰小时乘降及断面客流量表；

(7)规划年换乘站各方向的客流换乘量。

四、客流预测工作中的问题

客流预测是线网规划中进行定量分析的主要手段,因此客流预测工作的好坏直接影响线网规划的效果。但从目前线网规划中的客流预测情况看,还存在诸多问题,其中主要表现在以下方面：

1. 城市交通模型还未完善建立

建立完善的交通预测模型有三个基本条件:一要有对现状交通情况长时间、大范围的调查资料,并且这些资料能够不断得到更新,同时这些资料应是真实的;二要具有科学、先进的交通预测模型,并且得到长时间调教和运用,各项预测结果能够大体符合城市交通发展规律;三是要具备既熟悉交通预测模型,又熟悉城市实际情况,同时对城市交通发展有深刻理解的模型操作人员。

由此可见,以上基础数据采集、模型建立、模型师队伍建设三项工作,都需要长期的、扎实的基础工作,这需要获得城市相关政府部门足够的重视和经济投入,还需要专职的机构运作和维护。但应该承认,除国内几个特大城市比较重视这方面的基础工作外,多数城市还停留在购买模型或提升模型算法的理论水平上,现状交通调查工作非常欠缺(大多数城市只有20世纪80年代末或90年代初的全民OD调查资料),这实际上是目前建立交通模型工作最大的误区。

交通预测模型的不完善直接导致城市轨道交通客流预测结果与实际客流的确存在较大差异,不同机构预测的客流量离散性较大。

2. 我国正处在经济飞跃式发展阶段,对未来交通发展规律确实难以把握

现代交通预测的基本原理,是通过对现状交通规律的分析,推演未来交通发展规律。欧美发达国家的城市发展已经趋于稳定,其交通发展曲线比较平滑,未来交通规律把握相对容易。我国正处在经济飞跃式发展阶段,交通发展曲线呈阶跃形态,发展规律曲线离散较大,且影响条件中的不定因素很多,因此在进行模型参数标定时十分困难。改进这方面的问题将对模型操作人员素质提出较高的要求,不但要具备模型分析扎实的基础知识,还需要政治家的眼光和艺术家的感觉,因此模型师应特别注意扩大和丰富自身的知识结构和思路。

3. 难以建立土地发展和交通预测的动态联系

土地利用和交通之间有明显的互动联系,但是目前的客流预测工作对土地开发强度影响基本不能作出动态的反映。尽管土地发展和交通预测方面都有各自领域内的分析模型,但由于两类模型的理论和数学语言差异很大,而且从事土地发展和交通预测研究的人员对彼此领域研究甚少,到目前为止,还未发现在实际工作中将这两个方面的研究联系,并实现模型兼容,因此对彼此的考虑只能是定性分析或静态层次的计算。这实际上是整个规划领域存在的一个突出的技术瓶颈,这个问题不解决,客流预测工作就很难保证可信度。

4. 缺乏交通影响分析研究

客流预测的工作集中在两个方面,一是对轨道交通内部客流增长及特征进行预测,二是对轨道交通对于城市综合交通影响进行分析。现在,对轨道交通自身的客流预测工作进行得比较深入,但对外部交通影响的工作进行得不够充分,难以回答"轨道交通建设后,城市交通的变化是什么"这样的问题。

第二章 城市轨道交通线路

第一节 城市轨道线路基本知识

一、城市轨道交通线路

城市轨道交通线路按其在运营中的地位和作用,分为正线、辅助线和车场线。正线供列车运行,包括区间正线、车站正线;辅助线为列车折返、停放、检查、转线及出入车辆段(停车场)服务,包括折返线、渡线、联络线、停车线、出入段(场)线、安全线等。不同类别线路有相应的技术标准,以达到既能保证运营要求又能降低工程造价的目的。线路的选定应根据城市轨道交通线网规划进行。

1. 正线

正线连接贯穿所有车站、区间,贯穿于运营线路的始、终点,为列车运营的线路。正线均设计为双线,采用上、下行(上、下行方向由该城市主管运营的有关部门决定)分行,一般实施右侧行车惯例,以便与城市地面交通的行车规则相吻合。正线行车速度高、密度大,且要保证行车安全和舒适,因此线路标准较高。

2. 辅助线

辅助线是为保证正常运营、合理调度列车而设置的线路,包括折返线、渡线、联络线、存车线、出入段/场线、安全线等,是为保证正线运营而配置的线路,一般不行驶载客列车,速度要求较低,一般最高运行速度限制在 35 km/h,故线路标准也较低。

(1)折返线

折返线是在线路两端终点站,或者开行折返列车的区间站,设置的专供列车折返的线路。

折返线可分为单折返线与双折返线,如图 2-1 所示。

利用折返线折返,端点站既可有效组织折返(如双折返线可明显降低折返时间),又可备有存车线供故障停车、检修、夜间停车等作业使用。

折返线有足够的长度对保证列车折返安全和折返能力是必要的。折返线的有效长度,宜为远期列车长度加 40 m(不含车挡长度)。主要从以下因素考虑:停车线端距道岔基本轨端留有必要的距离,如该距离太短,将影响列车加速,从而影响列车折返能力;

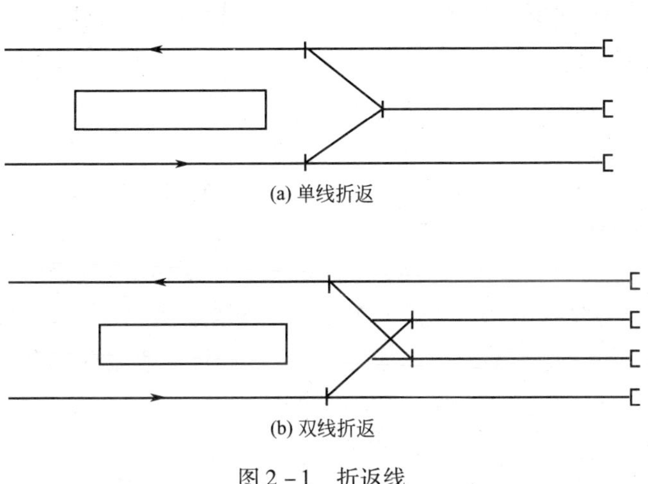

图 2－1　折返线

列车进入折返线通过最后一组道岔时,不希望降低速度以尽快开通其他通路,为此折返线的长度不能太短。

当存车线末端与正线接通时,可设置列车防溜设备。

(2)渡线

当线路两端客流不平衡,需中间折返时,在折返站应设置渡线。渡线是在上、下行正线之间(或其他平行线路之间)设置的连接线,通过一组联动道岔达到转线的目的。渡线单独设置时,用来临时折返列车,增加运营列车调度的灵活性;在与其他辅助线合用时,完成并增强其他辅助线的功能。有在车站前或车站后设置渡线两种情况,如图 2－2 所示。渡线又分为单渡线和交叉渡线。

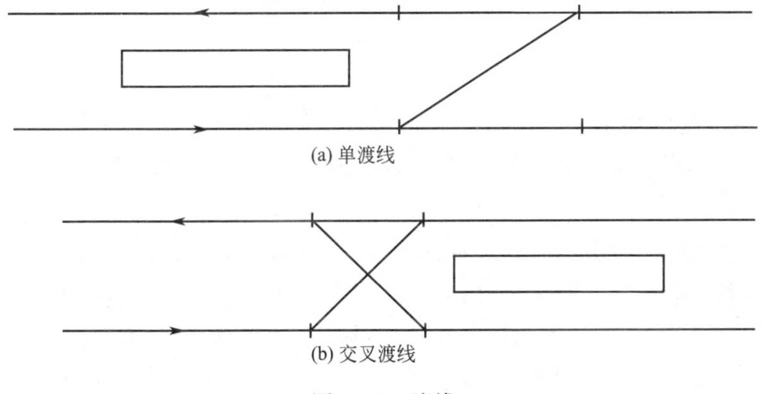

图 2－2　渡线

利用渡线可进行折返作业。利用渡线折返需要修建的线路最少,节省投资。然而,列车进出车站与折返作业有严重干扰。尤其是在折返站利用渡线进行区间列车折返,需占用正线进行作业，对运营管理要求十分严格。且列车运行间隔时间受其制约较大，导致线路通行能力下降。所以，在列车运行速度较高、运行间隔时间较短、运量较大的线路，不宜采用此类办法。

(3)联络线

联络线是指两条线路间的连接线，以及城市轨道交通线路与铁路之间的连接线。

城市轨道交通线路之间应根据线网规划设置联络线，以满足车辆调配和处理其他事项须转线运行的需要。因为有时一个车辆段要承担两条或两条以上线路的车辆检修业务；有的线路没有条件与铁路接轨，无法直接运送车辆与大型设备；有的线路采取分段修建和运营时，车辆段一时未建，车辆检修业务需临时由其他车辆段承担等情况，都需要借助联络线转运。此外，联络线还可保证在特殊情况下，列车可由一条线转入其他线路运行，增加处理事态的灵活性。

就总体而言，转线运行机率较少，且不载客运营，故联络线通常采用单线；近期阶段性兼作运营线的联络线，其标准仍按联络线标准设计，但需设计成双线，只有在增加工程投资很少的情况下，可按正线标准设计。

联络线如图 2 - 3 所示。

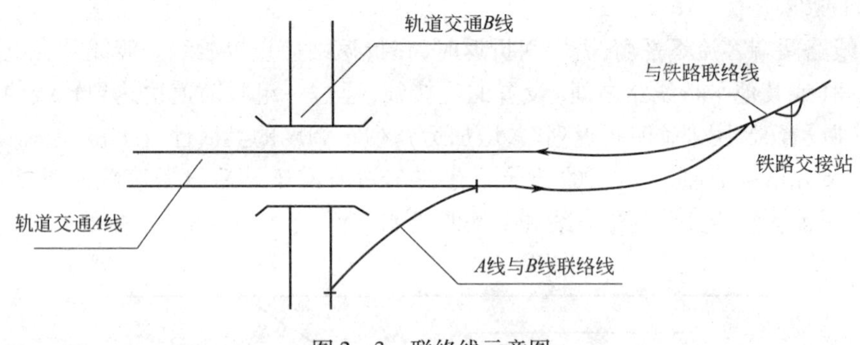

图 2 - 3　联络线示意图

联络线因连接的轨道交通线往往不在一个平面上，因此，有较大的坡道与较小的曲线半径，列车运行速度不可能很高。如果在地下建设，施工难度较大，投资也随之加大。

(4)停车线

停车线一般设置在端点站，是专门用于停车、进行少量检修作业的尽端线。

(5)出入段/场线

出入段/场线是车辆段/停车场与正线车站联系的线路，专供列车进出车辆段/停车场。一般分为入段/场线和出段/场线。图 2 - 4 所示为出入段/场线的几种情况。

(6)安全线

为了防止在车辆段/停车场出入线、折返线、停车线和岔线(支线)上，行驶的列车未经允许进入正线与正线列车发生冲突，以保证列车安全、正常地运行。当遇到下列情

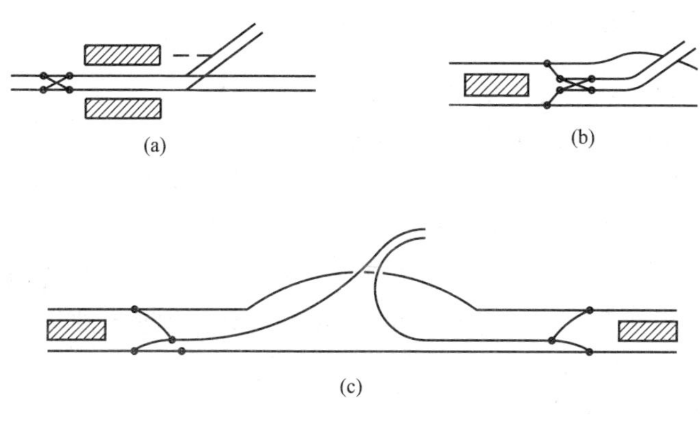

图 2-4 出入段/场线

况时,宜设安全线或其他隔开设备(脱轨器、脱轨道岔和车辆防溜等):

当车辆段/停车场出入线上的列车在进入正线前需要一度停车,且停车信号机至警冲标之间小于列车制动距离时;

折返线末端与正线接通时;

岔线(支线)与正线接轨,当与正线间为岛式站台,且站台端至警冲标间的距离大于或等于 60 m 时,可不设列车运行隔开设备,若为侧式站台宜设道岔隔开设备。

安全线的长度一般不小于 40 m。在困难条件下,可设置脱轨道岔。

3. 车场线

车场线是车辆段/停车场区作业的线路,包括停车线、检修线、试车线、牵出线等,用于停车、调车、修车、试车及指定用途。每一线路,根据其用途独立命名。车场线行车速度低,故线路标准只要能满足场区作业即可。

(1)停车线

在车辆段/停车场拥有众多的专用停车线,提供夜间停止运营后列车停放。需要进行检修作业的停车线设有地沟。

(2)检修线

设在车辆段检修库内,是专门用于检修车辆的作业线,设有地沟,配有架车设备、检修设备(如行车等)。

(3)试车线

试车线设在车辆段,用于对检修完毕的轨道交通车辆进行运行状态检测试验的线路,为达到必要的运行速度,试车线需有一定长度和平纵断面。

此外,还有为进行列车连接、摘挂与解体作业的调车线;设在站场的一端,作为临时牵出车辆的牵出线;为进行货物装卸的材料线,以及静调线、洗车线、镟轮线等。

二、城市轨道交通线路的特点

与铁路比较，城市轨道交通线路有如下特点：

1. 线路难以改建，线路设计要作长期考虑

城市轨道交通线路一经建成，无论在地下、地面还是高架，线路位置的改变都十分困难。隧道与高架线路的改建困难，地面线路建成后因涉及周围建筑、道路等，其改建会引起很大的拆迁工程，并破坏多年来逐渐形成的环境。因此，城市轨道交通的设计年限较长，近期为交付运营后 10 年，远期应符合城市总体规划规定的年限，且不少于交付运营 25 年。

2. 线路允许的坡度较大

线路主要用于客运，列车质量较小，不受车辆牵引力的限制，没有限制坡度的概念。

3. 线路为双线，车站一般无配线

城市轨道交通客运量大，必须采用双线分方向追踪运行。一般车站只有正线，没有经常性的调车作业，为节省用地，不设到发线，车辆集中停放在车辆段/停车场。

4. 站点密

城市轨道交通运距短，且分布在整个城市区域内，为保证线路的客流吸引力，通常站距在 1 ~2 km。短站距制约了列车的最大速度。

5. 车站长度较短

城市客流可容忍的等待时间较短，要求发车间隔时间不能太长。由于线路各站点的吸引范围小，聚集的客流量有限，列车编组长度通常为 4 ~8 节。这样，供乘客上下车的站台长度就短了，通常在 100 ~200 m。

鉴于城市轨道交通的载重量小、车速中等、列车短、运距短、停站频繁等特点，故其设计标准与铁路有所不同。例如，区间线路与站线的曲线半径及坡度要求不同；车辆类型决定线路的横断面限界；地下隧道形式的线路对排水、通风等要求与地面或高架线路有显著差别。

三、城市轨道交通线路的设计

1. 城市轨道交通线路设计的一般规定

(1)城市轨道交通线路按其在运营中的作用，应分为正线、辅助线和车场线。辅助线包括折返线、渡线、联络线、停车线、出入线、安全线等。

(2) 城市轨道交通线路的选定应根据城市轨道交通线网规划进行。

(3) 城市轨道交通的线路敷设方式，应根据城市总体规划和地理环境条件因地制宜地选择，一般在城市中心地区宜采用地下线，其他地区条件许可时宜采用高架线或地面线。

（4）城市轨道交通的线路平面位置和高程应根据城市现状与规划的道路、地面建筑物、管线和其他构筑物、文物古迹保护要求、环境与景观、地形与地貌、工程地质与水文地质条件、采用的结构类型与施工方法，以及运营要求等因素，经技术经济综合比较后确定。

（5）城市轨道交通的线路宜按独立运行进行设计。根据客流需要并通过论证，线路可按共线运行设计，但其出岔站汇入方向的线路应设平行进路。城市轨道交通线路之间应根据线网规划需要设置联络线。联络线应采用单线。但近期阶段性兼作运营线的联络线应设双线，有条件时宜按正线标准设计。

（6）城市轨道交通的线路之间及与其他轨道交通线路之间的交叉处，应采用立体交叉。两线接轨应避免造成双向敌对进路。

（7）城市轨道交通车站应设置在交通枢纽、城市轨道交通线路之间、商业、居住、体育、文化中心等大的客流集散点。车站间的距离应根据现状及规划的城市道路布局和客流实际需要确定，一般在城市中心区和居民稠密地区宜为 1 km 左右，在城市外围区应根据具体情况适当加大车站间的距离。

（8）地面线路和高架线路距建筑物的距离，应根据行车安全、消防、减振、降噪、景观和居民隐私等相关要求，以及采取相应的防范措施等因素，经综合比较后确定。

根据防火要求，线路路肩边缘和高架结构外缘与民用建筑间的最小距离，应符合现行国家标准《建筑设计防火规范》和《高层民用建筑设计防火规范》的规定。当城市轨道交通与地面建筑合建时，应加强防火、减振、降噪和结构安全措施。

线路设计阶段的任务是在规划线网和预可行性研究的基础上，对拟建的城市轨道交通线路的平面和竖向位置，通过不同的设计阶段，逐步由浅入深，不断比较线路平面、纵剖面和坡度、线路与车站的关系，最后得到城市轨道交通线路在城市空间中的准确位置。

2. 城市轨道交通线路设计的步骤

线路的设计阶段一般可分为四个阶段，即可行性研究阶段、总体设计阶段、初步设计阶段和施工设计阶段。

（1）可行性研究阶段主要是通过线路多方案比选，完善线路走向、路由、敷设方式，稳定车站、辅助线等的分布，提出设计指导思想、主要技术标准、线路平纵剖面及车站的大致位置等。

（2）总体设计阶段是根据可行性研究报告及审批意见，通过方案比选，初步稳定线路平面位置、车站位置、辅助线形式、不同敷设方式的过渡段的位置，提出线路纵剖面的初步标高位置等。

（3）初步设计阶段是根据总体设计文件及审查意见，完成对线路设计原则、技术标准等的确定，稳定线路平面位置、基本稳定车站位置及线路纵剖面设计。

(4)施工设计阶段是根据初步设计文件及审查意见,有关专业对线路平纵剖面提出的要求,对部分车站位置及个别曲线半径等进行微调,对线路平面及纵剖面进行精确计算和详细设计,提供施工图纸说明文件。

四、城市轨道交通线路的空间布置

城市轨道交通的线路之间的交叉处,应采用立体交叉,以保证城市轨道交通高效、安全运输。城市轨道交通线路按敷设方式,有地下线路、高架线路、地面线路,应根据城市总体规划和地理环境条件因地制宜地选择。

在同一条轨道交通路线上可采用上述三种不同的空间布置方式。在城市中心区,建筑密集、道路狭窄、交通拥挤、人口众多,为减少建设中的困难和噪声、振动等对城市的有害影响,城市轨道交通线路一般设在地下,也可适当布置为高架方式。进入地面建筑稀少、路面宽阔的城市边缘区及郊区,可考虑设在高架线或地面线以降低工程造价。由正线通往车辆段/停车场时,线路由地下或高架延铺至地面。

一般,在城市中心区,往往建筑密度大,道路狭窄,交通拥挤,环境及地面景观要求严格保护,应设于地下。在城市郊区、建筑密度小、待开发的地区则应以高架或者地面为主。城市与卫星城之间的快速轨道交通应以地面为主。

1. 地下线路

地下线路铺设于地下隧道内,轨下基础为带枕浇筑式的整体道床。其优点是与地面交通完全分离,且不占城市地面与空间,基本上没有气候影响;不足之处在于需要较大投资,较高的施工技术,较先进的管理,完善的环控、防灾措施与设备。建设过程仍会影响地面交通,运营成本较高,改造调整与线路维护均较困难。地下敷设方式如图2－5所示。

地下线路的设计的一般原则是线位尽可能沿城市道路敷设,尽量不侵入两侧的规划红线,在偏离道路或穿越街坊时,主要考虑躲避沿线的构筑物桩基础和地下各种市政管线,以确保安全和减少拆迁。

2. 地面线路

地面线路是在较空旷的地带,道路和建筑稀少,采用类似普通铁路的路基作为轨道基础的线路形式。地面线路如图 2－6 所示。其上部结构保留了铁路线路的特点,轨下基础也基本保留了传统的碎石道床。其优点是:弹性好,造价低,施工简便,运营成本低,线路调整与维护较易。不足是:不稳定,在列车碾压和冲击下,几何尺寸较易变形,必须进行经常性的养护和矫正;占地面积较多,线路封闭给地面带来的隔离影响,破坏城市道路路面,使城市道路交叉复杂化,容易受气候影响,乘车环境难改善,有一定的污染负效应(如噪声、景观等)。

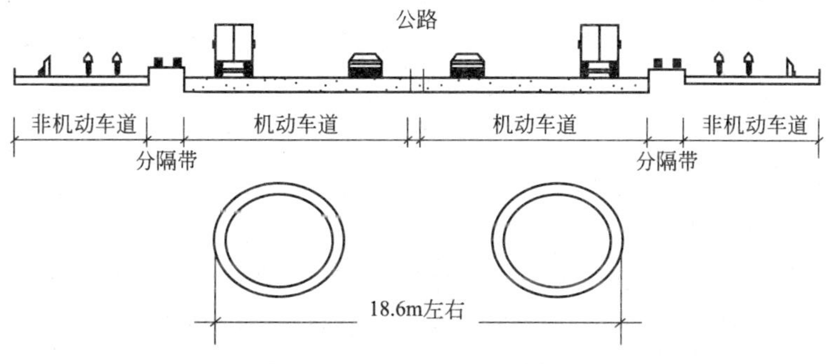

图2-5　地下敷设方式

地面线路的路基高度一般要高出通过地段的最高地下水位和当地50年一遇的暴雨积水水位，以免路基出现淹没、翻浆冒泥而影响运营。

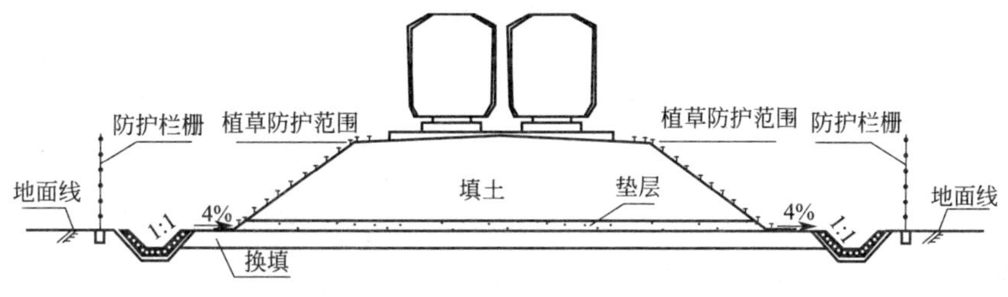

图2-6　地面线的敷设方式

3. 高架线路

高架线路，铺设于高架结构物上，轨下基础为支撑块式的整体道床。高架线路与地面交通无干扰，造价介于地下与地面之间，施工、维护、管理、环控、防灾诸方面都较地下线路方便；但要占用一定的城市用地并有光照、景观、噪声等负效应，也受气候变化的影响。

高架线路一般在市区外建筑稀少及空间开阔的地段采用。其线位一般沿道路的一侧或路中布置，具体设在路侧还是路中要根据规划和设站情况来决定，并结合具体情况作深入研究和经济比较。

地面线路和高架线路对乘客来讲比地下线路安全感好，噪声小，豁亮通畅，可饱览市容，乘车比较舒服，但会对沿线居民产生不良影响。所以，在定线时一定要充分考虑行车产生的振动、噪声以及乘客视线对居民生活的影响，同时要防止建筑物内废弃物投掷到线路上影响行车安全。在建筑、结构、供电设计中更要处理好景观对城市的影响。地面线路和高架线路距建筑物的距离，应根据行车安全、消防、减振、降噪、景观和居民隐私等相关要求，以及采取相应的防范措施等因素，经综合比较后确定。由于根据相关规范要求所采取的防范措施不同，线路离建筑物的距离也不相同，但最小距离不得小于防火规范的要求。当轨道交通与地面建筑合建时,除满足防火规范的要求外,还要从结构、轨道等方面加强减振、降噪措施,并要防止因建筑结构设计不当而影响行车安全。

五、城市轨道交通线路的形态

城市轨道交通线路的形态有直线形、环形和“Y”字形 。

直线形线路包括穿越市中心的直径线和从市中心发出的放射线(这里说的直线,不是几何意义的直线,包括曲线)。多数城市轨道交通线路是直线形。

环形线是环绕市区的、首尾相接的线路。例如,北京地铁2号线和10号线、上海轨道交通4号线是环形线。

“Y”字形线是设置支线的线路,从主线某站分叉,形成“Y”字线路。例如,上海轨道10号线、11号线,广州地铁3号线,是“Y”字形线。

城市轨道交通的线路宜按独立运行进行设计。在客流需要的情况下,确实需要设置支线时,通过论证,在不影响主线运输能力并确保安全的情况下,可以考虑共线运行。具体安全保障措施不限于汇入方向线路的平行进路,还可结合停车线、折返线等双向均设平行进路。

由于历史原因,上海轨道3号、4号线采用共线运行,在共线部分有9个车站,这样就严重影响各条线路的通过能力。在上海轨道交通不断发展的情况下,作为环形线的4号线,其换乘客流日趋增多,运能和运量的矛盾非常突出。从长远着想,这条线必须分线运行,已有3号线重新建设的规划。近期,拟在宝山路站和上海火车站站之间增设两条线路,以暂时缓解这一矛盾。

六、城市轨道交通线路命名

1. 城市轨道交通建设线路命名

在城市轨道交通规划和建设过程中,有关管理部门用城市轨道交通线路的性质来命名。线路序号前分别冠以“M”、“R”、“S”、“ L”字头。

(1)M线

市区地铁被冠以“M”字头,“M”是Metro的缩写,M线一般分布在城区,最高时速为80 km,站距为1 km左右。一般使用A型车或B型车,6节或8编组。

M线主要穿过市区繁华的中心地带,并和R线融为一体。

(2)L线

轻轨被冠以“L”字头,“L”是Light Rail的缩写,一般分布在近郊。L线最高时速为80 km,站距为1 km左右,一般使用C型车,4节或6节编组。

L线主要用于城市内人口密集度较低的地区,作为M线网的补充。

(3)R 线、S 线

市域轨道交通线被冠以“R”“S”字头，是指联系中心区与市郊各新城以及新镇的轨道交通线。例如，北京市市郊铁路被冠以“S”字头，上海市市域轨道交通线被冠以“R”字头。设计最高时速在市中心约为 80 km，在郊区可达到每小时 100 ~ 120 km。

R 线、S 线主要连接市中心和市郊卫星城。

北京轨道交通由 M 线、L 线、S 线组成，远景轨道交通规划线网由 16 条地铁（M 线）、6 条轻轨（L 线）和 6 条市郊铁路（S 线）组成。

表 2 - 1 是北京市轨道线网的功能分级和所对应的技术参数。

表 2 - 1　北京市轨道线网的功能分级和所对应的技术参数

线网分级	主要功能	运量	最高时速（km）	运行时速（km）	站间距（km）
R 线	长距离、大运量、站间距大	大	100 ~ 120	60 ~ 80	市区 1 ~ 2 近郊 2 ~ 3 远郊大于 3
M 线	中距离、大运量、站间距大	大	80 ~ 100	40 ~ 70	1 ~ 1.5
L 线	中小距离、大中运中小距离、大中运	大、中	60 ~ 80	25 ~ 40	0.6 ~ 1.5

上海轨道交通网由市域级快速线（R 线）、市区级地铁（M 线）和市区级轻轨（L 线）三个层次组成。

2. 城市轨道交通运营线路命名

城市轨道交通运营线路有不同的命名方法，主要有序号命名法和地域命名法，以及两者的结合。

(1)序号命名法

大多数城市采用序号命名法，即以序号命名为 1 号线、2 号线、3 号线……如上海不管地铁和轻轨，一律命名为轨道交通 × 号线，目前已经运营线路为 1 号线 ~ 11 号线和 13 号线。已运营的天津、广州、南京、武汉、重庆、长春、大连、沈阳、杭州、苏州、昆明、西安、成都和正在建设的哈尔滨、宁波、无锡、福州、南昌、长沙、郑州、青岛都采用这一命名法。

(2)地域命名法

少数城市采用地域命名法，即以线路所经过的地区或者终点地名命名。如深圳地铁将原 1 号线 ~ 5 号线分别命名为罗宝线、蛇口线、龙岗线、龙华线、环中线。香港地铁采用地域命名法，有东铁线、西铁线、观塘线、荃湾线、港岛线、东涌线、将军澳线、马鞍山线、迪士尼线、机场快线。台北捷运（地铁）采用地域命名法，有木栅线、淡水线、新店线、中和线、板南线、新北投支线、小南门支线。

(3)序号和地域结合命名法

北京的市区地铁采用序号命名法,如地铁 1 号线、2 号线、3 号线……,郊区地铁采用地域命名法,有机场线、亦庄线、大兴线、房山线、昌平线、西郊线等,八通线则采用与铁路相同的命名法,以线路的起点和终点地名命名,即八王坟—通州。

此外,高雄捷运则用车辆的颜色命名,有红、橘 2 条运营线路。

七、线路标志及信号标志

依据城市轨道交通运营情况,应设线路标志及有关标志。视实际情况,可减少和增加所需要的标志。

1. 线路标志

线路标志有百米标、公里标、坡度标、曲线要素标、圆曲线和缓和曲线始终点标、竖曲线始终点标、道岔编号标、水准基点标、桥号标、涵洞标、水位标等。线路标志在单线上顺计算里程方向设于线路左侧,在双线上各设于本线列车运行方向左侧。

2. 信号标志

信号标志包括限速标、停车位置标、进站预告标(分别设于距站界 100 m、200 m、300 m 位置)、警冲标、联锁分界标等。信号标志顺列车运行方向设于线路左侧。

为司机瞭望清晰,百米标、坡度标、限速标、停车位置标、警冲标等标志,宜采用反光材料制作,并安装在司机易见的位置上。其他标志材料可采用搪瓷板制作。所有标志应不侵入设备限界。

地面线的标志埋设于线路路肩以外,隧道的标志安装于隧道的侧墙,高架桥面的标志安装于桥面的整体道床。不管哪种标志的安装,都必须严格执行限界的规定,并要安装牢固。

各种标志(警冲标除外)应设在钢轨头部外侧不小于 2 m 处。不超过钢轨顶面的标志,可设在距钢轨头部外侧不小于 1. 35 m 处。警冲标设在会合线路两线间距为 4 m 的起点处中间,有曲线时按限界加宽办法加宽;两线间距不足 4 m 时,应设在两线最大间距的起点处中间。

第二节　城市轨道交通线路选线

城市轨道交通是一项具有多学科、综合性、接口复杂的工程项目,作为城市的百年工程,对城市外围组团发展和城市内部总体规划的推动具有极其重要的作用。城市轨道交通的线路选线工作是城市轨道交通设计的“龙头”,具有牵涉面广、复杂性强、劳动强度大、责任重大等特点,应做到宏观控制、微观分析、分层规划、可持续发展。

一、线路选线设计主要原则

(1) 线路走向应符合城市总体规划、线网规划的要求，合理选择线路路径，并协调好与其他线路的衔接、换乘关系，使轨道交通充分发挥其交通骨干线路的作用。

(2) 坚持以人为本的设计理念，根据工程沿线的城市规划、地形、地貌、工程地质及水文地质条件、地面与地下建(构)筑物和地面交通状况等情况，在复杂地段进行多方案优化选取，合理选定线路走向及车站站址分布。

(3)线路总体方案应结合其他后续的轨道交通工程，整体构思，统筹考虑，远近结合，并为后续工程的实施创造条件。

(4)车站位置应与轨道交通网、城市道路网及公共交通网相结合，保持合理站间距，确保较快旅行速度，提高服务质量。

(5)线路平面应在满足功能的前提下力求顺直，尽量采用较大的曲线半径。

(6)根据行车组织的要求，结合线路现场具体条件，合理设置辅助线，满足列车正常运行、折返能力和线网中各线联络功能的需求。

二、线路选线具体实施

城市轨道交通与城市规划、交通、水利、文物等各部门关系复杂，这决定了线路选线不可能一蹴而就，需要在反复的比较、优化中选出一条“适应规划、促进发展、社会效率和运营效益相结合”的最佳线位。具体实施步骤如下：

1. 确定初步线站位方案

在对城市总体规划、城市交通规划、线网规划等基础性文件充分研究的基础上，明确线路功能定位，结合沿线主要客流集散点，确定初步线站位方案。

2. 现场踏勘

线路选线的最终目标就是把方案“画在图上，落到地上”，因此需对轨道交通沿线的城市现状及规划特征进行深入了解。初步方案确定后，应组织、行车、建筑、结构、区间、暖通、车辆等相关专业沿线踏勘，确定工程的重点和难点。

3. 方案优化

结合踏勘情况，落实规划、道路红线、管线、文物及其他控制性建(构)筑物基础资料的收集。根据客流预测资料，初步确定列车编组、交路、有效站台长度、限界等边界条件，对初步线路方案进行优化调整。针对重要节点应做多方案比较，必要时应多次踏勘现场。

4. 征求规划部门意见

线路方案初步稳定后，由业主组织，向规划部门汇报全线线站位和场段、控制中心、主变电站等选址方案，并向市环保、交通管理、文物、园林、重要建筑物业主等征求意见，进行协调。根据相关部门意见,进一步完善线路、车站和场段方案。

5. 坐标定位

待可研评审确定列车编组、交路等边界条件后,基本确定线路走向及车站分布方案。及时开展沿线各控制性建(构)筑物坐标、基础类型、埋深等测量工作,核实既有资料,结合道路红线,坐标定线,进一步稳定线路方案,确保工程的可实施性。

以上步骤是正常的轨道选线流程,在实际的设计过程中还应根据不同城市、不同线路的不同特点进行相应的线路设计,最终达到系统功能、工程造价、运营能力等综合性能最优的目的。

线路选线既是路网规划及预可行性研究阶段的内容,也是可行性研究阶段的内容,包括线路走向、线路路由、车站分布、辅助线分布、线路敷设方式、线路交叉形式等的选择。

城市轨道交通线路选线主要有两种方法:经济选线和技术选线。

经济选线就是选择行车线路的起始点和经过点。一般,线路起始点往往选择在换乘量大的地方,如火车站、汽车站、码头、飞机场、城郊结合部等。城市轨道交通线路应尽量多地经过一些大的客流集散点,如商业区、政治文化经济中心、居民生活集中区、工矿区、地面交通枢纽等。为了吸引最大客流,发挥线路最大的作用,方便市民搭乘轨道交通,放弃控制点间的最短路由方向。

技术选线是按照行车线路,结合有关设计规范平面和纵剖面设计要求,确定不同坐标处线路位置,一般遵循先定点、后连线,点线结合。定点就是选定车站的位置,两条轨道交通线路交叉时,应在交叉点上设乘客的换乘站。

三、线路走向及路由

线路走向是指轨道线路的基本通往和经由方向,主要由线路各控制点(起点、中途必经据点和终点)间的相互位置决定。当控制点只有起点和终点时,其走向即为两点间联线。若控制点为 3 个或 3 个以上时,即除起、讫点外,尚有一个或一个以上中途必经据点时,尽管其总走向仍受其起点与终点联线走向的严格制约和控制,但在各个地段仍有可能出现两个或两个以上的不同走向方案。

无论是从城市轨道交通运行的经济效益,还是从方便市民搭乘城市轨道交通的社会效益考虑,都要求最大限度地吸引客流,线路应可能多地经过一些大的客流集散点,为此,在线路选线时,往往会放弃控制点间的最短路由方向。例如,上海轨道交通 1 号线衡山路至人民广场之间,长度约 5 km,分别有复兴中路、淮海中路和延安中路 3 条路由可以选择,其中复兴中路方案为最短,施工干扰也小,但最终却选定线路长 200 m 的淮海中路方案,主要理由就是淮海中路是全国著名的繁华商业街,吸引客流比复兴中路大 50% 。又如广州地铁一期工程,杨箕至广州火车东站间,长约 4 km,中间有天河体育场为控制点，路由有体育西路、体育东路、东莞路三组方案。体育西路方案线路长度最短，客流方向最顺；东莞路方案吸引天河开发区，客流量最多。最后选择线路长500 m能吸引天河开发区客流的体育东路方案。

一般认为：对城市轨道交通产生3万上下车人次/h或20万上下车人次/日及以上客流量的，称之为特大型客流集散点。对于特大型客流集散点，城市轨道交通线路必须照顾到，并在乘客使用方便的地点设站。当特大型客流集散点离开线路直线方向或经由主路时，线路路由有下列方式可供选择。

1. 路由绕向特大型客流集散点

这是一种主要的选择方式，能为特大型客流集散点提供两个方向的服务，给乘客提供较大的方便，宜尽量选用。如北京地铁2号线，为照顾北京火车站，线路在崇文门至建国门之间，离开城市主路，穿越街区建筑群，在北京火车站站前广场设地铁北京站。

2. 采用支线连接

特大型客流集散点位于郊区，线路绕向它，长度增加过多，不利于直通客流时，可以考虑采用支线连接。

3. 延长城市轨道交通车站出入口通道，并设自动步道

若特大型客流集散点距线路不超过300 m，但线路绕向它很困难时，可以考虑自动步道方案。

4. 调整线网部分线路走向

这种方式在北京新建的铁路西站地铁线路预留工程中已采用，如图2－7所示。原规划的地铁线网中，西客站南侧约709 m处，有东西走向的7号线，西侧约1 km处，有6号线，为了使7号线经过北京西站，对规划线网作了调整。7号线拐向北京西站，丰台方向来的线路拐向北京西站后，继续向北至白石桥与M4线换乘。在北京西站地下建换乘站一座，供广安门线（M7线）及丰台线（M9线）相互换乘。

5. 调整特大型客流集散点

线网确定后，规划及拟建中的特大型客流集点应主动靠近城市轨道交通车站，统一规划，综合设计，分步实施，可以节省建设资金和给乘客带来方便。

城市轨道交通路由于对城市轨道交通工程建设和城市发展影响重大，应多作路由方案比较。主要应从吸引客流条件、线路条件、施工条件、施工干扰对城市的影响、工程造价、运营效益等多个方面进行综合比较。吸引客流条件包括客流量大小、吸引范围内居住及工作人口多少、照顾客流量集散点的多少、乘客便利条件及与其他交通工具换乘条件等。线路条件包括线路长度、曲线半径大小及曲线总转角大小、车站数目、车站设置条件等。施工条件包括施工方法、施工场地安排、施工运输道路以及施工难易条件之评价。施工干扰包括房屋、地下地上管线等拆迁量大小，对道路交通的影响，对商业经

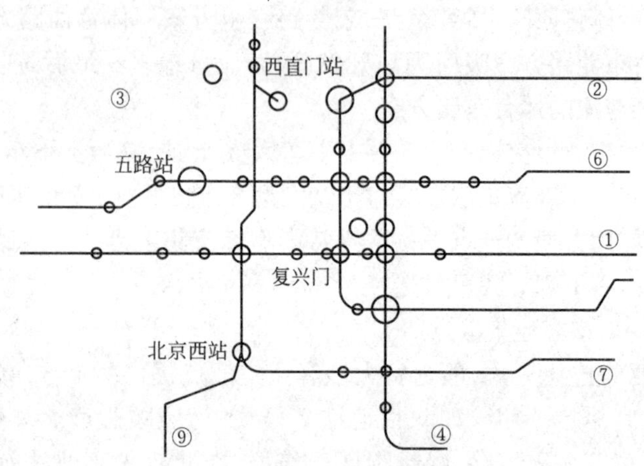

图 2－7　北京西站地铁线网调查方案

营的影响等。对城市的影响,主要是评价城市轨道交通由与城市改造发展规划的一致性及结合程度。

四、车站分布

在通常情况下,车站宜设在广场、干线街道交叉点、铁路车站、运动场或公园附近;在轨道交通线路交叉点上,最好设置车站,以便换乘。

1. 影响车站分布的因素

(1)大型客流集散点

大型客流集散点往往是城市的政治、经济活动中心,是城市的窗口地段。该地段不但客流数量大,而且集中,地面交通压力很大。城市轨道交通可以通过车站吸引这些客流,充分发挥自身的效能,并且对解决城市交通能够起到积极作用,所以在大型客流集散点上必须设车站。

(2)城市规模大小

城市规模大小包括城市建成区和规划区面积及人口。城区面积越大,人口越多,线路上客流量大、乘距长时,城市轨道交通应以长距离乘客为主要服务对象,车站宜稀一些,以提高城市轨道交通乘客的交通速度。反之,车站分布宜密一些。

(3)城区人口密度

人口密度大,在同样吸引范围内,发生的交通客流量大,因此车站分布宜密一些。

(4) 线路长度

一条线路的长度,短则几千米,长则几十千米,不同的线路长度,车站的疏密亦有所不同,短线路宜多设站,长线路宜少设站。

(5)城市地貌及建筑物布局

城市中的江、河、湖、山和铁路站场、仓库区等，人口密度低，甚至无人，城市轨道交通在穿越这些地区时可以不设站，但若有开发公园条件，则应在主出入口处考虑设站。

(6)城市轨道交通线网及城市道路网状况

两条城市轨道交通线路交叉时，在其交叉点应设乘客换乘站；城市轨道交通与城市主干道交叉时，在交叉点处也应设车站。

(7)人们对站间距离的要求

在车站分布数量上，除了大型客流集散点应设换乘站外，其他车站的设置，主要受人们对站间距离要求所支配。对于平均站间距离，世界上有两种趋向，一种是小站间距，平均为 1 km 左右；一种是大站间距，平均 1.6 km 左右。香港地铁平均站间距为 1 050 m，其中港岛线为 947 m；莫斯科地铁平均站间距为 1.7 km 左右。我国城市轨道交通在吸收世界地铁建设经验的基础上，在《地铁设计规范》中规定“车站间的距离应根据现状及规划的城市道路布局和客流实际需要确定，一般在城市中心区和居民稠密地区为 1 km 左右，在城市外围区根据具体情况应适当加大”。

除上述因素外，线路平面、纵剖面、车站站位的地形条件，城市公交车线路网及车站位置，也会对地铁车站分布数目造成一定的影响。

2. 车站分布对市民出行时间的影响

就一条线路而言，车站数目的多少，直接影响市民乘城市轨道交通的出行时间。车站多，市民步行到站距离短，节省步行时间，可以增加短程乘客的吸引量；车站少，则恰恰相反，提高了交通速度，减少乘客在车内的时间，可以增加线路两端乘客的吸引量。

3. 车站分布的比选

车站分布应根据上述内容经科学的综合分析、详细的方案比选后确定。这里需要强调一点，城市轨道交通车站数目多对建设费用、运营成本、施工干扰等都有很大影响，在市场经济条件下，车站分布一定要进行经济效益的比较。在布设车站时，除了考虑合理站间距之外，还应注意以下几点：

(1)站间距离应尽量均衡；

(2)站位应设于汇集大量客流的重要场所附近，并保证与其他交通换乘的方便；

(3)设站要考虑该地区的发展，与城市规划相协调；

(4)具体站位还要考虑施工条件、道路状况、交叉口等道路形态及地面交通情况。

五、辅助线的分布

每条线路的起始点或每期工程的起止点，因列车需要转线返回，必须设置折返线或渡线。在靠近车辆段(停车场)端，一般可以不设折返线而设渡线，利用正线折返。

当线路上客流断面发生变化时，为了经济使用运输能力，小客流断面的区段上要减少列车的对数,一部分列车实行中途折返,在这些站上也应设置区段折返线,其车站叫区段折返站。客流很大的车站上设置折返线,要考虑区段折返列车必然带来部分回头客流及继续前进的乘客,增加该站台上的客流量,必须对站台面积及上下车时间进行验算,一旦处于临界状态时,宜将折返线向断面客流减少方向移动一站。

为了故障列车能尽快退出正线运营,每隔 3 ~5 个车站应设置存车线,供故障列车临时存放或检修。其终点站及区段折返站上应有供故障列车存放的能力,不再另设存车线。靠近车辆段(停车场)出入线的折返线可以不考虑故障列车存放。远离车辆段(停车场)的终端折返站,若列车折返对数多,没有能力停放故障列车时,应选择临近车站设置存车线。

当两折返线(存车线)之间相距 5 个车站,且工程不复杂时,宜在中间站端再设一单渡线。平时可增加维修工程车折返的灵活性,一旦线路及设备发生故障时,可使运营中断地段缩短。

第三节　线路平面设计

城市轨道交通的线路平面位置和纵断面设置应根据城市现状与规划的道路、地面建筑物、地下管线和其他构筑物,以及被保护的文物古迹予以综合考虑,使其相互影响减至最低程度,并争取得到良好的结合。环境与景观、地形与地貌对高架线和地面线的要求较高,影响较大;工程地质与水文地质条件及结构类型对施工方法的确定有重要的影响,而施工方法又会影响线路的平面设置和地下线路埋置深度;此外,尚应考虑运营管理需要,经技术经济综合比较后确定。

一、线路平面设计

线路平面是轨道交通线路中心线在水平面上的投影。城市轨道交通线路一般由直线、圆曲线以及连接直线与圆曲线的缓和曲线构成。城市轨道交通线路平面设计的主要要素有最小曲线半径、缓和曲线线型及长度、夹直线长度、最小圆曲线长度等。

理想的轨道交通线路平面应是由直线和少量曲线组成,而且每段曲线采用尽可能大的半径,在曲线和直线之间设缓和曲线过渡。但实际情况是不可能全部是直线,曲线的存在是不可避免的。

1. 城市轨道交通线路曲线平面设计

曲线是为了满足线路选线要求,适应地形变化(地面布置方式),避让障碍物(地面、地下、高架方式)而必然出现的部分。城市轨道交通线路受都市建筑群的影响,曲线很多是不可避免的。

城市轨道交通车站站间距小，列车旅行速度一般不高于 80 km/h。城市轨道交通线路平面曲线设计涉及行车速度、圆曲线半径、缓和曲线长度、外轨超高、线间距加宽等多个参数，各参数相互关联、制约。1993 年发布的现行《地铁设计规范》(GB 50157—2003)中有关规定尚不尽完善，而城市轨道交通又有其不同于一般铁路的自身特点，既有的铁路设计手册等技术资料也不完全适用，因此，设计中常需自行计算合理确定这些参数，以期取得城市轨道交通线路较好的技术条件和节省部分工程投资。

(1)曲线半径和长度

圆曲线半径小，具有限制车速、养护困难以及钢轨侧面和车轮磨耗严重等缺点，特别是在运量大、密度高的情况下，上列缺点更加突出。因此，最小曲线半径是修建城市轨道交通的主要技术标准之一，它与城市轨道交通线路的性质、车辆性能、行车速度、地形地物条件等有关。最小曲线半径的选定是否合理，对线路的工程造价、运行速度和养护维修等都将产生很大影响。应根据车辆类型、列车设计运行速度和工程难易程度经比选确定最小曲线半径，不得小于表 2-2 规定的数值。

表 2-2　最小曲线半径

线路		一般情况(m)			困难情况(m)		
		A 型车	B 型车	C 型车	A 型车	B 型车	C 型车
正线	$v \leqslant 80$ km/h	350	300	100	300	250	50
	80 km/h $< v \leqslant 100$ km/h	550	500		450	400	
联络线、出入线		250	200	80	200	150	25
车场线		150	110	80	110	80	25

曲线半径应根据车辆类型、列车设计行车速度、沿线地形、地物等条件因地制宜由大到小合理选定。城市交道交通线路不同于一般铁路，它往往受城市道路和建筑物控制，曲线半径选择自由度小，常须设置较小半径曲线。《地铁设计规范》规定："最小曲线半径一般情况 300 m，困难情况 250 m。" 在实际设计中，对 250 m 半径曲线，因其钢轨磨耗陡然加剧，除非因特殊条件控制不得已时方可采用，一般应控制在最小 300 m。

曲线半径理论计算公式：

$$R_{min}=\frac{11.8v^2}{h_{max}+h_{gy}} \tag{2-1}$$

式中　R_{min}——满足欠超高要求的最小曲线半径(m)；

v——设计速度(km/h)；

h_{max}——最大超高，120 mm；

h_{gy}——允许超高，$h_{gy}=61.2$ mm。

考虑到城市修建轨道交通时,线路定线受控制因素较多,若最小曲线半经标准定得太高,必将给设计和施工带来很大困难,并大幅度地增加工程投资。因此,一般情况下城市轨道交通正线最小曲线半经为300~600 m,困难的情况下为250~300 m。

圆曲线长度短,对改善瞭望条件、减少行车阻力和养护维修有利,但正线及辅助线的圆曲线最小长度,A 型车不宜小于25 m,B 型车不宜小于20 m,在困难情况下不得小于一个车辆的全轴距(全轴距系指一节车辆第一位轴至最后位轴之间的距离,目前我国城市轨道交通车辆的全轴距最大不超过20 m)。否则车辆将跨越在三种不同线型上,会危及行车安全,降低列车的平稳性和乘客的舒适度。

城市轨道交通线路不宜采用复曲线(指的是两个或两个以上半径不同,转向相同的圆曲线相连接或插入缓和曲线相连接而成的曲线),这是因为设置复曲线会增加勘测设计、施工和养护维修的困难,在复曲线上行驶的列车,其受力情况和产生的横向加速度将在短时间内发生较大变化,降低列车的平稳性和乘客的舒适度。在困难地段,有充分技术依据时可采用复曲线。

车站站台段线路应尽量设在直线上。因为站台上有大量乘客活动,直线站台通视条件好,有利于行车安全。车站站台段线路设在曲线上时,司机和车站管理人员瞭望条件差,增加管理上的难度,对行车安全不利,另外曲线半径太小,列车停靠曲线站台时车辆与站台间的间隙过大,对乘客安全不利。因此,车站站台计算长度段线路应设在直线上,在困难地段可设在曲线上,其半径不应小于800 m,可基本满足曲线站台边缘与车辆之间的空隙要求。

辅助线一般为不载客运行线路,而且通过的列车对数较少,行车速度较低,应比表2-2中规定的最小曲线半径标准略低。

车场线的最小曲线半径,是根据道岔的导曲线半径及车辆构造允许的最小曲线半径等因素确定的。

道岔应设在直线上,道岔端部至曲线端部的距离不宜小于5 m,车场线可减小到3 m。

(2)曲线超高与限速计算

列车通过较小半径曲线地段,为保证行车安全和乘客舒适的要求,列车必须限速运行。列车通过曲线的最大允许速度(通常简称曲线限速),根据曲线外轨超高和乘客舒适度计算确定。

列车在曲线上运行时产生惯性离心力使乘客有不适感。因此,通常以设置外轨超高产生向心力,以达到平衡离心力的目的。

从理论上分析,车体重力 P 产生的离心力为:

$$J=\frac{Pv^2}{gR} \tag{2-2}$$

由于设置外轨超高使车体向曲线内侧倾斜产生的车体重力 P 和轨道对车辆的反力 Q 的合力形成向心力(图 2-8)为

$$F_n = Ph/s \tag{2-3}$$

当 $F_n = J$ 时，

可得
$$h = \frac{sv^2}{gR} = \frac{11.8v^2}{R} \tag{2-4}$$

式中 g——重力加速度，9.8 m/s²；

R——曲线半径(m)；

s——内外轨头中心距离，取 1 500 mm；

v——行车速度(km/h)；

h——所需外轨超高度(mm)。

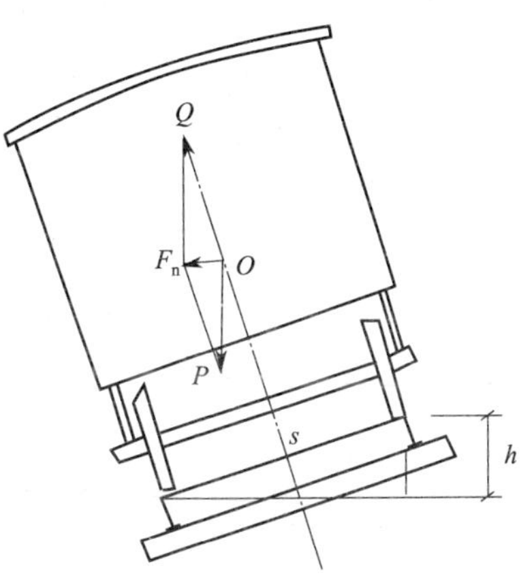

图 2-8 超高与向心力关系图

由式(2-4)可见，当曲线半径一定时，速度越高，要求设置的超高就越大。为保证行车安全，又必须限制超高的最大值 h_{max}，因此，当速度要求的超高超过 h_{max}时，即产生了欠超高 h_q和未被平衡的离心力而影响乘客舒适度，因而对欠超高值也必须有所限制。《地铁设计规范》规定了曲线最大超高值 120 mm，而对欠超高值未作条文规定，但从乘客舒适要求角度，根据国内外试验资料，规定“允许有不超过 0.4 m/s²的未被平衡横向加速度”，据此可推算出城市轨道交通线路允许的最大欠超高值。

经过计算，可知城市轨道交通允许的最大欠超高值 60 mm，小于客货混运铁路允许的最大欠超高值(75 mm)，即允许产生的未被平衡的离心力较小，从而保证了城市轨道交通具有较好的乘坐舒适度。

据此可得出适用于城市轨道交通线路曲线限速。

$$v_{Qmax} = (h_{max} + hq_{max})R/11.8 = (120 + 60)R/11.8 = 3.90R \tag{2-5}$$

由式(2-5)便可简捷地计算出不同较小半径的曲线限速，列于表 2-3。

表 2-3 较小半径曲线限制速度(km/h)

R(m)	250	300	350	400	450	500	550
v_{Qmax}	61.7	67.5	73.0	78.0	82.7	87.2	91.5

(3)缓和曲线

由于直线与圆曲线间存在曲率半径的突变，圆曲线半径越大，这种突变程度就越小。当圆曲线半径超过 2 000 m 时，这种突变对行车影响很小。反之，为了保证列车运行的平顺，满足曲率过渡、轨距加宽和超高过渡的要求，保证乘客舒适安全，则要在圆曲线与直线间加设缓和曲线，实现曲率半径和外轨超高的逐渐过渡，减少列车在突变点处的轮轨冲击，满足曲率过渡、轨距加宽和超高过渡的需要，以保证乘客舒适和安全。应根据曲线半径、超高设置及设计速度等因素设置缓和曲线。在正线上当曲线半径等于或小于2 000 m时，圆曲线与直线间应根据曲线半径及行车速度按表2－4的规定设置缓和曲线。缓和曲线线型可以是放射螺旋型或三次抛物线型。当两圆曲线的曲率差大于1/2 500时，应设置中间缓和曲线，其长度根据圆曲线半径和列车最大运行速度计算确定，在困难情况下不得小于20 m。

表2－4 缓和曲线长度

R \ v_{max}	100	95	90	85	80	75	70	65	60	55	50	45	40	35	30
3 000	30	25	20	—	—	—	—	—	—	—	—	—	—	—	—
2 500	35	30	25	20	20	—	—	—	—	—	—	—	—	—	—
2 000	40	35	30	25	20	20	—	—	—	—	—	—	—	—	—
1 500	55	50	45	35	30	25	20	—	—	—	—	—	—	—	—
1 200	70	60	50	40	35	30	25	20	20	—	—	—	—	—	—
1 000	85	70	60	50	45	35	30	25	25	20	—	—	—	—	—
800	85	80	75	65	55	45	40	35	30	25	20	—	—	—	—
700	85	80	75	70	60	50	45	35	30	25	20	20	—	—	—
650	85	80	75	70	60	55	45	40	35	30	20	20	—	—	—
600		80	75	70	70	60	50	45	35	30	20	20	20	—	—
550			75	70	70	65	55	45	40	35	20	20	20	—	—
500				70	70	65	60	50	45	35	20	20	20	20	—
450					70	65	60	55	50	40	25	20	20	20	—
400						65	60	60	55	45	25	20	20	20	—
350							60	60	60	50	30	25	20	20	20
300								60	60	60	35	30	25	20	20
250									60	60	40	35	30	20	20
200										60	40	40	35	25	20
150												40	40	35	25

列车侧向通过道岔时要限速，而道岔附带曲线距道岔很近，列车速度不可能很快提高，故道岔附带曲线可不设缓和曲线和超高，并要求其半径不小于道岔导曲线半径，主

要是考虑保证列车通过附带曲线时其速度不低于过岔速度。

(4)夹直线

夹直线指两相邻曲线间的直线。当相邻曲线距离较近时,可能会出现两曲线(有缓和曲线时指缓和曲线,无缓和曲线时指圆曲线)相邻两端点间的夹直线过短的情况。夹直线短于 20 m 时,会出现一辆车同时跨越两条曲线引起车辆左右摇摆,影响行车平稳性;夹直线太短,也不易保持直线方向,增加养护困难。

城市轨道交通布线条件往往受到一定的限制,考虑行车平稳要求,正线及辅助线上夹直线长度(不含超高顺坡及轨距递减段的长度)应保证不小于一节车辆的长度,A 型车不宜小于 25 m,B 型车不宜小于 20 m,在困难情况下不得小于一个车辆的全轴距;车场线上的夹直线长度不得小于 3 m。

(5)曲线线间距加宽

城市轨道交通双线并行区间曲线地段为满足车辆、设备、建筑等限界要求,曲线地段线间距应在直线地段线间距基数上予以加宽,其加宽值应根据车辆选型、曲线半径、外轨超高等计算确定。

曲线线间距加宽值按表 2－5 取值。

表 2－5　曲线线间距加宽值(mm)

R(m)	250	300	350	400	450	500	600	700	800	1 000	1 200	1 500	2 000
W	399	368	347	331	318	308	293	255	230	183	147	122	87

(6)平曲线参数计算

直线、圆曲线及缓和曲线的相互位置如图 2－9 所示。

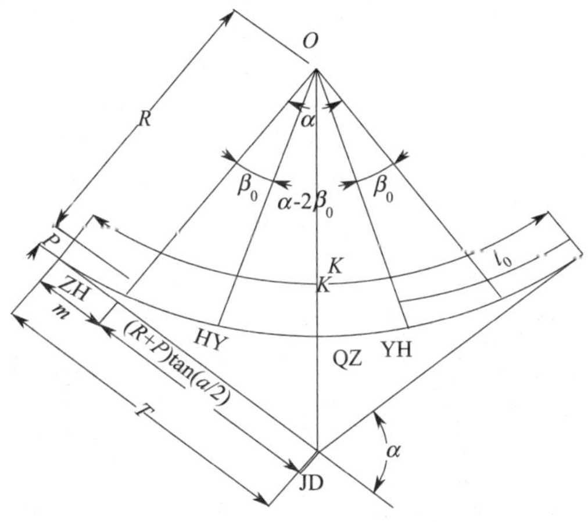

图 2－9　缓和曲线示意图

加设缓和曲线后的切线总长 T、曲线总长度 K、外矢距 E_0 的计算公式如下：

$$\begin{cases} T=(R+P)\cdot\tan\dfrac{\alpha}{2}+m \\ K=R\cdot\dfrac{\pi\alpha}{180}+l_0 \\ E_0=(R+P)\cdot\sec\dfrac{\alpha}{2}-R \end{cases} \tag{2-6}$$

式中 R——圆曲线半径；

α——线路转角；

l_0——缓和曲线长度；

P——圆曲线内移距离，$P=\dfrac{l_0^2}{240R}-\dfrac{l_0^4}{2\,688R^3}$；

m——切垂距，$m=\dfrac{l_0}{2}-\dfrac{l_0^3}{240R^2}$。

另外，曲线起讫点里程，可按下列方法推求：

ZH(直缓点)里程，根据里程在平面上量得；

HZ(缓直点)里程 = ZH 里程 + K；

HY(缓圆点)里程 = ZH 里程 + l_0；

YH(圆缓点)里程 = HZ 里程 − l_0。

二、线路平面位置选择

1. 地下线路平面位置

(1)位于道路规划红线范围内

城市轨道交通位于城市规划道路范围内，对道路红线范围以外的城市建筑物干扰较小，是常用的线路平面位置。图 2－10 是城市轨道交通线路的三种代表位置。

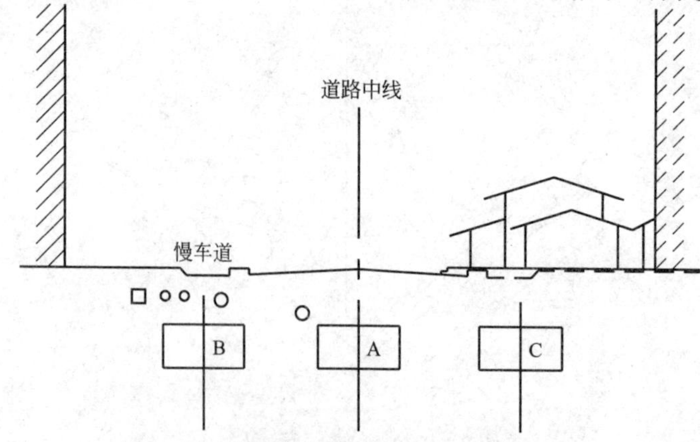

图 2－10 城市轨道交通线路设置位置示意图

A 位：城市轨道交通线路居道路之中心，对两侧建筑物影响小，地下管网拆迁较少，有利于城市轨道交通线路截弯取直，减少曲线数量，并能适应较窄的道路红线宽度。缺点是当采用明挖法施工时，破坏了现有道路路面，对城市交通干扰大。

B 位：城市轨道交通线路位于慢车道和人行道下方，能减少对城市交通的干扰和对机动车路面的破坏。

C 位：城市轨道交通线路位于待拆迁的已有建筑物下方，对现有道路及交通基本上无破坏和干扰，地下管网也极少。但房屋拆迁及安置量大，只有与城市道路改造同步进行才十分有利。

(2)位于道路范围以外

在有利的条件下，地下线路置于道路范围之外，可以达到缩短线路长度、减少拆迁、降低工程造价之目的。这些条件是：

①地质条件好，基岩埋深浅，隧道可以用矿山法在建筑物下方施工。

②城市非建成区或广场、公园、绿地(耕地)。

③老的街坊改造区，可以同步规划设计，并能按合理施工顺序施工。

除上述条件外，若线路从既有多层、高层房屋建筑下面通过时，不但施工复杂、难度大，并且造价高昂，选线时要尽量避免。

2. 高架线路平面位置

高架线路平面位置选择，较地下线路严格，自由度更少，一般要顺城市主路平行设置，道路红线宽度宜大于 40 m。在道路横断面上，高架桥墩柱位置要与道路车行道分幅配合，一般宜将桥墩置于分隔带上，如图 2 – 11 所示。

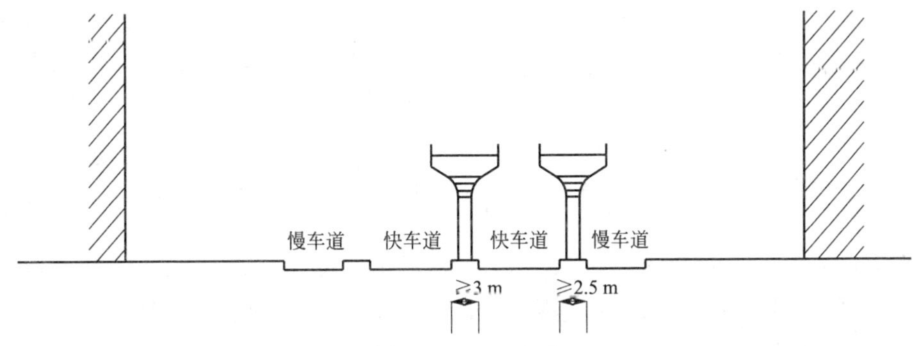

图 2 – 11　高架线路设置位置

位于道路中心线上对道路景观较为有利，噪声对两侧房屋的影响较小，路口交叉处对转弯机动车影响小。但是，在无中间分隔带的道路上敷设时，改建道路工程量大。

位于快慢车分隔带上，充分利用道路隔离带，减少高架桥柱对道路宽度的占用和改建，一般偏向房屋的非主要朝向面，即东西街道的南侧和南北街道的东侧。缺点是噪声对一侧市民的影响较大。

除上述两种位置外，还可以将高架线路置于慢车道、人行道上方及建筑区内。它仅适用于广场、公园、绿地及江、河、湖、海岸线等空旷地段或将高架线与旧房改造规划成一体时。

3. 地面线路平面位置

(1)地面线路位于道路中心带上

如图 2－12 所示，带宽一般为 20 m 左右。当城市快速路或主干道的中间有分隔带时，地面线设于该分隔带上，不影响两侧建筑物内的车辆按右行方向出入，不需设置辅路，有利于城市景观及减少轨道交通噪声的干扰。其不足之处是乘客均须通过地道或天桥进入轨道交通。

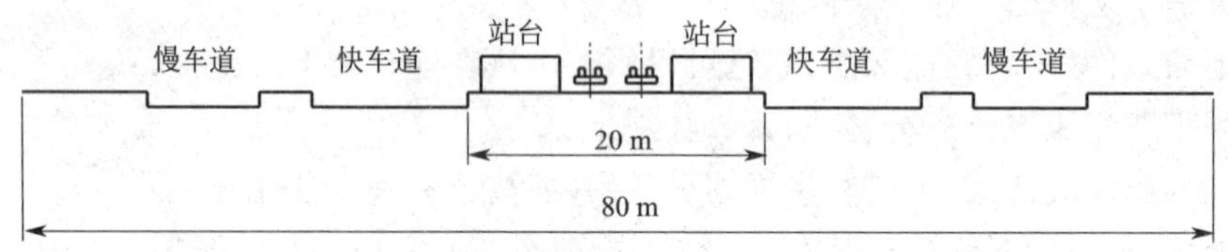

图 2－12　地面线设置位置之一

(2)地面线路位于快车道一侧

如图 2－13 所示，带宽一般为 20 m 左右。当城市道路无中间分隔带时，该位置可以减少道路改移量。其缺点是在快车道另一侧需要建辅路，增加道路交通管理的复杂性。

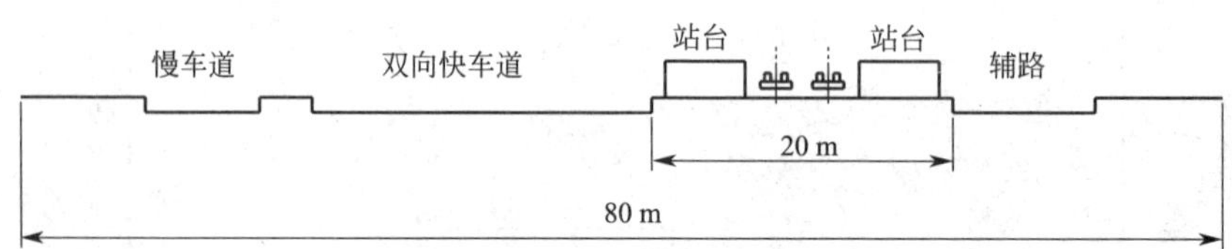

图 2－13　地面线设置位置之二

当道路范围之外为江、河、湖、海岸滩地，不适于建筑的山坡地等，可考虑城市轨道交通设于这些地带上，但要充分考虑路基的稳固与安全。城市轨道交通地面线路一般应设计成封闭线路，防止行人、车辆进入，且与城市道路交叉时应采用立交。

4. 城市轨道交通与地面建筑物之间的安全距离

(1)地下线与地面建筑物之间的安全距离

为了确保地下线路施工时地面建筑物的安全，城市轨道交通与建筑物之间应留有一定距离，即安全距离。安全距离与施工方法和施工技术水平有密切关系。采用放坡明挖法施工时，其距离应大于土层破坏棱体宽度。

(2)高架线路与建筑物之间的安全距离

城市轨道交通高架线路与建筑物之间的安全距离,由防火安全距离与防止物体坠入轨道交通线路内的安全距离两方面确定,前者参照建筑物防火与铁路防火规范执行,后者暂无规范,可视具体情况考虑。

(3)地面线路与道路及建筑物之间最小安全距离

目前规范未作出规定,建议暂按下列值考虑:

①城市轨道交通围护栏杆外缘至机动车道道牙内缘最小净距1.0 m(无防护挡墙)或0.5 m(有防护挡墙)。

②城市轨道交通围护栏杆外缘至非机动车道道牙内缘最小净距0.25 m。

③城市轨道交通围护栏杆外缘至建筑物外缘最小净距5.0 m(无机动车出入)或10 m(有机动车出入)。

此外,在决定安全距离时,还应考虑列车运行的振动及噪声的影响。

第四节 线路纵断面设计

线路纵断面是线路中心线在垂直平面上的投影,除了平道外,主要表征为:坡道、竖曲线。坡道是由于选线及避让障碍物需要及适应运行需要而设置的特殊路段。从行车角度上来说,线路坡度应尽可能平缓,但受城市地质条件以及穿越市区的河流等地理条件的影响,有时必须要设置较大的坡度;再者,轨道由地下、高架延伸到地面的时候,也需要爬坡。除了这些特殊情况以外,隧道内由于排水的需要,也不宜平坡。

城市轨道交通线路按地面标高差异分为地面线路、高架线路、地下线路。地面线路的坡度应与城市道路相当,以减少工程量。地下线路的埋深受到所在地区工程地质与水文地质条件的限制,还与隧道施工方法、地面建筑物和地下构筑物的情况等因素有关。高架线路应充分注意城市景观,考虑车辆牵引能力,坡度尽量延长。

一、纵断面设计的一般原则

1. 城市轨道交通线路纵断面设计要保证列车运行的安全、平稳及乘客的舒适,高架线路要注意城市景观,坡段应尽量长。

2. 线路纵断面要结合不同的地形、地质及水文条件,并结合线路敷设方式与埋深、隧道施工方法、地面地下建筑物与基础情况以及线路平面条件等进行合理设计,力求方便乘客和降低工程造价。必要时可建议变更线路平面和施工方法。

3. 线路应尽量设计成符合列车运行规律的节能型坡道。车站一般位于纵断面的高处,区间位于纵断面低处。除车站两端的节能坡道外,区间一般宜用缓坡,避免列车交替使用制动而增大牵引负荷。

二、纵断面设计主要技术要素

城市轨道交通线路纵断面设计的主要技术要素有线路坡度、坡段长度、坡段连接与竖曲线半径等。

1. 坡度

正线最大坡度是线路的主要技术标准之一,对线路的埋深、工程造价及运营都有较大影响,因此,合理地确定线路最大坡度具有很重要的意义。线路坡度以轨面高程升降的高度与其长度之比的千分率来表示,上坡为正,下坡为负,平坡为零。

(1)最大坡度

①区间线路

城市轨道交通由于高密度行车和大运量,为保证行车安全与准点,原则上要求列车在失去部分(最大可达一半)牵引力的条件下,仍能用另一部分牵引动力将列车从最大坡道上启动,因此最大坡度阻力与各种附加阻力之和不宜大于列车牵引力的一半。

《地铁设计规范》规定,正线上最大坡度一般不宜大于30‰,困难地段可采用35‰,辅助线的最大坡度不宜大于40‰,但均未包括各种坡度的折减值。高架线路按我国轻轨样车技术条件规定,正线的限制坡度为60‰。

②车站线路

城市轨道交通车站站台线路应尽量平缓,最好为平坡,为防止车辆溜动,但又考虑到纵向排水沟的坡度,站台计算长度段线路坡度宜采用2‰,困难条件下不大于3‰。车站线路应尽量接近地面,这样不仅可以减少工程量,节约工程造价,也可以方便乘客进出车站。同时,应尽量将车站布置在线路纵剖面的凸形部位上,这样车辆进站上坡,出站下坡,有利于列车的启动和制动。

地面和高架桥上的车站站台计算长度段线路,因为排水较易处理,为使车站停车平稳,宜设在平坡道上。在困难地段为便于停车和启动,可设在不大于3‰的坡道上。

隧道内折返线和存车线的坡度最好为平坡,以满足停放车辆和检修作业的要求,但为解决排水问题,最大坡度可以达到2‰,并朝车挡方向为下坡。地面和高架的折返线、停车线,其坡度不宜大于1.5‰。

为了便于道岔的养护与维修,道岔应铺在较缓的坡道上,一般规定设在不大于5‰的坡道上,困难的条件下可设在不大于10‰的坡道上。

车场线宜设在平道上,条件困难时,库外线可设在不大于1.5‰的坡道上,较大的坡度停车不稳,易发生溜车事故。

③其他线路

(2)最小纵坡

隧道内和路堑地段的正线最小坡度主要为了满足纵向排水需要,一般情况下线路的坡度与排水沟坡度相一致，有些地段会处于地下水位线以下，为保证排水，隧道内线路坡度一般不宜小于3‰。地面和高架桥上正线最小坡度在采取了排水措施后不受限制。困难地段在确保排水的条件下，可采用小于3‰的坡度；地面和高架桥上正线最小坡度在采取了排水措施后不受限制。

与地面建筑结合建设的车站，考虑到设坡与建筑物接口困难，故线路坡度不受条文限制，但因其不是独立的单体建筑，区间的水不得排入车站，需在站端截流，并设带坡水沟。

2. 坡段长度

在列车通过变坡点时要产生附加离心力和附加加速度，为了确保行车平稳性，宜设计较长的坡段。但为了适应线路高程的变化，坡段也不能太长，否则将引起较大的工程量，给施工带来困难，因此应综合考虑两者的影响来确定最短坡段长度。

坡段长度还应满足竖曲线既不互相重叠，又能相隔一定距离，有利于列车运行和线路维修养护。

(1)一般情况下，当线路纵向最小坡段小于列车长度时，可以使一列车长范围内只有一个变坡点，以避免变坡点附加力叠加及附加力频繁变化的影响，保证行车平稳。

(2)坡段长度还应使相邻竖曲线不相互重叠，且能相隔一段距离，有利于列车运行和线路维修养护。

(3)线路坡段长度不宜小于远期列车长度，并应满足相两邻竖曲线间夹直线长度的要求，两竖曲线间夹直线长度不小于50 m，以利于列车运行和线路的维修。

对于高架线路，坡段最小长度不短于远期列车长度，同时保证两竖曲线间夹直线长度不小于25 m。对于大坡道，由于牵引功率限制，对于坡度60‰的坡段限长500 m，坡度50‰的坡道限长1 000 m，坡度小于50‰的坡道长度不限。

3. 竖曲线

为了缓和坡度的急剧变化，使列车通过变坡点(不同坡段的分界点)时产生的附加加速度不超过允许值，《地铁设计规范》规定：两相邻坡段的坡度代数差等于或大于2‰时，应在变坡点处设圆曲线型的竖曲线连接。

列车通过边坡点时要产生附加加速度 a_v (m/s^2)，其与竖曲线半径 R_v (m)和行车速度 v (km/h)之间的关系为：

$$R_v = \frac{v^2}{(3.6)^2 a_v} \tag{2-7}$$

我国城市轨道交通规范正线取值一般取 $a_v = 0.1\ m/s^2$，困难条件下 $a_v = 0.17\ km/s^2$。区间正线的运行速度一般为80 km/h，站端为60 km/h。将上述数据代入式(2-7)，就可以得到竖曲线半径取值。

对于地铁线路，竖曲线半径应符合表2-6的规定。

表 2－6 竖曲线半径

<table>
<tr><th colspan="2">线路类别</th><th>一般情况(m)</th><th>困难情况(m)</th></tr>
<tr><td rowspan="2">正线</td><td>区间</td><td>5 000</td><td>3 000</td></tr>
<tr><td>车站端部</td><td>3 000</td><td>2 000</td></tr>
<tr><td colspan="2">联络线、出入线</td><td colspan="2">2 000</td></tr>
<tr><td colspan="2">车场线</td><td colspan="2">2 000</td></tr>
</table>

对于轻轨线路，竖曲线半径取值应符合表 2－7。

表 2－7 竖曲线半径

<table>
<tr><th>序号</th><th>v(km/h)</th><th>a_v(m/s^2)</th><th>R_v 计算值(m)</th><th>R_v 取值(m)</th><th>R_v 最小值(m)</th></tr>
<tr><td>1</td><td>30</td><td>0.3</td><td>232</td><td rowspan="4">2 000</td><td rowspan="4">1 000</td></tr>
<tr><td>2</td><td>40</td><td>0.3</td><td>412</td></tr>
<tr><td>3</td><td>50</td><td>0.45</td><td>430</td></tr>
<tr><td>4</td><td>60</td><td>0.6</td><td>463</td></tr>
</table>

为了保证站台平整和乘客安全，并有利于车站的设计和施工，车站站台计算长度内和道岔范围内不得设置竖曲线。道岔是轨道的薄弱部位，其尖轨和辙岔应保持平顺、严密状态，因此竖曲线不应侵入道岔范围，并保持一定距离，不应小于 5 m，以保证行车安全和便于线路养护维修。

碎石道床线路竖曲线不得与平面缓和曲线重叠。竖曲线若与缓和曲线重叠，由于缓和曲线范围内超高顺坡改变了轨顶坡度，从而改变了两者立面上的形状。施工中要做成设计形状已很难做到，碎石道床在轨道养护中更难保持轨道的良好状态，所以，两者不能重叠。当不设平面缓和曲线时，竖曲线不得与超高顺坡段重叠。

从保证行车平顺性考虑，希望在两竖曲线间能放下二三节车辆，因此相邻竖曲线间的夹直线长度不宜小于 50 m。

第五节 地下结构

地下结构在城市轨道交通中占有的比重最大。地下结构在地下，对地面上的其他交通工具无干扰，其运输能力不受气候影响，也避免了噪声对城市的污染，在战争期间还可作为民用防空设施，所以它的优点非常明显，但是地下结构造价昂贵。

一、地下结构

地下结构分为：明挖结构、暗挖结构和特殊方法施工的结构。

1. 明挖结构

当城市地面空间足够时,可以采用明挖法修筑隧道。明挖结构的基坑可分成放坡开挖和护壁(地下连续墙)施工两大类。放坡开挖法费用低,但施工影响面广,条件限制多(市区不宜),埋深有限制(深埋式不可能),地质条件要求高,气候影响施工等,仅在场地开阔、埋深浅和环境允许时采用。护壁施工法对地面影响减少,地质条件限制放宽,技术要求提高,需要专门施工机械,较适合于城市中心区施工,包括车站、区间隧道均可采用。

明挖结构的基坑护壁有锚喷支护、土钉墙、重力式挡墙和桩、墙式围护结构等多种形式。其选型应综合考虑周围环境、现场工程地质和水文地质条件、围护结构的使用目的、基坑深度和安全等级等因素,结合土方开挖、降水和地层加固等辅助措施,通过技术经济比较确定。图 2 – 14 为明挖法修建的整体式衬砌结构形式。对应的区间隧道一般采用框架结构,上部设计荷载以回填土重加路面荷载来考虑,侧面荷载考虑侧土压力。

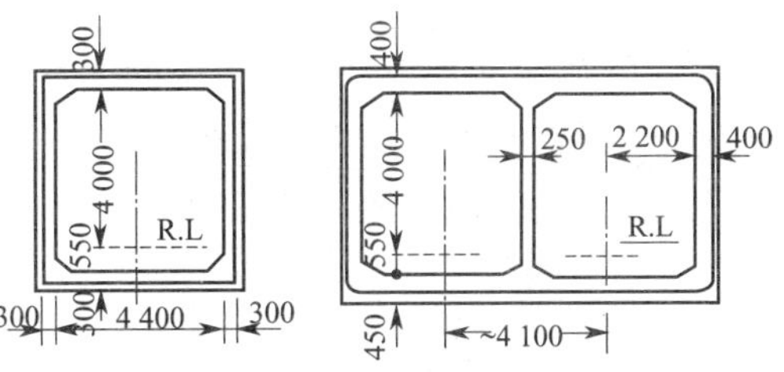

图 2 – 14　明挖法修建的整体式衬砌结构形式

明挖法施工的造价较低,但土方工程量较大,且影响地面交通。北京地铁 1 号线西段及 2 号线建设较早,均采用此法。

明挖结构的衬砌一般可采用整体式钢筋混凝土衬砌或装配式钢筋混凝土衬砌。地下连续墙及灌注桩支护宜作为主体结构侧墙的一部分与内衬墙共同受力。墙体的结合方式根据适用、受力及放水等要求,可选用叠合式或复合式构造。确能满足耐久性要求时,可将地下连续墙作为主体结构的单一侧墙。

2. 暗挖结构

暗挖法有盾构法、矿山法、新奥法。

(1)盾构法结构

盾构是松软地层中修建隧道的专门机具,见图 2 – 15。盾构既是一种施工机具,又是一种强有力的临时支撑结构,其开挖和衬砌工作均在盾壳保护下进行。目前城市轨道交通地下结构一般采用此法进行施工。盾构沿其长度由前往后可分为切口环、支撑环和盾尾。切口环是为了保护开挖面的稳定和作业空间的安全而设置的。支撑环连接着切口环和盾尾使盾构构成整体,是盾构结构的重要组成部分,在其周边内装有一组盾构千斤顶。在盾尾中设有组装机,主要用于组装预制衬砌管片。

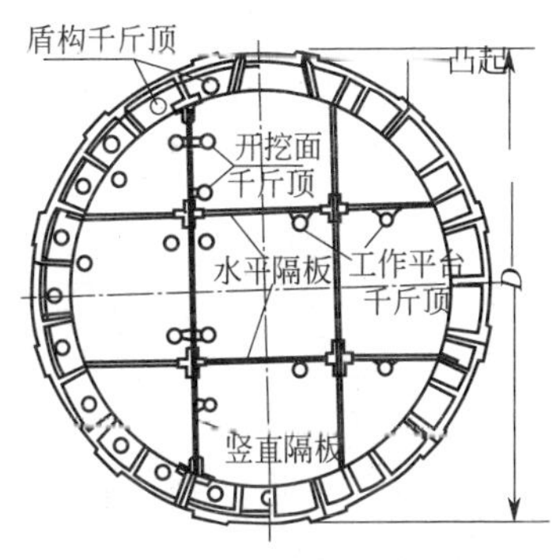

图 2 – 15　盾构的组成

盾构的断面形式有:圆形或椭圆形、半圆形、马蹄形、箱形。大多数盾构为圆形。

盾构法施工的隧道衬砌可采用单层衬砌或在其内现浇钢筋混凝土内衬的双层衬砌,在满足工程使用、受力和防水要求的前提下,应优先选用装配式钢筋混凝土单层衬砌。在联络通道门洞区段的装配式衬砌,可采用钢管片、铸铁管片或钢与钢筋混凝土的复合管片。使用带护盾的掘进机施工的隧道,采用圆形结构。

(2)矿山法结构

矿山法施工包括:全断面法、台阶法、下导坑漏斗棚架法及上下导坑先拱后墙法等。我国的铁路隧道大部分采用矿山法修筑而成。

矿山法施工的理论基础是传统的结构力学,其基本假定与实际隧道的工作状态相差甚远,另外在施工中需要大量的钢和木材作为临时支撑,劳动强度大,施工环境差,因而近年来已逐渐被新奥法所取代。

(3)新奥法

新奥法是新奥地利隧道施工法的简称。新奥法施工的理论基础建立在现代岩体力学的基础上。它的基本观点是:围岩既是隧道结构的荷载,又是承受岩体压力的承载体一部分,即围岩本身具有承载能力;围岩自承能力只有通过围岩的变形才能发挥出来,因而隧道开挖后允许围岩发生变形,同时也要限制围岩的变形量,不致由于变形过大而使岩体松弛甚至坍塌,所以最理想的支护结构应当是能随围岩共同变形的柔性支护(喷混凝土和锚杆支护)。由于允许围岩发生变形,为了掌握围岩和支护的实际工作情况,在施工的各个阶段,应进行现场量测监护,及时反馈位移或应力等信息,以指导施工和修改设计。

新奥法施工按其开挖断面的大小及位置,基本上可以分为全断面法、台阶法、分部开挖法 3 大类。

全断面法是将隧道设计轮廓线一次钻爆成型。优点是工序少,相互干扰少,便于组织施工和管理,工作空间大,便于采用大型施工机具。

台阶法施工将开挖断面分成两步或多步,又可根据台阶的长短划分为长台阶法、短台阶法和超短台阶法。

3. 特殊方法施工的结构

特殊方法施工有沉管法和顶进法。

(1)沉管法

沉管法是提前将隧道管段分段预制,并在每段两端设临时止水头部,施工时先将隧道管段浮运至隧道轴线处,沉放在预先挖好的地槽内并将所有管段进行水下连接,然后移去临时止水头部,回填基窄保护沉管,最后铺设隧道内部设施,形成一个完整的水下通道。

沉管隧道对地基要求较低,特别适用于软土地基、河床或海岸较浅地段的隧道施工。由于其埋深小,包括连接段在内的隧道线路总长较采用暗挖法和盾构法修建的隧道明显缩短。沉管断面形状可按实际需求预制,选择灵活,并且管段预制量容易控制。

基槽开挖、管段预制、浮运沉放和内部铺装等各工序可平行作业，彼此干扰相对较少。在大江、大河等宽阔水域下构筑隧道，沉管法是最经济的施工方法。

(2)顶进法

顶进法是在地面开挖的基坑井中安放管节，然后通过主顶千斤顶或中继间的顶推机械将管节从工作井预留口穿出，穿越土层到达接收井并从接收井的预留口穿出，形成区间隧道。

顶进法施工的结构，当长度较大时应分节顶进。分节长度根据地基土质、结构断面大小及控制顶进方向的要求确定，首节长度宜为中间各节长度的1/2。节间接口应能适应容许的空间变形并满足防水要求。

二、地下结构的埋深

1. 浅埋式

轨面到地面的高差小于20 m，一般采用明挖式施工，为矩形断面。浅埋式施工方便，造价低，运营费用低，乘客出入方便。

2. 深埋式

轨面到地面的高差大于20 m，采用暗挖式施工。根据施工方式不同，可以设计为矩形断面（如地下连续墙施工方法），也可以采用圆形断面（如盾构法），以及采用椭圆形断面。深埋式对于地下管线影响小，施工期对地面交通影响小，避让地下建筑障碍及地质困难地段较有利，受气候影响小，具有较强军事功能。

三、地下结构的断面

地下结构的横断面有矩形、圆形、拱形、椭圆形、多圆形等类型，但最多的是矩形断面和圆形断面。通常，车站前后为矩形断面，区间为圆形断面。圆形隧道内径一般为5.5 m，由6块钢筋混凝土管片装配成环，如图2－16所示。

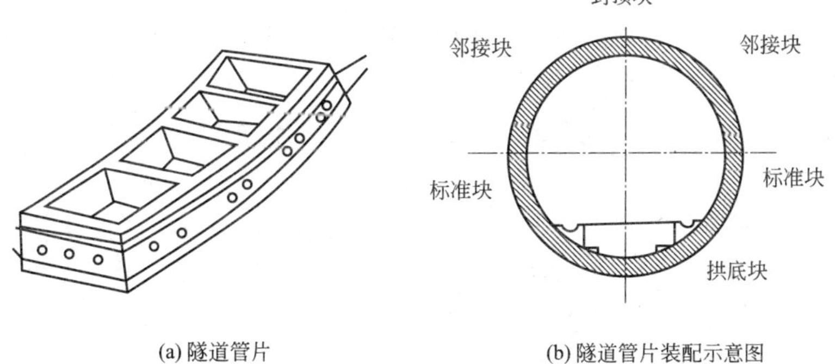

(a)隧道管片　　(b)隧道管片装配示意图

图2－16　圆形隧道管片

矩形隧道单线净断面一般为4.3 m(宽)×5 m(高),双线净宽为9.5～14.6 m,为现浇钢筋混凝土结构。

由于区间隧道施工多采用盾构法,有条件采用"高站位、低区间"纵断面形式。"高站位、低区间"纵断面可节省车站工程费用;缓和与地下管线、构筑物之间的矛盾;列车进站上坡有利制动,出站下坡有利加速,节能省电,减少隧道温升。为解决区间隧道最低处的排水问题,通常设计了联络通道,并在上下行隧道之设置排水泵房,以排除区间隧道的渗漏水和其他积水。

地下车站多为矩形断面。按层数,地下车站分为单层、二层和三层三种结构。其中,多数为二层,即站厅层和站台层。当地下车站接近地面或高架线路时,因埋深较浅,采用单层结构。有的车站因换乘需要,采用三层结构。按横向立柱数,地下车站分为无柱单跨、单柱双跨和双柱三跨三种结构。站台较窄的地下车站采用无柱单跨或单柱双跨结构,其他地下车站采用双柱三跨结构。

第六节　高 架 结 构

城市轨道交通工程中的"高架结构"包括区间高架桥及高架车站受列车荷载影响较大的构件,如轨道梁、支承轨道梁的横梁、支承横梁的柱以及柱下基础。高架线路的轨下基础采取了整体道床结构,但为了减少桥梁上部的自重,不采用带枕浇筑的形式,而是设计为支撑块式的结构。在线路扣件的设计上与地下线路不同,不设置轨距垫,调整轨距和线路方向通过横向拨移轨下铁垫板而实现,尽管操作上不十分方便,但对线路结构几何尺寸的调整有利。

一、高架结构的组成

城市轨道交通高架桥梁主要由梁、墩台、基础三部分组成。

1. 梁

目前在城市轨道交通高架桥上应用较多的梁有槽形梁、高度脊梁、板梁等形式。

(1)槽形梁

槽形梁一般是预应力混凝土结构,属下承式桥梁,由车道板、主梁和端横梁组成,如图2－17所示。

车道板位于梁体下翼缘,在预应力和竖向荷载作用下,不仅会产生双向弯曲和扭转,而且作为主梁截面的一部分,会产生拉伸或压缩。车道板是直接承受车辆荷载的部分,当桥的长宽较大时,车道板按单向板考虑,荷载主要通过车道板传给主梁,再由主梁传到支座。只有接近桥梁两端的荷载是经由车道板传给端横梁,再由端横梁传到支座。当桥的长宽比较小时,车道板作为双向板考虑,荷载一部分通过主梁,一部分则通过端

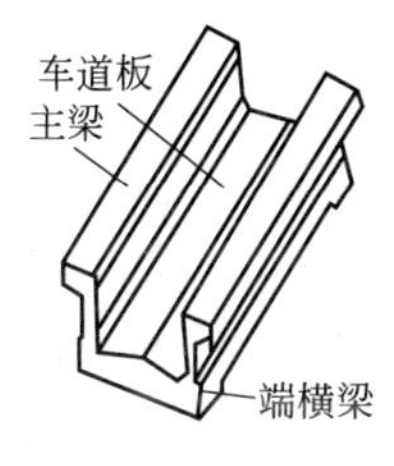

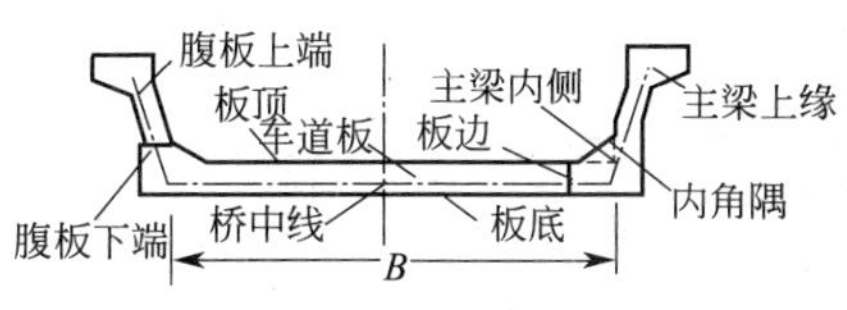

图 2－17　槽形梁

横梁传到支座。车道板和主梁内侧交接处常设置斜率小于 1∶3的内角隅，可以减小截面突然变化引起的应力集中，并有利于横向预应力筋弯起布置。

主梁是主要的承重结构，由上翼缘、腹板和车道板的一部分宽度作为下翼缘组成。上翼缘是主要的受压构件，其横向稳定是依靠腹板与车道板组成的 U 形半框架来保证的，在梁端由加厚的腹板与端横梁形成刚度较大的结构，对上翼缘起侧向支撑作用。

端横梁在施工和养护维修时起顶梁的作用，并为车道板的两端提供支承，保证车道板的整体作用，还为上翼缘的横向稳定起支撑作用。

(2)脊梁

脊梁式结构分上承式和下承式两种。上承式是在单箱梁的上部带大悬臂挑臂结构，下承式是在脊梁的下底板位置带大悬臂挑臂结构。这种结构主要靠脊梁来承受纵向弯距，挑臂板作为行车道板，同时将列车荷载传到脊梁上，挡墙主要是防止噪声和作为防护车辆倾覆的保护体，也可以作为结构的一部分，起边梁作用，改善挑臂的受力。

下承式脊梁结构的横断面由脊梁、大挑臂翼板、端加劲边梁(或称挡板)组成，如图 2－18 所示。具有建筑高度低、施工方便、边缘和脊梁顶面可作检修道、脊梁和边梁构成一个防噪体系、外型美观等优点，故多采用下承式。

(3)板梁

超低高度板式结构实际上是低高度梁或厚板，亦称为板梁，一般是由于结构的建筑高度要求做得小，刚度就成为设计的控制条件。超低高度板梁结构形式如图 2－19 所示。

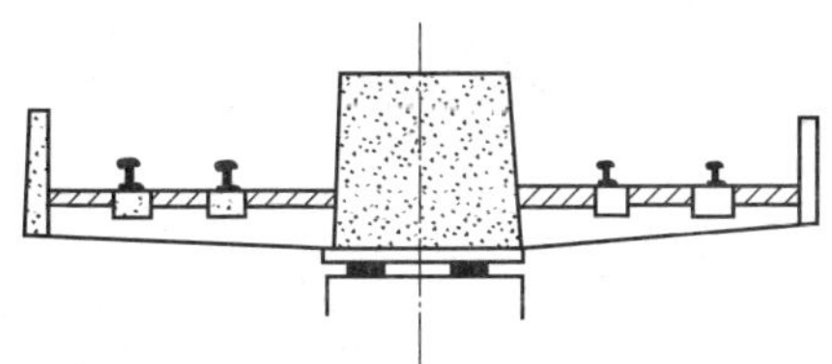

图 2－18　下承式脊梁结构形式

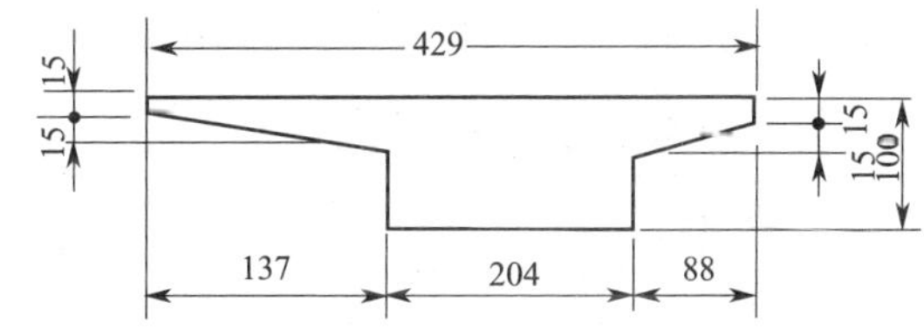

图 2－19　超低高度板式结构　单位：cm

2. 墩台

高架桥的墩台除具有足够的强度和稳定性以承受荷载外，还需要考虑美观，并与城市环境和谐、匀称、协调。一般有倒梯形、“T”形、双柱式、“Y”形等形式，分别如图 2－20(a)、(b)、(c)、(d)所示。

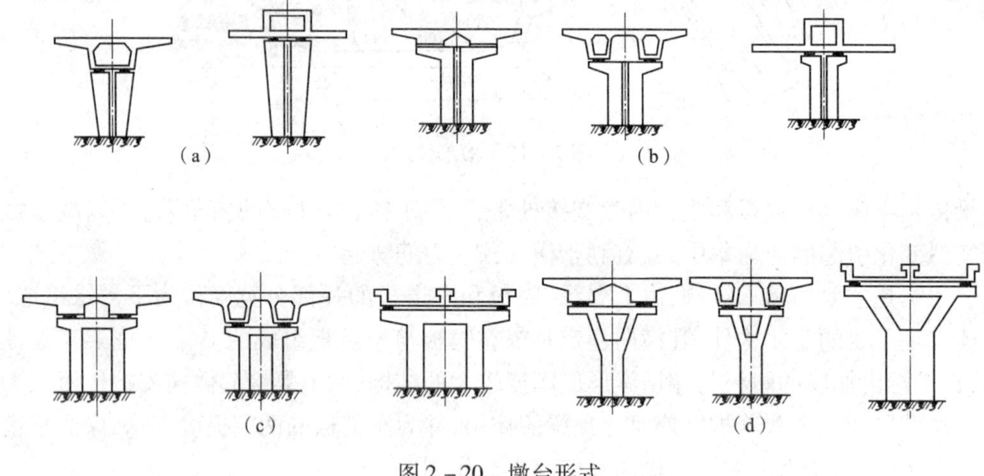

图 2－20　墩台形式

(1)倒梯形桥墩

倒梯形桥墩构造简单，施工方便，受力合理，具有较大的强度、刚度和稳定性，对于单箱单室箱梁和脊梁来说，选用倒梯形桥墩在外观和受力上均较合理。

(2)“T”形桥墩

“T”形桥墩自重小，节省圬工材料，能减少占地面积，墩身可做成圆柱、矩形、六角形等，美观，具有较大的强度和刚度，其与上部结构的轮廓线过渡平顺，受力合理。

(3)双柱式桥墩

双柱式桥墩体积小，圬工省，透空空间大，承载能力强，稳定性好，结构轻巧，所适用的上部结构较灵活。双柱墩承载能力和稳定性较强。

(4)“Y”形桥

“Y”形桥墩与“T”形桥墩一样，体积小，重量轻，省圬工，占地少，外观简洁，桥下透空大。但其结构相对来说较复杂，施工也较麻烦。

3. 基础

桥梁基础形式有扩大基础和桩基础。扩大基础适用于岩石及持力层较浅的地基。桩基础适用于砂质及软土地基。

二、高架结构的净空

城市轨道交通高架桥净空：主要道路的净空为 5.00 m(个别超高车辆通行的道路

为5.50 m);一般道路净空高度为4.50 m;次要道路的净空高度不低于4.20 m;跨越铁路干线的净空高度为6.75 m;跨越铁路支线的净空高度为5.70 m。

三、高架结构的排水

高架桥面必须设置性能良好的排水系统,排水设施应便于检查、维修与更换。应防止桥面出现积水。双线桥桥面横向采用双侧排水坡,坡度不小于2‰。排水管道直径与根数根据计算确定,直径不小于150 mm。排水管出水口不得紧贴混凝土构件表面。设滴水檐,防止水从侧面淌入梁、板底面。高架桥面应设防水层。梁缝处应设伸缩缝,伸缩缝除保证梁部能自由伸缩外,还应有效防止桥面水渗漏。墩台顶面预留更换支座时顶梁的位置,并应设置排水坡,防止表面及支座处积水。

四、隔声屏设施

对于轨道距离居民住宅区非常接近的地段,于轨旁护栏安装隔声屏,以减少噪声的影响。

第七节 线路限界

为了保证列车在线路上运行安全,列车的外轮廓线始终与周围的一切建筑物和各种设备的轮廓线之间需要特定的空间,即保持着一个空间性的安全距离,以防止车辆与沿线建筑物(设备)发生互相碰撞,线路限界就是为此而规定的轮廓尺寸线,即在空间范围内安全间隔的警戒线。为了确保运营的安全,各种建(构)筑物和设备均不能侵入限界。

一、限界及其分类

限界是根据车辆轮廓尺寸和性能、线路特性、设备安装及施工方法等因素经技术经济综合比较确定的空间尺寸。限界分为车辆限界、设备眼界、建筑限界。受电弓或受流器都是车辆上的部件之一,受电弓限界或受流器限界是车辆限界的组成部分。接触轨限界属于设备限界的辅助限界。

限界是确定城市轨道交通行车轨道周围有关构筑物的净空大小和各种设备、管线相互位置的依据,是设计与施工必须共同遵守的技术规定。例如隧道的断面尺寸、桥梁的宽窄,都是依据限界确定的。限界越大,安全度越高,但工程量和工程投资也随着增加。城市轨道交通限界应根据车辆尺寸、线路特性、安装施工精度等因素进行综合比较,确定一个既能保证列车运行安全,又不增加桥梁、隧道空间的经济合理的断面,这就是城市轨道交通工程限界设计的任务和目的。

1. 车辆限界

车辆限界是车辆在直线地段正常运行状态下形成的最大动态包络线。所谓正常运行状态,是指一系悬挂和二系悬挂在正常弹性范围内、易损件磨耗不过限等。直线地段车辆限界分为隧道内车辆限界和高架或地面线车辆限界,高架或地面线车辆限界应在隧道内车辆限界基础上,另加当地最大风荷载引起的横向和竖向偏移量。

车辆限界是车辆的制造、安装以及工程列车上所装载的施工料具不得向建筑物方向超出的安全警戒线。车轮在线路上运行时,以线路中心线为基准,绘制车辆各部最外各点的静态轮廓线,并考虑其有可能发生的变化或振动,形成动态轮廓线,再结合轨道的几何偏差所引起的车辆位移确定车辆限界。

2. 设备限界

设备限界是车辆在运行途中一系悬挂或二系悬挂发生故障状态时的动态包络线,用以限制安装的一切设备不得侵入这条控制线。

直线地段设备限界是在直线地段车辆限界外扩大一定安全间隙后形成的,当考虑一侧一系弹簧全部损坏或一侧二系弹簧全部破损时,车体的侧滚所产生的横向偏移量,在车辆限界基础上,车体肩部横向向外扩大 100 mm,边梁下端横向向外扩大 30 mm,接触轨横向向外扩大 185 mm,车体竖向加高 60 mm,受电弓竖向加高 50 mm,车下悬挂物下降 50 mm。转向架部件最低点设备限界离轨顶面净距:A 型车为 25 mm, B 型车为 15 mm。

曲线地段设备限界应在直线地段设备限界基础上,接平面曲线不同半径、过超高或欠超高引起的横向和竖向偏移量,以及车辆、轨道参数等因素计算确定。

相邻的双线,当两线间无墙、柱及其他设备时,两设备限界之间的安全间隙不得小于 100 mm。

地面固定设备(包括各种电缆线、消防水管及消防栓、动力箱、信号箱及信号灯、照明灯、扩音器、通风管、架空线及其固定设备、接触轨及其固定设备等)的任一部分均不得向内侵入此限界。

3. 建筑限界

建筑限界是指沿线一切建筑物的外轮廓严禁向车辆运行空间方向侵入的安全警戒线。

建筑限界是在设备限界基础上,考虑了设备和管线安装尺寸后的最小有效断面,在宽度方向上设备和设备限界之间应留出 20 ~ 50 mm 的安全间隙。其原因有二:一是为设备安装误差;二是为限界检测车检测误差。当建筑限界侧面和顶面没有设备或管线时,建筑限界和设备限界之间的间隙不宜小于 200 mm,以弥补隧道变形、内衬喷锚所缩减的空间。困难条件下不得小于 100 mm,是指盾构区间内采用减振道床时,受电弓设备限界至隧道壁的最小间隙。建筑限界中不包括测量误差、施工误差、结构沉降、位移变形等因素。建筑限界规定了城市轨道交通隧道的形状、尺寸、位置,地下车站及站台位置以及地面建筑物的位置，任何永久性建筑物均不得向内侵入此限界。

建筑限界分为矩形隧道建筑限界、马蹄形隧道建筑限界、圆形隧道建筑限界、高架线及地面线建筑限界、车辆段车场线建筑限界。

图2－21所示为圆形隧道限界示意图，图2－22所示为矩形隧道限界示意图。

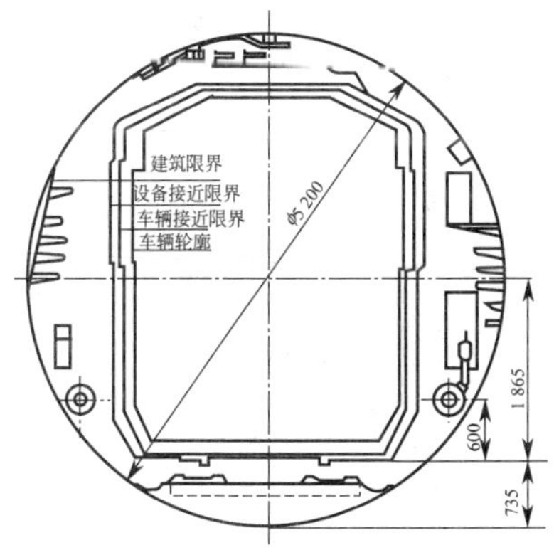

图2－21　圆形隧道限界示意图

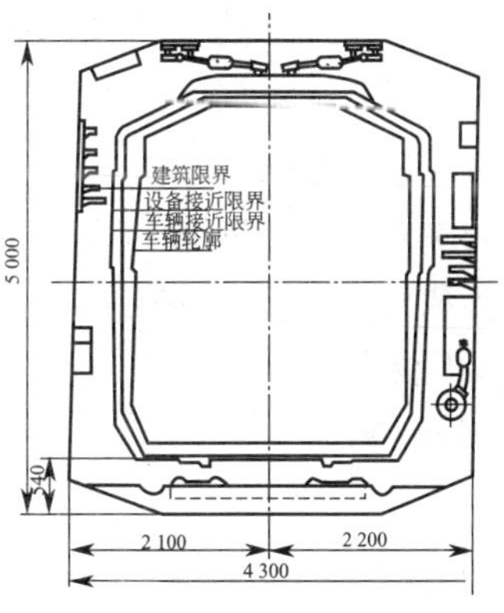

图2－22　矩形隧道限界示意图

二、制定限界的基本参数

1. 车辆的基本参数

各种车辆基本参数参照表2－8。

表2－8　各型车辆基本参数表(mm)

参数＼车型	A型	B型		
		B_1型		B_2型
		上部受流	下部受流	
计算车辆长度	22 100	19 000		
车辆最大宽度	3 000	2 800		
车辆高度	3 800	3 800		
车辆定距	15 700	12 600		
转向架固定轴距	2 500	2 300(2 200)		
地板面距走行轨面高度	1 130	1 100		
受电弓落弓高度	3 810	—		3 810
受电弓最大工作高度	5 410	—		5 410
受流器端部距车体横向中心距离	—	1 473	1 440	—
受流器中心距走行轨顶面工作高度	—	140	256	—

线路、轨道参数采用行车速度小于或等于 80 km/h 时的数据。当行车速度大于 80 km/h 且小于或等于 100 km/h 时,直线地段车辆限界和设备限界会有小的变化,但不影响建筑限界。

2. 限界的基本参数

制定限界的基本参数应符合下列规定。

(1)接触导线距轨顶面安装高度:

①隧道内 4 040 mm;

②高架和地面线地段最小为 4 400 mm;

③车辆段车场线 5 000 mm。

(2)正线平面曲线最小半径 :A 型车 300 m, B 型车 250 m。

(3)轨道超高:

①最大超高值 120 mm;

②超高设置方法:

a. 内轨降低半超高,外轨抬高半超高;

b. 外轨抬高一个超高。

(4)各种道床的轨道结构高度,按《地铁设计规范》第 6 章的规定确定。

(5)高架线或地面线风荷载:600 N/m^2。

三、制定建筑限界的原则

建筑限界分为矩形隧道建筑限界、马蹄形隧道建筑限界、圆形隧道建筑限界、高架线及地面线建筑限界、车辆段车场线建筑限界。矩形隧道直线段建筑限界以直线段设备限界为计算依据,曲线地段建筑限界是在曲线设备限界基础上再考虑超高进行计算。正线段马蹄形隧道宜按全线最小曲线半径确定建筑限界,也可按直线设备限界增加一种直线地段马蹄形隧道建筑限界,作成曲线和直线两种不同尺寸的马蹄形隧道建筑限界。圆形隧道应按全线最小曲线半径确定隧道建筑限界。

建筑限界坐标系,规定正交于轨道中心线的平面内的直角坐标。通过两钢轨轨顶中心连线的中点引出的水平坐标轴称水平轴,以 x 表示;通过该中点垂直于水平轴的坐标轴称垂直轴,以 y 表示。

1. 矩形隧道建筑限界应按下列规定计算确定。

(1)直线地段矩形隧道建筑限界,应在直线设备限界基础上,按下列公式计算确定:

①建筑限界宽度:

$$B_S = B_R + B_L \tag{2-8}$$

线路中心线至隧道右侧墙净空距离:

$$B_K = X_{s(max)} + b_1 + c$$

线路中心线至隧道左侧墙净空距离：

$$B_L = X_{s(max)} + b_2 + c$$

②自结构底板至隧道顶板建筑限界高度 H

A 型车和 B2 型车：

$$H = h_1 + h_2 + h_3 \tag{2-9}$$

B_1 型车：

$$H = h_1' + h_2' + h_3 \tag{2-10}$$

式中 $X_{s(max)}$——直线地段设备限界最大宽度值(mm)；

b_1、b_2——右侧、左侧设备或支架最大安装宽度值(mm)；

c——设备安装误差和安全间隙(mm)；

h_1——接触导线安装高度(mm)；

h_2——接触网系统高度(mm)；

h_3——轨道结构高度(mm)；

h_1'——设备限界高度(mm)；

h_2'——设备限界至建筑限界安全间隙(mm)。

(2)曲线地段矩形隧道建筑限界，应在曲线地段设备限界基础上按下列公式计算确定：

①曲线建筑限界外侧宽度：

$$B_a = X_{ka}\cos\alpha - Y_{ka}\sin\alpha + b_2(\text{或 } b_1) + c \tag{2-11}$$

②曲线建筑限界内侧宽度：

$$B_i = X_{ki}\cos\alpha - Y_{ki}\sin\alpha + b_1(\text{或 } b_2) + c \tag{2-12}$$

③曲线建筑限界高度应按下式计算确定：

A 型车和 B_2 型车：采用式(2-9)确定。

B_1 型车：

$$B_u = X_{kh}\cos\alpha - Y_{kh}\sin\alpha + h_3 + 200 \tag{2-13}$$

$$\alpha = \sin^{-1}(h/s) \tag{2-14}$$

式中 h——轨道超高值(mm)；

s——滚动圆间距(mm)； (2-15)

$(X_{kh}, X_{kh})(X_{ki}, X_{ki})(X_{ka}, X_{ka})$——曲线地段设备限界控制点坐标值。

曲线地段设备限界应按平面曲线几何偏移量，过超高和欠超高引起的设备限界加宽和加高量，曲线轨道参数及车辆参数变化引起的设备限界加宽量计算确定。

2. 高架线或地面线建筑限界的确定应符合的规定

(1)高架线路、地面线路的区间和车站建筑限界，应按高架或地面线设备限界或车辆限界及设备安装尺寸计算确定。

(2)线路一侧无人行通道时，建筑限界宽度的计算方法按照矩形隧道办理。线路一侧有人行通道时，人行通道和设备限界之间的安全间隙应不小于 50 mm。

(3)线路一侧设置接触网支柱时，接触网系统最大突出点与设备限界之间的安全间隙应不小于 100 mm。

(4)线路一侧设置声屏障时，声屏障与设备限界之间的安全间隙应不小于 100 mm。

(5)建筑限界高度

A 型车和 B_2 型车按接触导线安装高度和接触网系统高度加轨道结构高度确定；B_1 型车按设备限界顶部高度和轨道结构高度另加不小于 200 mm 的安全间隙。

3. 道岔区的建筑限界，应在直线地段建筑限界的基础上，根据不同类型的道岔和车辆技术参数，分别按几何偏移量和相关公式计算合成后进行加宽。

采用接触轨授电的道岔区，当电缆从隧道顶部过轨时，应检查顶部高度，必要时采取局部加高措施。

4. 隧道内安装风机、接触网隔离开关、道岔转辙机等设备时，应符合限界要求，必要时建筑限界应采取局部加宽、加高措施。

5. 车站直线地段建筑限界应满足的要求

(1)站台面至轨顶面高度：当采用外挂门或塞拉门时，应检查车门与站台边缘的安全间隙，必要时修改车体轮廓尺寸或站台高度以满足限界要求。

(2) 站台计算长度内的站台边缘距线路中心线的距离，应按车辆限界加 10 mm 安全间隙确定。但站台边缘与车辆轮廓线之间的间隙，当采用整体道床时不应大于 100 mm；当采用碎石道床时不应大于 120 mm。

(3) 站台计算长度外的站台边缘距线路中心线的距离，宜按设备限界另加不小于 50 mm 的安全间隙确定。

(4)车站范围内其余部位建筑限界，按区间建筑限界的规定执行。

(5)车站设置屏蔽门时，屏蔽门安装尺寸应考虑在弹性变形状态下，屏蔽门最外突出点至车辆限界之间应有不小于 25 mm 的安全间隙。

6. 曲线车站站台边缘与车辆轮廓线之间的间隙不应大于 180 mm。

7. 辅助线的平面曲线半径小于正线平面曲线最小半径时，其建筑限界应另行计算确定。

8. 防淹门和人防隔断门建筑限界宽度，其门框内边缘至设备限界应有不小于 100 mm 的安全间隙；建筑限界高度，当采用 A 型或 B_2 型车辆时和区间矩形隧道高度相同，当采用 B_1 型车辆时，按设备限界加 100 mm 安全间隙确定。

9. 车辆段建筑限界应满足的要求

(1)车辆段库外连续建筑物至设备限界净距，当有人行便道时取 1 000 mm。

（2）车辆段库外非连续建筑物（其长度不大于 2 m）至设备限界净距，当有人行便道时，取 600 mm。

10. 警冲标设在两线交叉处的适当位置，警冲标处的线间距按两设备限界之和确定。

第八节　线路选线实例

一、深圳地铁环中线工程概况

深圳地铁环中线（5 号线），是为加快深圳城市建设由第一圈层向第二、第三圈层建设的全面推进，为沿线旧城改造和新城开发、前海次中心区、南山物流中心、高新区开发提供强大的动力，同时引导城市人口和产业沿线聚集、支持第 26 届世界大学生运动会而修建的一条线路。

深圳地铁环中线路走向如图 2－23 所示。西起蛇口客运港，经前海湾、宝安中心、新安旧城区、西丽、大学城、龙华二线扩展区、坂田、布吉、东门至大剧院，在前海湾站、宝安中心站、西丽站、龙华火车站、布吉客运站形成综合换乘枢纽，并在布吉段设置与东部

图 2－23　深圳地铁 5 号线线路走向

快线(兼深惠城际线)的联络线,预留过轨运营条件,线路长 35.889 km,拟设车站 27 座,其中高架站 4 座,地下站 23 座。

地铁 5 号线建成后近期与地铁 1、2、3、4 号线换乘,远期与 9 条城市轨道、城际铁路和国家铁路实现换乘。5 号线对构筑近中期线网骨架、发挥轨道网络效益具有突出地位和不可替代的关键作用。

二、研究思路

1. 与规划控制一致,即线路走向及站位选择应符合城市总体规划和城市轨道交通线网规划。

2. 线路走向及站点设置应满足本线的客流要求和功能定位。

3. 体现"以人为本"的设计理念,车站站位、站型方案应满足客流快速乘降、集散的要求。

4. 线站方案应结合沿线地质条件、构筑物情况、施工方法及交通疏解方式,合理设计线路平、纵断面,确保工程的安全可靠。

5. 线站方案的选择应与旧城区改造、既有铁路、公路改建相结合,追求整体方案的合理性。

三、线路平纵断面研究

1. 线路平面研究分段说明

结合全线所经地段的特点及《深圳市城市轨道交通建设规划》《深圳市城市轨道交通近中期发展综合规划》总报告及 5 号线分报告等规划要求,分段说明如下:

(1)前海湾至宝安中心段。5 号线起于前海湾综合交通枢纽,向西沿临海路、宝华路西侧绿化带至地铁 1 号线宝安中心站,形成岛侧十字换乘。本段线路主要沿规划港前路、临海路及宝安路地下敷设。线路平面位置主要受 1 号线站位及规划路网控制。

(2)宝安中心至同乐段。本段线路基本沿着创业路地下敷设。该地段线路平面位置受沿线几个立交桥影响多次改变左右线线间距以躲避桥墩基础。本线穿过的既有立交桥有:创业路立交、广深公路立交。

(3)同乐至深职院段。受金威啤酒厂以及规划南光高速与留仙大道立交桥的制约,并考虑到减少本线对留仙洞区域的规划工业地块的切割,本线采用北绕金威啤酒厂通过方案。

(4)深职院至长岭陂段。本线在深职院至塘朗段沿留仙大道路中绿化带高架敷设。线路在塘朗站后到长岭陂站前,为在长岭陂站修建出入段线接入塘朗车辆段,由留仙大道的路中绿化带钻入地下移至道路南侧。

(5)长岭陂至五和段。线路在下钻过既有平南铁路后至龙华火车站段,本线的平面位置主要根据龙华火车站整体规划布置而定；出龙华火车站后，线路一直并行平南铁路地下敷设，下钻梅观高速公路跨平南铁路立交桥后至五和。

(6)五和至大埔段。该段线路主要沿布龙路敷设。布龙路现状为双向六车道一级公路，道路宽 32 m，沿线穿过布吉街道的坂田、民治、上塘、龙华等。为了尽量避免盾构施工对万科四季花城的干扰，线路在沿平南铁路敷设转入布龙公路敷设时，采用了 400 m 的曲线半径。

(7)大埔至下水径段。本次研究结合客流特点、沿线地形条件和工程实施难度研究取消上水径设站方案，线路由布龙公路后取直至下水径。

(8)下水径段至百鸽笼段。线路出下水径站后一直沿吉华路地下敷设，下穿既有广深铁路设布吉客运站，与既有广深铁路、地铁 3 号线接驳。穿过深惠公路以后，线路继续向东行进设百鸽笼站。此段线路主要受吉华路走向和布吉客运站位和地铁 3 号线控制。吉华路现状 24 m 宽，线形曲折，周边建筑物较多，5 号线布吉客运站处于 3 号线地铁站和布吉火车站之间，与地铁 3 号线车站、布吉火车站、地面交通系统等共同构成布吉交通枢纽。国铁布吉客运站车场改造正在进行中，车站站房建筑正在设计。地铁 3 号线线位站位基本稳定，目前已经开展初步设计，此次 5 号线位位置根据布吉交通枢纽综合考虑而确定。

(9)百鸽笼至怡景路段。该段线路由百鸽笼出站后向东南沿尖尾峰山脚，经东晓路设布心站至太安路交口北侧设太安路站，预留与地铁 7 号线换乘条件，设置地下 3 层岛式站。出太安路站后线路下穿翠竹公园至怡景路。线路经过区域接近罗湖核心区，人口密集，沿线道路狭窄，线位主要受沿线道路和与各条规划地铁线路换乘节点的控制。

(10)黄贝岭至东门段。该段线路由怡景路折向沿河北路，下穿罗芳立交后折向深南东路至 5 号线终点东门站，其中在黄贝岭站和地铁 2 号线两岛四线同台换乘，并预留与地铁 8 号线平行换乘条件，在东门站与地铁 2 号线上下重叠进行站厅换乘。由于轨道交通 8 号线目前处于规划阶段，在黄贝岭段本线沿深南东路北侧敷设，预留深南东路的南侧作为 8 号线接入的位置。目前研究了规划地铁 2 号线与本线在黄贝岭站进行同台换乘，在车站布置时，考虑该段深南东路路宽 32 m，采用满幅路居中布置，尽量减少对深南东路两侧建筑物的影响。

2. 线路纵断面研究

(1)前海湾至宝安中心段。该段线路经过宝安区中心城区，受前海商务区规划控制，均采用地下敷设方式。在前海湾站与 1 号线平行换乘。在宝安中心站按 1 号线的预留条件，本线下钻 1 号线。站端按 25‰的节能坡考虑。

(2)新安旧城区、留仙洞段段。该段线路主要沿新安旧城区较为繁华的创业路敷设。由于创业路相对较窄(规划红线 55 m)，周边建筑密集，沿线有创业路、广深高速公路框构 2 座立交,综合分析采用地下敷设方案。考虑节能坡,在站端设计为 25‰坡度。

(3) 大学城段。

深职院至大学城段经前述敷设方案比选,推荐沿留仙大道路中高架方案方案,在深职院站前为了让线路出地面后可以满足道路净空要求,采用了 700 m、28‰的大坡度设计;在塘郎车站后,线路下钻塘朗车辆段出入段线采用了 28‰坡度。

(4) 龙华火车站至五和段。线路主要并行平南铁路地下敷设,沿线经由国铁龙华客运站、民治镇,下穿梅观高速立交后至五和。为节省占地、减少拆迁、不影响城市景观,线路尽量与平南铁路并行地下敷设。

(5) 坂田段。该段线路经前述敷设方案比选,推荐沿布龙路地下敷设方案。该段线路采用的最大坡度为 25‰。

(6) 布吉段。线路出大埔站后为下钻上水径水库,采用了 3. 100 km 20. 5‰下坡地下敷设。经由布吉老城区其他地段,线路主要受沿线地形、规划及环境影响控制,均采用地下线路。有条件时在车站两端均采用了 25‰的节能坡设计。

(7) 百鸽笼至东门段。该段线路主要经由布吉居住区和罗湖居住区、商业区,沿线道路狭窄、建筑密集,经分析比较推荐采用地下敷设方式。车站两端采用 25‰的节能坡外,其他坡度均较小。

四、结　　论

深圳地铁 5 号线的建设将促进深圳市第二圈层组团联系,提高城市效率。城市轨道交通是促进和带动沿线其他产业发展的重要基础设施。通过轨道交通的发展,推动城市产业布局、人口分布的优化,国外已有成功的先例。5 号线大部位于城市第二圈层,连接了西、中、东三条发展轴,并串联西部的宝安中心组团、中部地带的中部组团,属于适当超前开发,能够实现其在城市发展方向上的引导作用。本工程的实施将强化深圳市西、中、东 3 条发展轴相互联系,促进第二圈层的建设进程,加快城市总体规划中城市建设由第一圈层向第二、第三圈层的全面推进,极大地推动城市一体化建设,为深圳产业发展提供广阔的发展空间,促进城市社会经济发展。因此,选线工作尤为重要,线路的走向必须考虑到城市交通发展、城区规划、区域产业发展及人口分布等多方面因素,争取实现土地利用和轨道交通的双赢局面,极大地促进城市的土地开发和社会经济的全面发展,创造可观的经济效益。

第三章
城市轨道交通轨道

轨道是城市轨道交通运营的主要设备之一，是行车的基础。轨道由钢轨、轨枕、道床、道岔、联结零件及防爬设备组成。它的作用是引导车辆运行，直接承受由车轮传来的荷载，并把它传布给路基或桥隧建筑物。轨道必须具有足够的强度、稳定性、耐久性和适量弹性，并具有正确的几何形位，以确保车辆的安全运行、平稳、快速运行和乘客舒适。城市轨道交通列车轴重轻、行车密度大、运营时间长、维修时间短，因此，城市轨道交通与铁路相比，两者要求不尽相同。其轨道结构除了要求具有足够的强度、稳定性和耐久性等基本特征外，还提出了以下要求：

(1)适应维修时间短的特点，养护工作量要少，使用寿命要长。

(2)具有适量的弹性，使列车运行所引起的振动与噪声控制在容许范围内。

(3)要具有一定的绝缘性能，以减少迷散电流对周围金属构件的电腐蚀。

(4)减少轨道结构零部件的非标品种，尽可能选用铁路通用件，以降低工程造价和养护费用。

第一节　钢　　轨

钢轨是轨道的主要组成部分，直接承受列车荷载并传递到扣件、轨枕、道床至结构底板。依靠钢轨头部内侧与车辆轮缘的相互作用，引导列车前进。

一、钢　　轨

1. 钢轨的作用

钢轨引导车辆的车轮前进，承受车轮的压力，并传递到轨下结构。要求钢轨能为车轮提供可连续、平顺地滚动的轨面。为发挥这些功能，既要求轨面粗糙，以增加轮轨黏着力，又要求轨面光滑，以减少阻力；既要求钢轨有相当刚度，以抵抗挠曲，又要求有可挠性，以减轻车轮的冲击力，减少轮轨的伤损；既要求有足够的强度、硬度，以抵抗磨耗，延长使用寿命，又要求具有一定塑性、韧性，以防脆性碎裂和折断。

这些相互矛盾的要求，是由于钢轨复杂的受力所引起的。钢轨所受的力，除了垂直方向的力以外，还有横向水平力、弯曲力、扭曲力及温度拉压力，并且各种受力随机发生着变化。

钢轨还兼作供电触网的回流线及轨道电路的通道。

2. 钢轨的结构

钢轨可分为轨头、轨腰和轨底三部分，其断面形状主要为工字型，不同类型钢轨横截面的各部分尺寸不同，如图 3－1 所示。轨头应具有足够的表面面积及厚度，并具有与车轮踏面相适应的外形，以改善轮轨的接触条件，从而延缓轨头压溃和磨耗。轨腰主要承受剪力，必须具有足够的厚度和高度，具有较大的承载能力和抗弯能力。轨底的主要功能是分布压力及保持稳定，应具有一定宽度。钢轨截面尺寸见表 3－1。

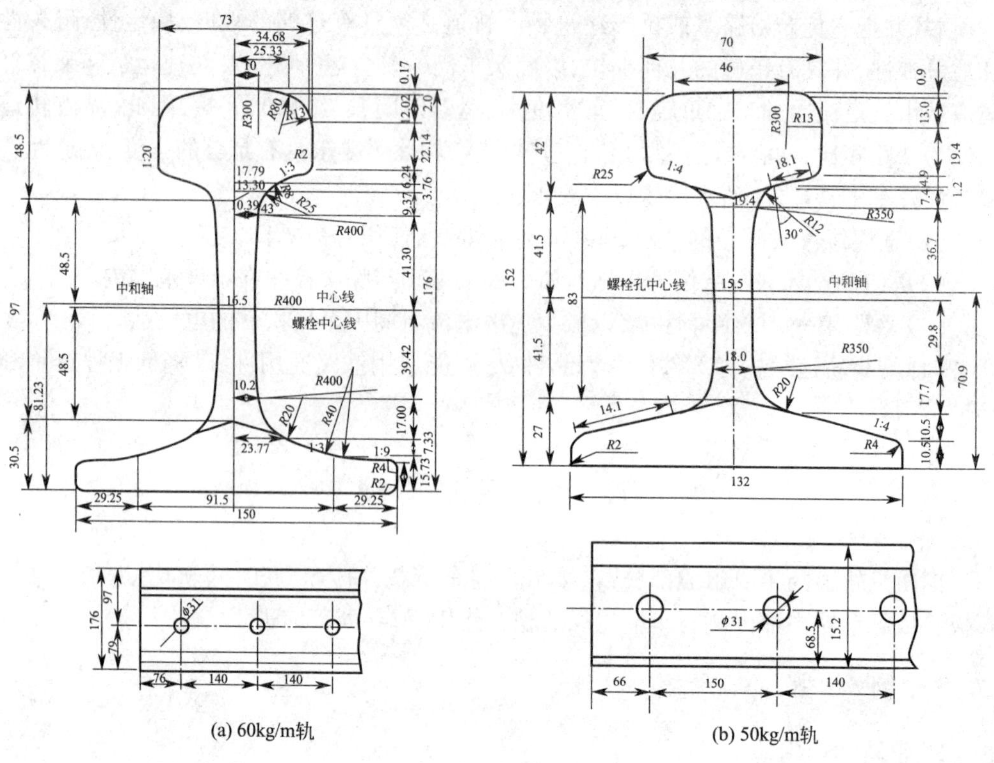

图 3－1　钢轨示意图

表 3－1　钢轨截面尺寸表　　单位：mm

钢轨类型	50	60
钢轨高度	152	176
轨头宽度	70	73
轨底宽度	132	150

3. 钢轨的类型

(1)按每米质量分类

钢轨的类型通常按每米长度大致质量数表示，如60 kg/m轨表示每米60 kg。目前，我国城市轨道交通轨型一般采用60 kg/m、50 kg/m两种。

(2)按单根钢轨的长度分类

标准钢轨的长度为25 m和12.5 m两种。

在曲线轨道中，曲线内股使用厂制标准缩短轨。25.0 m钢轨的缩短轨：24.96 m，24.92 m，24.84 m。12.5 m钢轨的缩短轨：12.46 m，12.42 m，12.38 m。

二、对钢轨的基本要求

钢轨是轨道主要组成部分，直接承受列车荷载并传递到扣件、轨枕、道床至结构底板。依靠钢轨头部内侧与车辆轮缘额的相互作用，引到列车前进。在列车动荷载作用下，钢轨产生弹性挠曲和横向弹性变形，钢轨应具有足够的承载力、抗弯强度、断裂韧性及稳定性、耐磨性、耐腐蚀性。

三、钢轨的选型

在轨道构造中，钢轨是主要的部件。城市轨道交通选定钢轨类型的主要因素是年通过总质量、行车速度、轴重、大修周期、维修工作量和减振降噪要求。根据城市轨道交通线路近、远期客流量推算出近、远期年通过的总质量。

目前，我国城市轨道交通没有统一的选型标准，但国内外采用城市轨道交通轨道有选用重型钢轨的趋势。从技术性能分析，60 kg/m钢轨较50 kg/m钢轨质量只增加17.5%，而允许通过的总质量可增加50%，抗弯强度增加34%，车轮通过所产生的轨底应力、局部应力及抗弯曲变形均较50 kg/m钢轨小，可减小钢轨实际的冲击作用，降低钢轨本身和道床的振动和速度，减少了对道床的压力及残余变形的积累，提高轨道的稳定性，而且还能增加回流断面，减少杂散电流，有效延长钢轨及轨下基础各部件的使用寿命。60 kg/m钢轨使用寿命为50 kg/m钢轨的1.5~3.0倍，由疲劳破坏造成的更换率为50 kg/m钢轨的1/6，受列车冲击振动较50 kg/m钢轨约减少10%，有利于减振降噪。同样条件下，60 kg/m钢轨较50 kg/m的轨道维修工作量减少40%。

正线及辅助线钢轨应依据近、远期客流量，并经技术经济综合比较确定，宜采用60 kg/m钢轨，也可采用50 kg/m钢轨。车场线宜采用50 kg/m钢轨。

正线半径小于400 m的曲线地段，应采用全长淬火钢轨或耐磨钢轨。全长淬火钢轨的耐磨性和使用寿命较普通钢轨高1~2倍，而价格较普通钢轨约高20%，耐磨钢轨较普通钢轨价格高10%，所以采用耐磨钢轨或全长淬火钢轨具有明显的技术经济效益。

四、钢轨的铺设

正线地段和半径为 250 m 及以上的曲线地段，应铺设无缝线路。高架线路上的无缝线路需要做特殊设计。在曲线半径 $R<300$ m 地段，要铺设耐磨长钢轨，以减少磨耗和接头振动。由于车轮踏面与钢轨顶面主要接触部分是 1/20 斜坡，为了使钢轨轴心受力，钢轨亦要设置内向倾斜的轨底坡。《地铁设计规范》规定地下铁道轨底坡为 1/40。

五、钢轨损伤

钢轨在极其复杂的条件下运用，不可避免地会产生各种伤损。钢轨伤损是指钢轨在使用过程中发生钢轨折断、钢轨裂纹以及其他影响和限制钢轨使用性能的伤损。钢轨伤损对运输安全的威胁很大，因此，及时发现钢轨伤损，并积极采取措施，掌握伤损钢轨情况并及时向主管部门反馈信息，摸清钢轨伤损规律，进而加强对钢轨的管理工作，这对工务部门是极为重要的。

六、钢轨焊接

钢轨焊接方法主要有三种：

1. 接触焊，又称电阻焊。该法焊接质量稳定，材质均匀，其强度可以达到母材的 95% 以上。

2. 气压焊。一种是在工厂进行的大型气压焊，另一种是在工地进行的移动式小型气压焊。气压焊焊接质量与接触焊法相近，其强度为母材的 90% ~95% 。

3. 铝热焊。铝热焊是指金属氧化物和铝之间的氧化还原反应所产生的热量，把高温铁水浇入预热的轨端缝隙而将两轨焊接在一起。铝热焊法设备简单、轻便、成本低、但焊接质量易受人为因素影响，质量不稳定，一般焊接强度为母材的 70% ~90% 。

第二节 钢轨联结

钢轨与钢轨之间的联结，称为钢轨接头。钢轨接头联结零件是由夹板、螺栓、弹簧垫圈等组成。其作用是在接头处把钢轨连接起来，使钢轨接头部分具有与钢轨一样的整体性，给列车提供连续的滚动表面，承受列车通过时作用于其上的动荷载，接头处还要满足钢轨伸缩的要求。

一、钢轨接头的分类

钢轨接头按左右股钢轨接头位置可划分为相对式（对排）和相互式（错接）两种。

正线钢轨接头应采用相对式接头,可减少列车对钢轨的冲击次数,改善运营条件。曲线内股的接头较外股钢轨的接头超前,曲线内股钢轨应采用厂制缩短轨调整钢轨接头位置,与曲线外股标准长度钢轨配合使用,以保证内、外股钢轨的接头相错量符合规定。辅助线和车场线半径等于及小于200 m的曲线地段钢轨接头采用对接,曲线易产生支嘴,故应采用错接,错接距离不应小于3 m(大于车辆的固定轴距)。

此外,钢轨接头按其相对于轨枕的位置,可分为悬空式和承垫式两种。

二、钢轨接头的连接方式

钢轨接头按其连接方式,可分为普通接头、冻结接头、异形接头、绝缘接头、胶结接头、焊接接头。

1. 普通接头

普通线路钢轨与钢轨之间用夹板连接,称为钢轨接头。如图3－2所示。

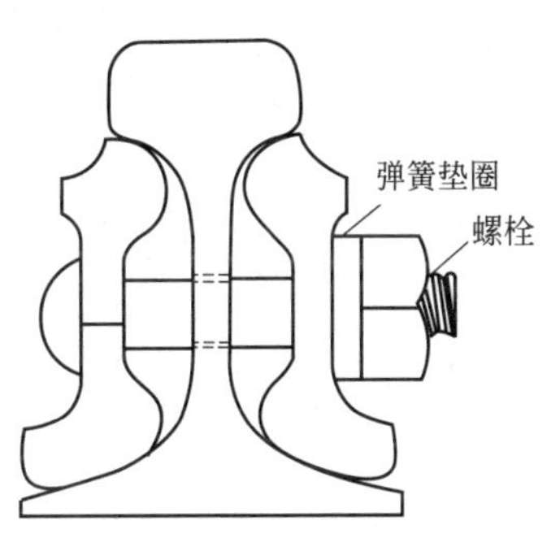

图3－2　钢轨接头

2. 冻结接头

冻结接头是先在钢轨螺栓孔内插入月牙形垫片,再用高强度螺栓将接头夹板与钢轨夹紧,强制两根钢轨的轨端密贴,使轨缝不再发生变化,即使接头部分有构件实现冻结,不能产生任何位移。

目前,此种接头已在高架无缝线路中应用。

3. 异形接头

不同类型的钢轨互相连接时,应使用异型夹板。异形夹板的两端,分别与不同型钢轨相吻合。异形钢轨的联结,除使用异形夹板外,在接头枕木上还应铺设异形垫板。但异型接头强度低、轨头断面突变,顶面和侧面不易平顺,对行车和维修不利。故不同类型的钢轨应采用异型钢轨连接。如用50 kg/m轨一端轧制成60 kg /m轨的断面,将该异型轨作过渡,衔接60 kg/m轨线路和50 kg/m轨线路。

4. 绝缘接头

绝缘接头设于轨道电路区段两端的钢轨接头处,它的作用是保证相邻轨道电路的电气隔离。

绝缘接头除夹板与螺栓外,用于绝缘的零件有绝缘槽、轨端绝缘片、绝缘套管、垫片等。见图3－3。

5. 胶结接头

胶结接头是把绝缘接头部分全部胶结为一个整体,由厂家制作为成品或者于现场胶结。胶结接头代替绝缘接头,改善了绝缘性能和受力状态,并有利于增强接头阻力。

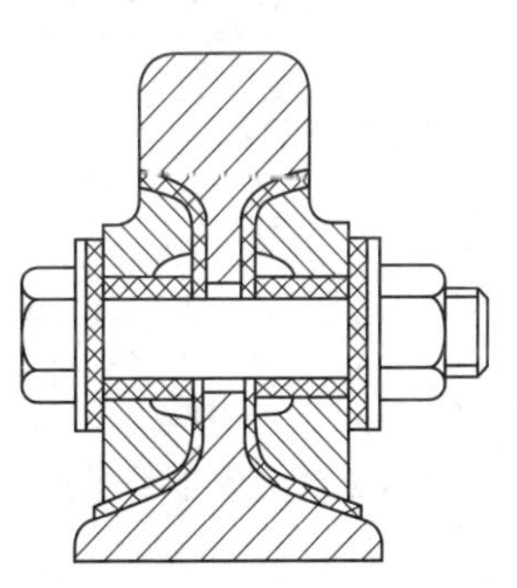

图3－3　绝缘接头

三、联结零件

钢轨接头的联结零件包括夹板（鱼尾板）、螺栓、弹簧垫圈及螺帽。

夹板每一个接头夹板上有螺栓孔 6 个，分为圆形孔和长圆形孔两种，用 6 枚螺栓上紧，螺帽的位置在钢轨内外侧相互间错，万一车轮出轨，不致将全部螺栓切坏，仍能维持线路的连续。

螺栓孔径较螺栓直径略大，依靠钢轨圆形螺栓孔直径与螺栓直径之差，以及夹板圆形螺栓孔直径与螺栓直径之差，可以得到所需要的预留轨缝。

接头螺栓必须经常保持紧固状态，以维持其接头阻力。

四、接头轨缝

普通线路为适应钢轨的热胀冷缩，在钢轨接头处预留轨缝，其基本原则是：达到最高轨温时，轨缝≥0，轨端不受顶力；达到最低轨温时，轨缝≤构造轨缝，轨端不受剪力。

第三节　轨 道 扣 件

扣件是钢轨与轨枕或其他轨下基础连接的重要联结件，扣件是轨道结构的重要部件，将钢轨与轨枕（或承轨台）牢固联结，能保持钢轨在轨枕等轨下基础上的正确位置，防止钢轨不必要的横向及纵向移动。扣件，要求具有足够的强度、耐久性和一定弹性，能长期有效地保持钢轨与轨枕的可靠联结，阻止钢轨相对于轨枕而移动。此外，还要构造简单，便于安装和拆卸。扣件结构应力求简单、造价低，并应具有足够的强度和扣压力、适量的弹性和轨距、水平调整量和良好的绝缘、防腐性能。隧道内、地面线的正线扣件尽量采用无螺栓弹条，可减少零部件，减少施工和维修的工作量。

一、扣件设计

1. 扣件主要性能

由于城市轨道交通列车运行速度高、密度大，对扣件有更高的技术要求。城市轨道交通线路用扣件系统应具有以下主要性能。

(1)保持轨距能力强

扣件系统应保持由钢轨和混凝土轨枕（或混凝土轨道板）组成的轨道框架几何特征稳定，即保持轨距和防止轨距扩大，同时增强轨道框架的弯曲和扭转刚度，以保证轨道框架的稳定性。

(2)防爬阻力大

扣件系统应防止钢轨相对于轨枕的纵向位移,即防止钢轨爬行,这就需要扣压件有足够的扣压力并且扣压力衰减小。

桥上轨道结构设计必须要考虑桥上无缝线路的铺设要求。线路纵向阻力如果太大,将会相应增加线路传递到桥梁墩台的纵向力和钢轨本身的应力;如果太小,可能导致钢轨爬行或在冬季发生断轨时断缝过大而影响行车安全。因而桥上扣件系统设计还应考虑这些影响。

(3)零部件和维修工作量少

城市轨道交通线路轨道维修只能在很短的封锁时间内进行,因而要求扣件系统零部件少和养护维修工作量少。这就要求扣件各部件有足够的强度,在期望的使用寿命周期内扣件各部件不产生疲劳伤损和显著的残余变形;同时要求扣件有更好的性能,当扣件和轨下弹性垫层产生磨耗和残余变形时,扣件阻力减少不大,扣件螺栓无须经常进行复拧。

(4)有良好的减振弹性

城市轨道交通穿行于居民区内,对减振降噪的环保要求很高,钢轨扣件必须具有良好的减振性能,衰减轨道振动,降低噪声传播。

(5)有良好的绝缘性能

城市轨道交通对钢轨扣件的绝缘性能要求很高,一方面是走行轨作为供电回流轨的要求,另一方面是信号的要求。扣件绝缘性能不好,长此以往,除导致大量电流泄漏、浪费电能外,还会因杂散电流而腐蚀结构钢筋和市政管线。

2. 扣件主要参数

确定城市轨道交通钢轨扣件的设计参数必须考虑其相关工程的情况:线路敷设方式、线路技术参数、行车速度、车辆轴重及钢轨类型等。扣件的主要设计参数包括:扣压力、防爬阻力、节点刚度、耐疲劳性能、轨距及水平调整量、绝缘性能等。一般可通过下列方式,确定其设计参数。

(1)扣压力及防爬阻力

扣件的扣压力和防爬阻力是一对共生参数,静态防爬阻力等于扣压力乘以综合摩擦系数。

扣件的扣压力的大小是确保钢轨稳定的关键,它与车辆的轴重、速度及是否采用无缝线路及轨下垫层的性能有关。当车辆轴重大、速度较高,采用一般线路时,要求钢轨扣件的扣压力就大;轴重轻、速度低,采用无缝线路时,扣压力可以小一些。扣压力的大小应保证在扣件的使用周期里,当列车制动时,钢轨不发生永久性位移。对于城市轨道交通,一般轴重低于 160 kN，速度不超过 100 km/h，故对扣件扣压力的要求不是很高。理论计算及实践证明，单一扣压件的扣压力在 68 kN 是可以满足要求的。值得注意的是，过大的扣压力并不是有利的，这将导致轨下弹性垫层的初始压缩量增大，损失减振弹性。

（2）扣件节点刚度

扣件的节点刚度是考查扣件弹性的指标，包括静刚度值、动刚度值及动静比，均需通过室内试验确定。扣件垂向静刚度值是取扣件压缩变形曲线某一段的割线斜率来确定的，一般 2 040 kN/mm 比较合适。动刚度值是扣件的重要指标，表明扣件在动荷载作用下的弹性，即减振性能。设计扣件动静比应控制在 1.4 以下。

（3）轨距及水平调整性能

考虑城市景观及运营维修的方便，城市轨道交通地下线路、高架线路多采用整体道床，在施工、运营中结构均会有施工误差，产生不均匀的沉降。同时，也会因轮轨互相作用使轨距及钢轨水平发生变化而超限。

轨距调整量主要是解决施工误差和钢轨侧磨而致轨距超限的问题，故要求负的调整量要大。考虑城市轨道交通工务大修周期长，日常维修条件差，要求扣件的轨距调整量比铁路的大，整体道床扣件轨距调整量一般可设计为 $^{+8}_{-12}$ mm。

结构的沉降绝大部分是在结构设计时考虑并采取措施，但少量的变化仍需通过钢轨扣件来调整。就目前的结构及轨道施工技术，对地下线要求钢轨扣件有 2 030 mm 的水平调整量。水平调整量的大小与地质情况密切相关，在不良地质条件下，需要扣件有大的水平调整量。对于高架线，要求钢轨扣件有 30 ~ 40 mm 水平调整量，主要解决由于相邻桥墩的沉降差落值及梁的收缩徐变而引起的梁面上拱。

（4）绝缘性能

在城市轨道设计中，供电、信号等专业对钢轨扣件的绝缘性能都会提出具体要求。就目前的材料技术，达到这些要求是完全可行的。通常扣件中的单个绝缘部件常态绝缘电阻均可以达到 10^8 Ω 以上，能满足对扣件的绝缘要求。

（5）耐久性能

扣件的耐久性是通过疲劳试验来验证的，疲劳试验能验证扣件抵抗重复荷载的性能，我国通常是取小半径曲线上的扣件所受的最大荷载来进行试验的。设计扣件时，要依据城市轨道交通实测小半径 200 m 曲线地段扣件所受的力，并参照国内外同类扣件的设计荷载。要求组装扣件疲劳荷载一般取竖向 50 kN，横向 30 kN，能承受 300 万次疲劳荷载的循环试验，各部件不损坏。

3. 设计要求

城市轨道交通钢轨扣件从结构型式上大致分为两种：一种是带铁垫板的弹性分开式扣件，用于整体道床和地面线木枕碎石道床；另一种是不带铁垫板的弹性不分开式扣件，用于地面线路和高架线路道床，一般采用铁路扣件。

从扣压件型式上分也有两种：一种是有螺栓的弹条扣件，用于高架线路、地面线路和地下线路的整体道床，可以根据无缝线路对扣件扣压力的要求适时调整；另一种是无螺栓弹条扣件，多用于地下线路整体道床和地面线路碎石道床。

从轮轨横向力的承受形式上分有两种：一种是靠传递给轨枕挡肩承受，一种是靠扣件铁垫板与轨枕间的水平摩擦力和螺旋道钉承受。前一种是传统的构造形式，扣件结构较安全，但限制了钢轨水平调整量；后一种目前采用较多，要求扣件铁垫板与轨下基础必须有可靠的连接，避免螺旋道钉弯曲应力过大而折断，这就必须控制好铁垫板下的垫层弹性及厚度。

二、扣件分类

1. 按扣件形式可分为弹条式扣件和弹片式扣件。
2. 按扣件紧固方式可分为有螺栓紧固方式和无螺栓紧固方式。
3. 按扣件系统与基础联结方式可分为锚入螺栓式、预埋套管式和T型螺栓式。
4. 按扣件结构与道床的联结方式分为不分开式扣件和分开式弹性扣件。
5. 按扣件承受水平力的方式分为有挡肩扣件和无挡肩扣件。

三、扣件选型

扣件应具有足够的强度、扣压力和耐久性。在高架桥无砟、无枕的轨道上，扣件还必须有一定的弹性，保持轨距和较大轨距水平调整量，以适应预应力梁的徐变和桥墩的不均匀沉降，满足减振、降噪、绝缘的要求。扣件的结构力求简单，尽量标准化，通用性好，造价低。对于扣件的铁制部件应作防腐处理。不同道床型式的扣件，宜符合表3－2的规定。

表3－2　扣件类型

道床型式	型　　式	扣压件	与轨枕联结方式
一般整体道床	弹性分开式	有螺栓弹条、无螺栓弹条	在轨枕预埋套管
高架桥上整体道床		有螺栓弹条、小阻力	
混凝土枕碎石道床	弹性不分开式	有螺栓弹条、无螺栓弹条	轨枕内预埋螺栓或铁座
木枕碎石道床	弹性分开式	有螺栓弹条、无螺栓弹条	采用螺纹道钉
车场库内整体道床、检查坑			在轨枕或立柱内预埋套管

四、常用扣件

近10多年来城市轨道交通所采用的各种轨道扣件大致可以归纳为五大系列，分别为:传统系列、DT 系列、WJ 系列、弹簧系列、减振系列。经常使用扣件的技术参数如表 3 -3 所列。

表 3 -3　经常使用扣件的技术参数

扣件类型	结构特点	垂向刚度(kN/mm)	减振效果/dB(A)
DTⅢ型	有挡肩、双层橡胶垫板	20 ~ 30	<5
DTⅢ2 型	无挡肩、双层橡胶垫板	20 ~ 30	<5
轨道减振器	硫化黏结性扣件，利用橡胶压缩变形提供弹性	10 ~ 14	8
Lord 扣件	硫化黏结性扣件，利用橡胶压缩变形提供弹性	15 ~ 20	5 ~ 6
WJ-2 型	轨下采用复合小阻力垫板	40 ~ 60	<3
DTⅦ2 型	无挡肩、小阻力双层橡胶垫板	20 ~ 30	<5
GT-1 型	硫化黏结性、利用橡胶压缩变形提供弹性	15 ~ 25	5 ~ 8
ZG、ZB 型	采用双层铁垫板	10 ~ 12	5 ~ 6

1. 传统系列扣件

传统系列扣件用于采用碎石道床的地面线路和车场线路。混凝土枕用扣件有弹条式扣件和扣板式扣件。弹条式扣件用于地面线路的正线。

(1)木枕扣件

①木枕扣件通常应用于站场 P50 轨木枕线路,木枕扣件包括道钉、扣板、垫板及弹性垫层,扣件方式主要有分开式和混合式两种,如图 3 -4 和图 3 -5 所示。分开式又称

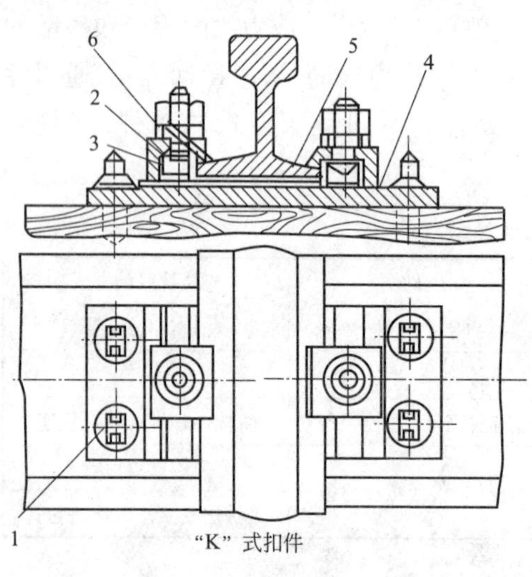

图 3 -4　分开式扣件

1—螺旋道钉;2—扣轨夹板;3—底脚螺栓;
4—垫板;5—木片;6—弹簧垫圈

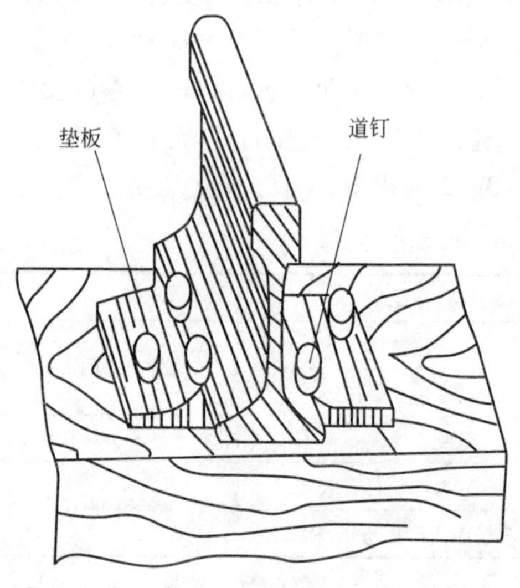

图 3 -5　混合式扣件

"K"形扣件,分开分别扣紧,即将钢轨与扣板、垫板与木枕分别单独扣紧,由于零件多,更换钢轨非常麻烦,所以已经很少使用了。混合式扣件是木枕轨道上使用最广泛的一种扣紧方式,用道钉与将钢轨、铁垫板与木枕一起扣紧,零件少,安装方便,但容易受振动影响,道钉浮起,降低扣压力。

② DT -Ⅳ -1 型扣件

由于木枕的传统型扣件存在扣压力不足、防爬能力低等特点,现在新设计的木枕线路已开始采用 DT-Ⅳ-1 型扣件,如图 3 -6 所示。

图 3 -6　DT-Ⅳ-1 型扣件

DT-Ⅳ-1 型扣件为分开式扣件,钢轨、垫板、木枕三者之间分开扣紧。铁垫板与木枕之间的联结设置为螺旋式道钉,铁垫板与钢轨之间的联结设置为弹条式扣件。这样克服了普通木枕道钉的缺点,提高了扣件的扣压力和线路的强度。

DT-Ⅳ-1 型扣件是通过轨距垫来调整轨距的,调整的方法见表 3 -4。

表 3 -4　调整轨距的方法

一股钢轨调整量	钢轨外侧轨距垫号码	钢轨内侧轨距垫号码	铁垫板位置
0	8	10	△
2	6	12	△
2	10	8	△
4	12	6	△

(2)混凝土枕扣件

①扣板式扣件

扣板式扣件在城市轨道交通站场混凝土轨枕线路上使用也较多,如图 3 -7 所示。

扣板式扣件的主要特点是扣板的作用既扣压钢轨,又能调整轨距。

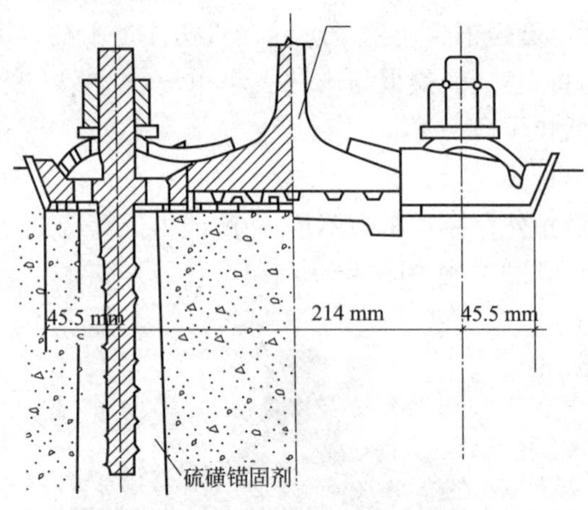

图 3－7　70 型扣板式扣件

②弹条式扣件

弹条式扣件是最原始的、传统的弹条式扣件。其应用最广泛的是弹条Ⅰ型扣件。

弹条Ⅰ型扣件主要由 ω 弹条、螺旋道钉、轨距挡板、挡板座及弹性垫板等组成，组装方式如图 3－8 和图 3－9 所示。

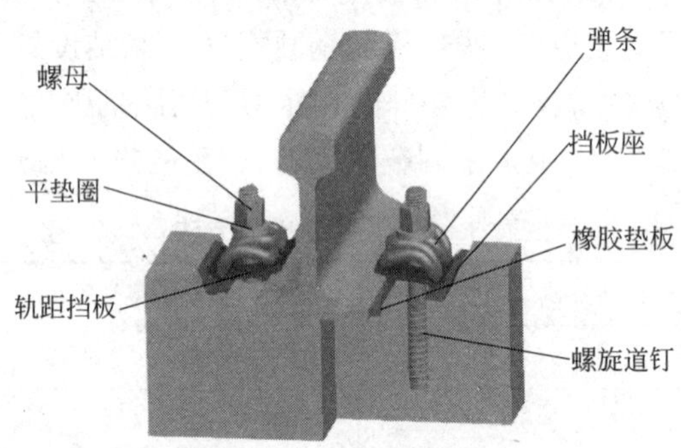

图 3－8　弹条Ⅰ型、Ⅱ型扣件

钢轨通过 ω 弹条扣压固定，螺旋扭力矩必须达到 80～120 N · m 才能使线路稳定，阻止钢轨在轨枕上纵向爬行，同时，弹条还能提供一定程度的弹性。

轨底与轨枕承轨台之间加设 10 mm 厚度的橡胶垫，以提高弹性。当左右两股钢轨的水平发生变化时，可以于轨底和橡胶之间增加薄型竹木垫层来进行调整。除了弹条Ⅰ型扣件，还有弹条Ⅰ型调高扣件、弹条Ⅱ型扣件、弹条Ⅲ型扣件等。

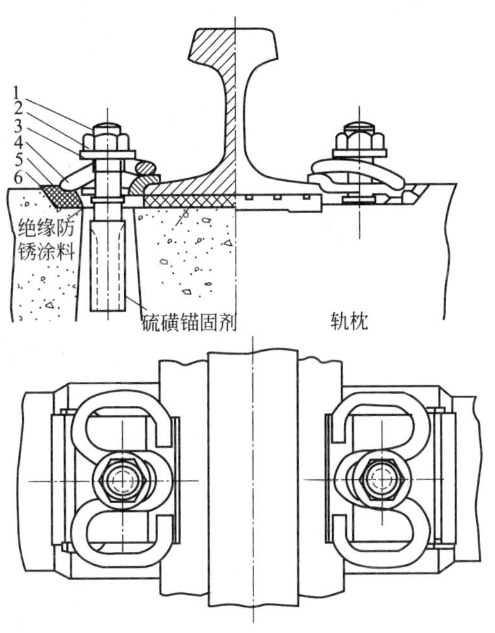

图 3－9　弹条Ⅰ型扣件

1—螺旋道钉;2—螺母;3—平垫圈;4—弹条;
5—轨距挡板;6—挡板座

弹条Ⅰ型扣件弹条分 A、B 两种类型。A 型弹条单个弹条扣压力 8 kN,弹程9 mm;B 型弹条单个弹条扣压力 9 kN,弹程 8 mm,轨下胶垫的静刚度为 90～120 kN/mm。

弹条Ⅱ型扣件单个弹条扣压力 10 kN,弹程 10 mm,轨下胶垫的静刚度为 55～80 kN/mm、40～60 kN/mm(钢轨接头地段)。

弹条Ⅰ型、Ⅱ型扣件的轨距调整通过调整挡板座和轨距挡板来实现,轨距调整量见表 3－5。

表 3－5　轨距调整量

部件名称	50 kg/m 钢轨		60 kg/m 钢轨	
	调整方式	调整量(mm)	调整方式	调整量(mm)
挡板座	调边、更换	0～6	调边、更换	0～6
轨距挡板	内外侧调换	6	内外侧调换	4
挡板座、轨距挡板	两者配合	－8～＋16	两者配合	－8～＋12

轨距挡板及挡板座号码配置见表 3－6。

表 3－6　轨距挡板及挡板座号码配置

轨型（kg/m）	轨距（mm）	轨距调整量（mm）	左股钢轨				右股钢轨			
			外侧		内侧		内侧		外侧	
			挡板座号码	轨距挡板号码	轨距挡板号码	挡板座号码	挡板座号码	轨距挡板号码	轨距挡板号码	挡板座号码
50	1 435	－8	6	20	14	0	0	14	20	6
		－6	4	20	14	2	0	14	20	6
		－4	4	20	14	2	2	14	20	4
		－2	2	20	14	4	2	14	20	4
		0	2	20	14	4	4	14	20	2
		＋2	4	14	20	2	2	14	20	4
		＋4	4	14	20	2	4	14	20	2
		＋6	2	14	20	4	4	14	20	2
		＋8	4	14	20	2	2	20	14	4
		＋10	2	14	20	4	2	20	14	4
		＋12	2	14	20	4	4	20	14	2
		＋14	0	14	20	6	4	20	14	2
		＋16	0	14	20	6	6	20	14	0
60	1 435	－8	6	10	6	0	0	6	10	6
		－6	6	10	6	0	2	6	10	4
		－4	4	10	6	2	2	6	10	4
		－2	2	10	6	4	2	6	10	4
		0	2	10	6	4	4	6	10	2
		＋2	4	6	10	2	4	6	10	2
		＋4	4	6	10	2	2	10	6	4
		＋6	2	6	10	4	2	10	6	4
		＋8	2	6	10	4	4	10	6	2
		＋10	0	6	10	6	4	10	6	2
		＋12	0	6	10	6	6	10	6	0

注：表中负调整量一般用于钢轨、扣件磨耗等原因造成轨距扩大需调整至规定轨距的情况下。

弹条Ⅰ型调高扣件结构与弹条Ⅰ型扣件基本相同，如图 3－10 和图 3－11 所示。将型钢轨距挡板用铸造轨距挡板替代，挡板座也作相应改变，仅采用 A 型弹条，其调高量可达 20 mm。

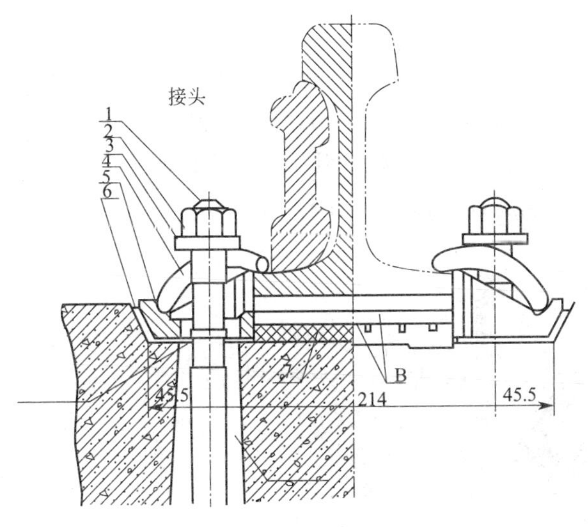

图 3－10　弹条Ⅰ型调高扣件

1—螺旋通钉；2—螺母；3—平垫圈；4—弹条；5—轨距挡板；6—挡板座

图 3－11　弹条Ⅰ型调高扣件

2. DT 系列扣件

DT 系列扣件是我国城市轨道交通线路经常使用的扣件，DT 为地铁的意思。该系列的扣件有 DT-Ⅰ、DT-Ⅱ、DT-Ⅲ、DT-Ⅳ、DT-Ⅶ等形式，还有派生的改良的 DT-Ⅲ-2、DT-Ⅶ-2 扣件等。

(1) DT-Ⅰ 型扣件

为全弹性分开式扣件，扣押件为弹性扣板，扣压力较强，是我国早期的城市轨道交通线路扣件，如图 3－12 所示。

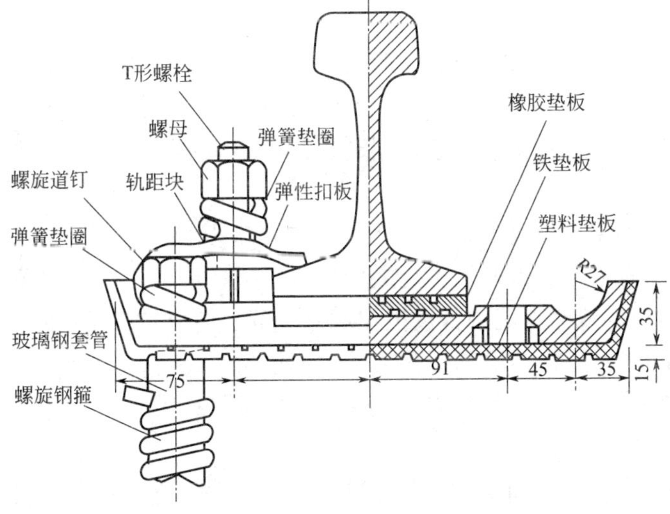

图 3－12　DT-Ⅰ 型扣件

(2) DT-Ⅲ、DT-Ⅲ-2 型扣件

是在 DT-Ⅰ型扣件基础上进行改制而成，为全弹性分开式，二阶减振，结构形式相同。适用于 60 kg/m 钢轨、减振要求一般地段、轨枕式整体道床。在 DTⅢ扣件的基础上进一步改进成 DT-Ⅲ-2 型扣件。该扣件为无挡肩弹性分开式，适用于 60 kg/m 钢轨隧道内一般减振地段的轨枕式整体道床。DT-Ⅲ型扣件见图 3－13。

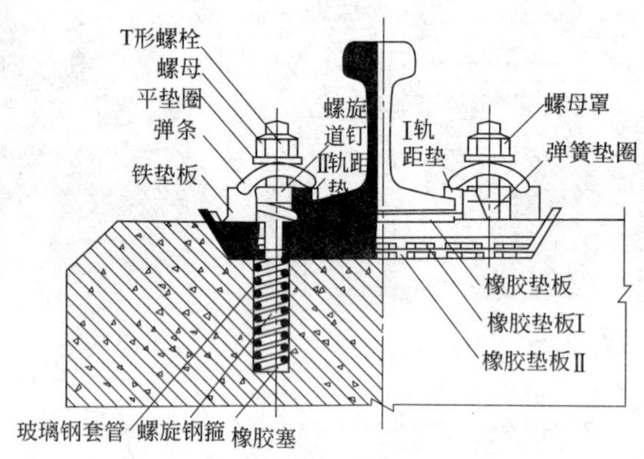

图 3－13　DT-Ⅲ型扣件

DT-Ⅲ型扣件的主要零部件有：

①扣件。采用地面铁路重型的 ω 弹条，用螺栓紧固；材料为 $60Si_2Mn$ 和 $55Si_2Mn$，弹性好，扣压力大。

②轨距垫。材料为增强聚酰胺 6，不仅可以节约轨距，还能起到绝缘隔振的作用，多一道阻挡迷流电荷的防线。为了防止受列车振动，轨距垫纵向串联，轨距垫卧进铁垫板挡肩内。

③铁垫板。材料为 KTH350-10，一般规格为 328 mm × 170 mm × 18 mm，铁垫板上梅花孔使 T 形螺栓旋转 90°定位后，垂直于钢轨，避免前后滑动。设铁垫板能增强扣件保持轨距的能力，改善轨枕受力状态，延长扣件和轨枕的使用年限，又能增加扣件高低调整量。

DT-Ⅲ型扣件的主要特点是通过轨下平式橡胶垫板和铁垫板下的槽式橡胶垫板双重弹性缓冲，减振效果比较良好。不足之处是轨距垫 2 mm 级差，使轨距变化率不十分理想。由于整体道床线路不能进行拨道作业，除了调整轨距，调整轨向也需要通过轨距垫进行，另外，小半径曲线，当磨耗很大或发生不均匀磨耗时，也需要对曲线的轨距和曲线正矢进行调整，养护人员调整不当时，会出现晃车现象，因此，轨距垫的设计有待继续改善。

DT-Ⅲ型扣件采取分开固定式，用螺旋道钉将铁垫板与轨枕固定，再用 T 形螺栓通过弹条将钢轨与铁垫板固定，对于日常养护维修比较方便，在调整线路的轨距、水平、方向和高低时都不需要松动螺旋道钉，只需要松拆 T 形螺栓便可以操作。

DT-Ⅲ 型扣件的高程的调整量太小（仅 10 mm），不能满足沉降的需要，也有待于改善。

DT-Ⅲ-2 型扣件主要用于地下线路长枕埋入式整体道床地段。轨距调整量为 $^{+8}_{-12}$ mm。水平调整量一般为 +30 mm。扣件组装图见图 3－14。

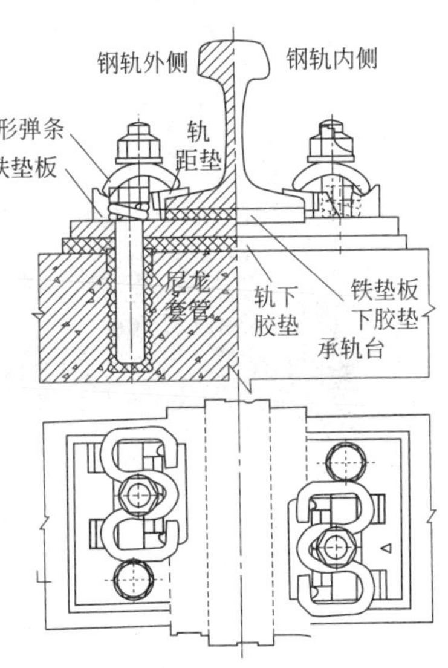

图 3－14　DT-Ⅲ-2 型扣件

（3）DT-Ⅶ型扣件

是对 DT-Ⅲ扣件的进一步改进，为全弹性分开式扣件，扣压力较强，弹性好，对铁垫板、轨距垫的设计也相应变化，两个端头增加了一个弯头，卡住铁垫板上的挡肩，以防止轨距垫纵向位移。橡胶垫板上下设有圆柱型粒子，提高减振效果。DT-Ⅶ型扣件组装方式见图 3－15。

（4）DT-Ⅵ-2 型扣件

为二阶弹性分开式扣件，主要用于地下线路一般地段整体道床，与短轨枕配套使用，如图 3－16 所示。DT-Ⅵ-2 型扣件扣压件为 DI 弹条（ϕ18），分中间和接头两种，轨距垫分中间和接头轨距垫，各有 6、8、10、12 共四个号码，6 号、12 号为调整轨距备用。

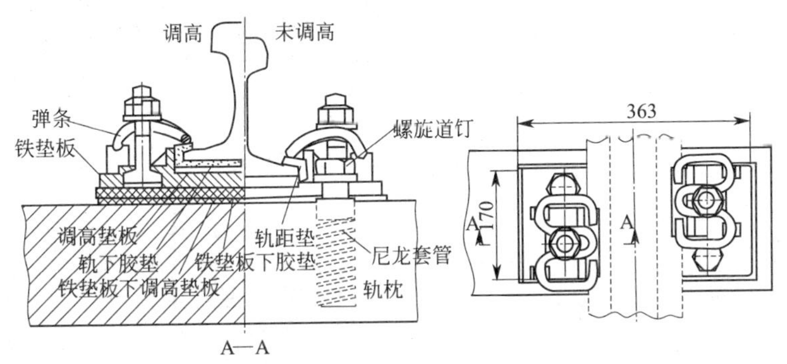

图 3－15　DT-Ⅶ型扣件

扣件技术指标：

中间单个弹条扣压力为 8.25 kN，弹程为 10.5 mm；

接头单个弹条扣压力为 8.5 kN，弹程为 9.5 mm；

扣件节点的垂直静刚度为 20～40 kN/mm；

扣件抗横向疲劳荷载 35 kN，荷载循环 3×106 次；

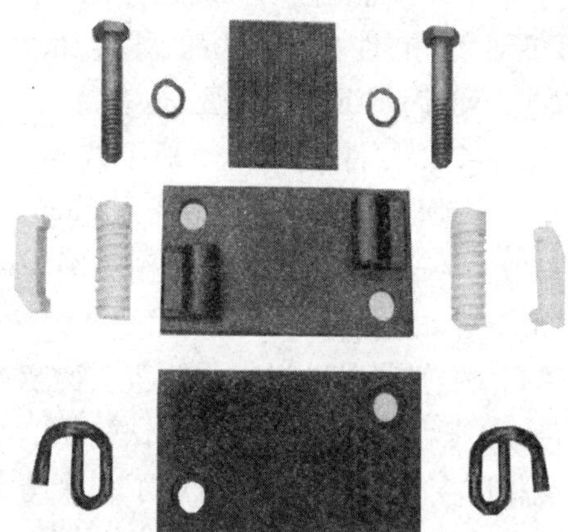

图 3 - 16　DT-Ⅵ-2 型扣件

一组扣件防爬阻力不小于 11.5 kN；

预埋尼龙套管抗拔力大于 60 kN；

扣件绝缘部件的电阻值均大于 10^8 Ω；

轨距调整量为 $^{+8}_{-12}$ mm，水平调整量一般为 20 mm。

3. WJ 系列扣件

WJ 系列，WJ 为无挡肩的意思。该系列扣件有 WJ-1、WJ-2 至 WJ-5 等形式。

（1）WJ-1 型扣件

带铁垫板的弹性分开式扣件如图 3 - 17 所示。由预埋于混凝土短轨枕的塑料套管和锚固螺栓配合紧固铁垫板，铁垫板上设有 T 形螺栓座，扣压件采用弹片形式，由 T 形螺栓紧固弹片扣压钢轨，轨下使用粘贴不锈钢板的复合胶垫以降低摩擦系数，铁垫板与承轨台间设置 5 mm 厚的绝缘缓冲垫板。扣件钢轨调高量 40 mm，通过在铁垫板下和轨下垫入调高垫板实现。单股钢轨左右位置调整量 ± 10 mm，通过移动带有长圆孔的铁垫板来实现，为连续无级调整。

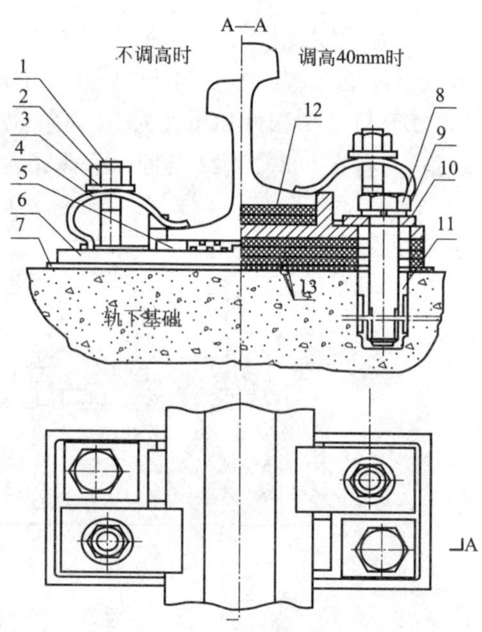

图 3 - 17　WJ-1 型扣件

1—T 形槽用螺栓；2—螺母；3—平垫圈；4—弹条；5—铁垫板；6—绝缘缓冲垫板；7—轨下垫板；8—锚固螺栓；9—弹簧垫圈；10—平垫板；11—绝缘套管；12—轨下调整胶垫；13—铁垫板下调高胶垫

弹片设计扣压力 4 kN，前端弹程7 mm，T 形螺栓螺母扭矩 80 N · m。

由于弹片扣压件工作时主要利用材料的弯曲变形性能，加工相对简易，造价也往往较低，但由于为螺栓紧固而开孔，在该部位容易出现应力集中，而且弯矩最大处恰恰是截面削弱最大处。由于存在着各种缺陷，没有推广应用。

（2）WJ-2 型扣件

结构与 WJ-1 型扣件相似，只是将弹片扣压件改用弹条扣压件，该弹条设计扣压力 4 kN，前端弹程 11.5 mm。如图 3－18 所示。

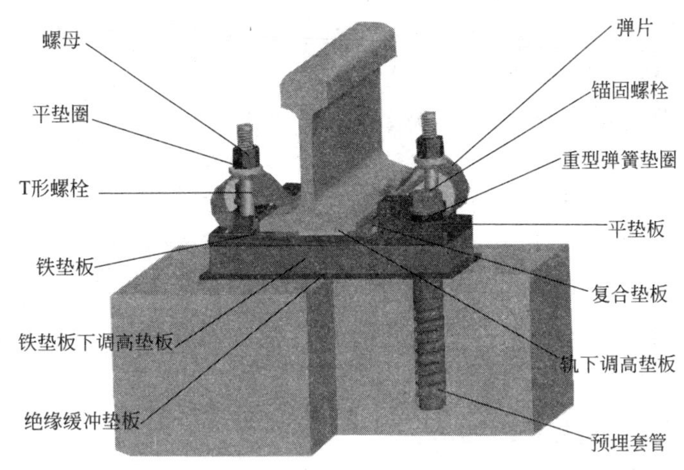

图 3－18　WJ-2 型扣件

WJ-2 型扣件的第一部分由铁垫板、板下缓冲胶垫、板下调高胶垫绝缘套管、锚固螺栓、弹簧垫圈、平垫板组成；第二部分由 T 形螺栓、螺帽、平垫圈、弹条、轨下胶垫、轨下调高胶垫组成。WJ-2 型扣件属于小阻力扣件，适用于要求钢轨高低和左右位置调整量大并铺设焊接长钢轨的预应力混凝土梁上无砟轨道结构。WJ-2 型扣件在城市轨道交通线路上广泛使用。

（3）WJ-4 型扣件

为弹条Ⅲ型分开式扣件，类似于国外的 PANDROL 扣件，无螺栓、无挡肩，扣件结构简单，扣压件为 $\phi18$ 的弹条，弹程大于 10 mm。调高量为 15 mm。轨距调整为 $^{+8}_{-12}$ mm，扣件节点防爬阻力大于 11 kN/m，单个弹条扣压力为 9 kN，节点刚度为35 kN/mm。扣件结构简单，有利于制作、安装和养护维修。

4. 弹簧系列扣件

弹簧系列扣件有单趾弹簧扣件和双趾弹簧扣件两种。主要用于城市轨道交通短轨枕整体道床地段。

(1)单趾弹簧扣件

单趾弹簧扣件以单趾弹簧作为钢轨扣压件,取代传统的螺栓拧紧弹条的扣压方式,扣压力稳定。适用于铺设 60 kg/m 钢轨轨道的直线及半径≥300 m 的曲线地段。如图 3 - 19 所示。

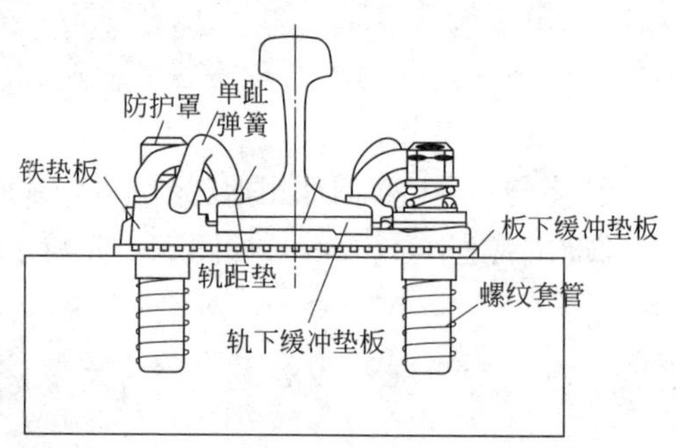

图 3 - 19　单趾弹簧扣件

单趾弹簧扣件有如下特点:

①扣件应具有一定的调距、调高能力以及足够的、稳定的扣压力和纵、横向阻力,以保证行车安全;

②扣件应提供一定的弹性和电气绝缘性能,以满足减振降噪和信号系统防杂散电流的需要。

单趾弹簧扣件的技术参数如下:

①设计最大垂向荷载 45 kN,最大横向荷载 35 kN,弹簧扣压程 14. 1 mm;

②单个弹簧平均扣压力 6. 5 ~7. 5 kN;

③高低调整量 $^{+5}_{-10}$ mm;

④轨距调整量 $^{+2}_{-10}$ mm;

⑤电气化绝缘性能大于 10^8 Ω;

⑥一组扣件提供的防爬阻力≥8 kN;

⑦节点垂向静刚度 30 ~40 kN/mm。

(2)双趾弹簧

双趾弹簧扣件的弹条设计为对称结构形式,在外力作用下,弹条两趾各承担一半的作用力。偏心轮可进行无级调距,保证两根螺栓同时受力,以增大扣件的可靠性。双趾弹簧扣件适用于 60 kg/m 钢轨无砟轨道结构,扣压力稳定,能保持轨距、水平,能提供足够的防爬阻力;具有良好的减振性能和电气绝缘性能;轨距、高低调整量适度,能满足施工及维修的要求;结构简单,养护维修工作量少。结构如图 3 - 20 所示。

5. 减振系列扣件

减振系列扣件是为减少振动对周边建筑的影响,降低振动和噪声减小对附近居民的影响而专门设置的。轨道减振器扣件是一种高弹性扣件,能较充分地利用橡胶的剪切变形,弹性好,较一般扣件的振动减少 4 ~5 dB,减振效果良好。

(1)D-T 扣件减振器(俗称克隆蛋)

D-T 扣件减振器为全弹性分开式,三阶减振。由金属承轨板、底座与橡胶圈形成一整体,橡胶圈承受压力与剪力,具有垂向和横向弹性,用于减振要求较高地段。

轨道减振器是国内轨道减振新的扣件形式，根据减振原理，结合城市轨道交通特点，确定外形为椭圆形。减振器扣件的弹条、轨距垫等均与DT-Ⅲ型扣件相同。扣件与轨枕联结方式，均采取在轨枕中预埋玻璃钢套管。D-T扣件减振器如图3－21所示。

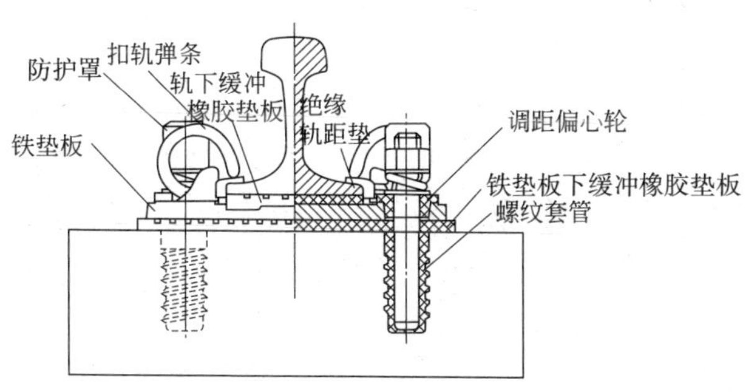

图3－20　双趾弹簧扣件

减振器平面如图3－22所示。由于减振器外形为椭圆形，且橡胶圈与承轨板底座成为一整体，可避免应力集中，延长了使用年限。橡胶圈为锥形，能较充分利用橡胶剪切变形，具有良好的弹性。有较好的绝缘性能。轨距、水平调整量较大。轨距可调$^{+8}_{-12}$ mm，高低可调$^{+30}_{-5}$ mm，国外同类扣件不能调整轨距。

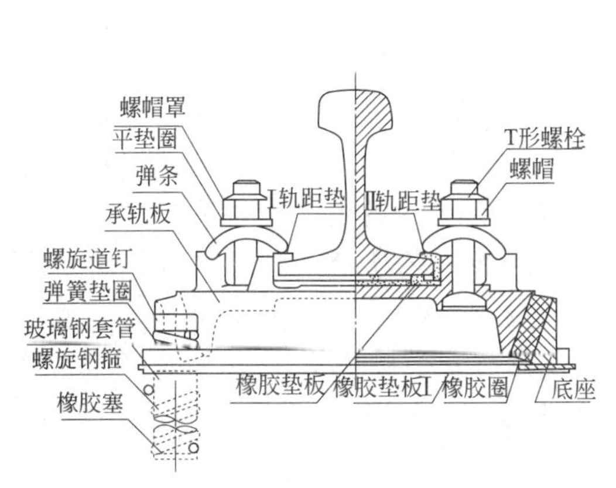

图3－21　D—T扣件减振器

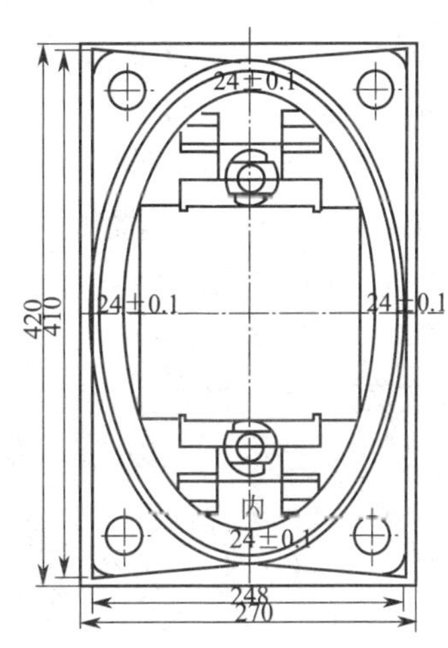

图3－22　减振器平面

根据上述分析比较，地下线一般减振地段、高减振地段及特高减振地段采用DT-Ⅵ-2型扣件（见图3-14），或选用弹条Ⅱ型分开式扣件，在地下线较高要求的减振地段采用 LORD 胶结弹性扣件与支承块整体道床配合使用。

高架线路整体道床大多采用有螺栓弹性分开式扣件(如 WJ-2 型、DT-Ⅶ型扣件),调高能力强。扣件通过较小扣压力(4～4.5 kN)的弹条和低磨阻的轨下带不锈钢板复合胶垫来共同实现其小阻力。

(2)Vanguard 扣件

主要用于对减振降噪要求较高地段。

Vanguard 轨道减振器是英国 Pandrol 公司开发的一种新型减振扣件,通过采用弹性楔形支承载钢轨轨头下颚,从而使轨道轨底离开轨座,而楔形支承块由固定在轨下基础的侧板托架支承定位,该扣件系统既可用于有砟轨道,也可用于无砟轨道。Vanguard 轨道系统的每个扣件节点由 1 个铸铁底座、2 个铸铁侧板托架、2 个铸铁楔形固定件、2 个橡胶楔形钢轨支撑块、1 个轨下安全支承橡胶垫和 2 个弹簧夹片组成。正常情况下,安全支承橡胶垫不与钢轨接触,这样可以有效限制荷载引起的过量变形。Vanguard 扣件结构简单,稳定性有保证,易于安装,养护维修方便。扣件节点垂直动刚度可以达到 6kN/mm,刚度动静比为 1.5～1.6,减振效果良好。通过调整铁垫板及楔形支承块,扣件调高量和轨距调整量可以分别达到 36 mm 和 51 mm。

现有的 Vanguard 扣件系统有两种形式——底板型和嵌入型。两种型式具有很低的刚度,达到高效的减振效果。嵌入型 Vanguard 扣件主要部件有橡胶楔块、侧挡板、铸铁锁紧楔块、挡肩,其次还有锁紧弹条、钜齿状可调垫圈、防撞垫板。底板型 Vanguard 如图 3－23 所示,扣件主要部件有橡胶楔块、侧挡板、铸铁锁紧楔块、活动挡肩。

(3)Lord 胶结弹性扣件

该扣件也称钢轨固定器,是美国 Lord 公司生产的一种减振型扣件。其主要特点是:垫板采用橡胶粘结铸铁板形成整体组合式弹性垫板,垫板表面全部由橡胶覆盖,提高了垫板的耐腐蚀性,延长使用寿命,并具有更好的电绝缘性能。扣件的静刚度可根据用户要求进行生产,一般情况下,静刚度值为 15～25kN/mm。由于洛德公司在上海设有生产基地,扣件中的螺旋道钉、尼龙套管、弹条采用铁路定型设计。扣件整体性强,更换方便,便于维修,扣件具有轨距调整装置,垂向及横向调整均简单方便。试验表明,在隧道内较普通扣件可减少振动噪声 13dB,适用于减振要求较高地段。

该扣件效果良好。目前,该扣件价格与其他减振扣件相比,也具有一定的竞争优势。

除了上述的五大系列扣件外,还有 ZG、ZB 型扣件和 DJK5-1 型扣件。ZG、ZB 型扣件目前主要用于地下线路一般减振要求地段长轨枕整体道床。

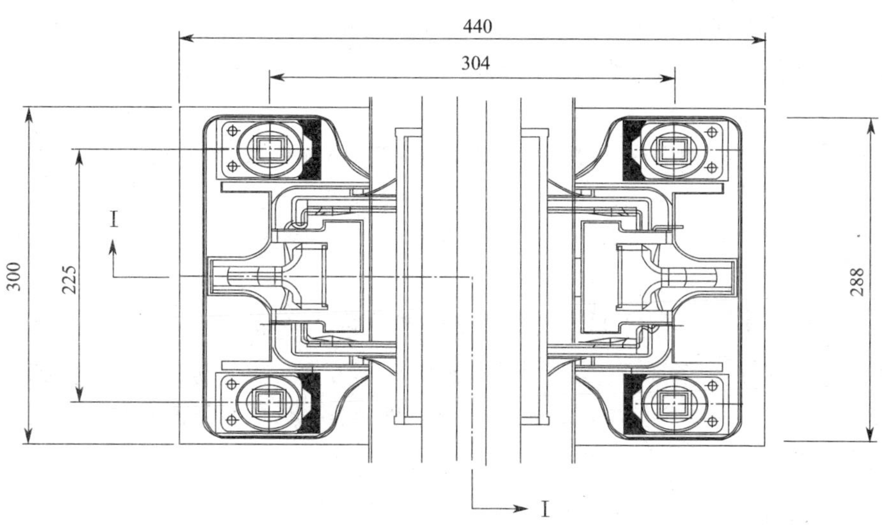

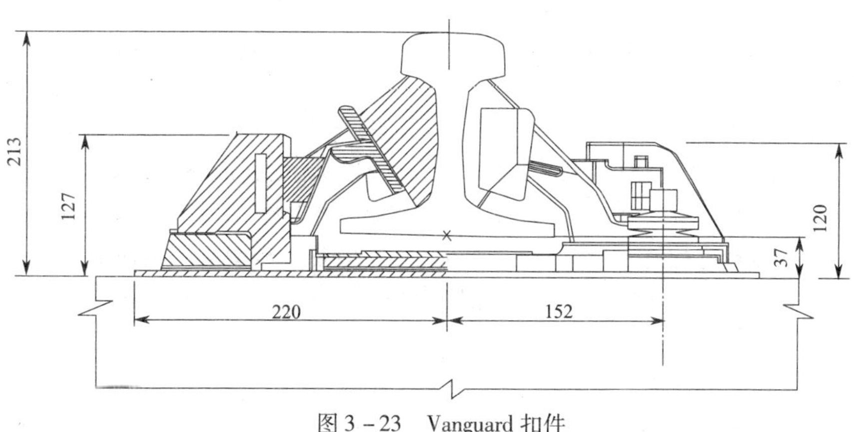

图 3－23　Vanguard 扣件

第四节　轨　　枕

轨枕是轨下基础的主要部件之一，它的功能主要是承受来自钢轨的各向压力，并弹性地传布于道床，有效地保持轨道的几何形位，特别是轨距和方向。所以，轨枕必须具有必要的坚固性、弹性和耐久性，并能便于固定钢轨，具有抵抗纵向和横向位移的能力，还要造价低廉，制作简单，铺设及养护便易。

轨枕依其构造及铺设方法分为横向轨枕、纵向轨枕、短轨枕。横向轨枕与钢轨垂直间隔铺设；纵向轨枕沿钢轨方向铺设；短轨枕是在左右两股钢轨下分开铺设的轨枕，常用于混凝土整体道床上，宽轨枕底面积比横向轨枕大，减小了对道床的压力和道床的永久变形。

轨枕按结构形式可分整体式、组合式、半枕、宽轨枕等。

轨枕按其使用部位可分为用于区间线路的普通轨枕，用于道岔上的岔枕及用于无砟桥上的桥枕。

轨枕按其材质分为木枕、混凝土轨枕及钢枕等。目前主要是混凝土枕，钢枕在我国很少使用。

一、木　　枕

木枕又称枕木，是铁路上最早采用而且直到目前为止依然被采用的一种轨枕。它的主要优点是弹性好，易加工，运输、铺设、养护维修方便。主要缺点是易于腐朽和机械磨损，使用寿命短，且木材资源严重缺乏，价格也比较昂贵，所以目前在城市轨道交通领域木枕已不多见。

二、混凝土枕

目前城市轨道交通线路轨枕主要使用混凝土枕。混凝土枕不受气候、腐朽的影响，使用寿命长，具有较高的道床阻力，对提高线路稳定性是十分有利的，缺点是质量大，弹性差，更换困难。

1. 轨枕类型选择

城市轨道交通正线隧道内线路一般采用短轨枕或无轨枕的整体钢筋混凝土道床，车场线采用普通钢筋预应力混凝土轨枕，在道岔范围内少数区段可以采用木枕。

目前，我国混凝土枕统一为三个级别：Ⅰ型、Ⅱ型及Ⅲ型预应力混凝土轨枕。城市轨道交通地面线路使用得最广泛的S-2型预应力混凝土轨枕，如图3－24所示。

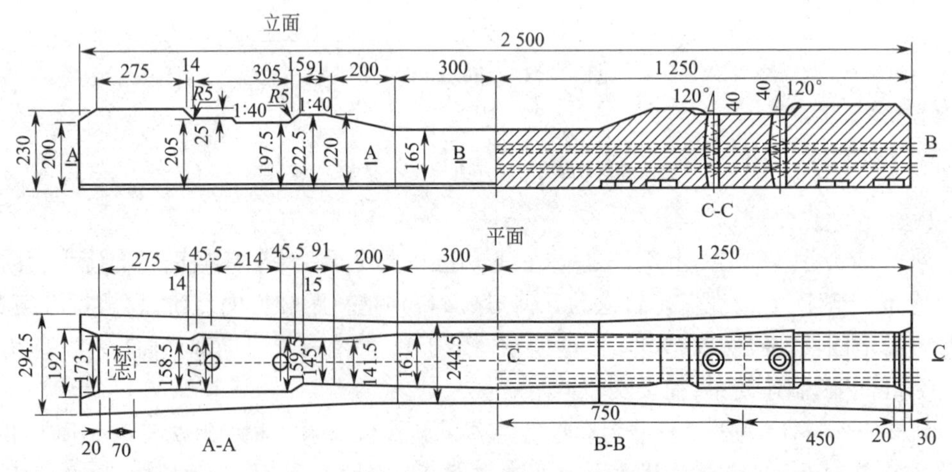

图3－24　S-2型预应力混凝土轨枕

在整体道床线路上，根据其特点，分别采用混凝土短枕、混凝土长枕及混凝土支撑块。

隧道内的整体道床路段一般采用预应力钢筋混凝土长枕，有挡肩式长枕见图3－25，无挡肩式长枕见图3－26。

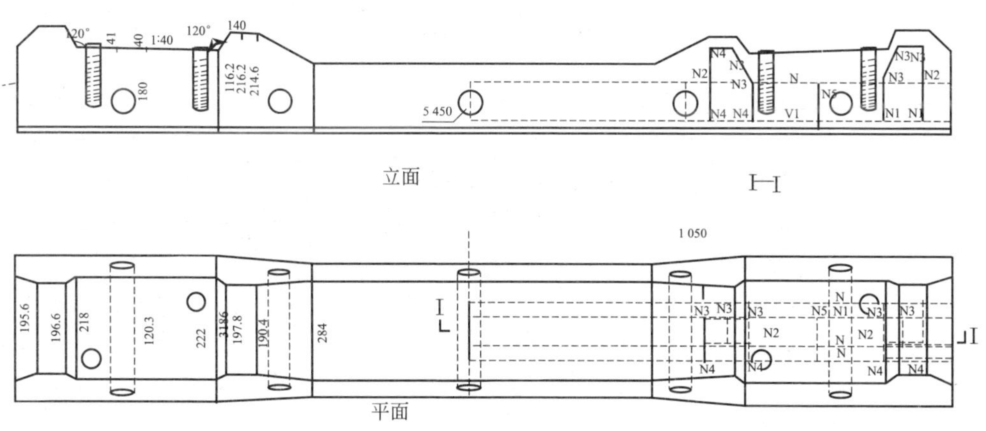

图3－25　有挡肩式长枕

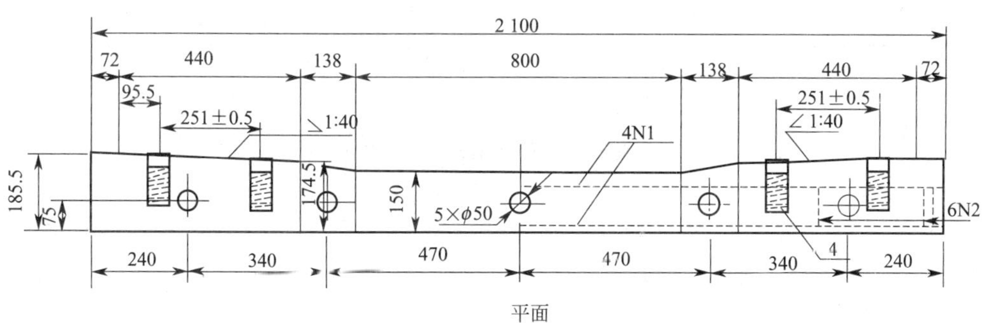

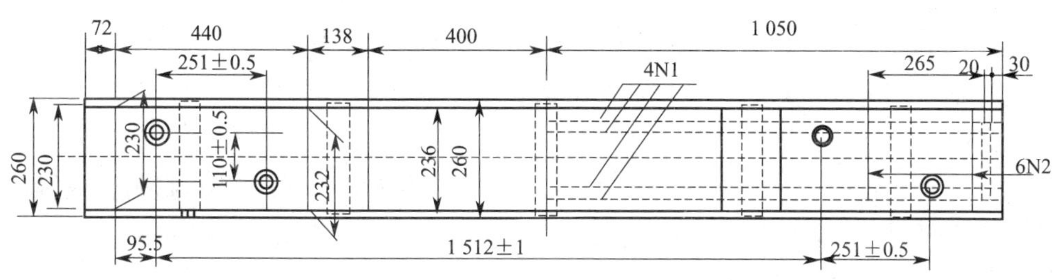

图3－26　无挡肩式长枕

高架线宜采用新型轨下基础，这种新型的轨枕结构不同于传统的道砟道床上铺设轨枕，而是以混凝土道床为主的构造形式，如上海轨道交通3号线，采用承轨台、支撑块整体式道床。

2. 轨枕铺设数量

隧道的正线及辅助线的直线段和半径大于等于 400 m 的曲线段，每公里铺设短枕数为 1 680 对，半径为 400 m 以下的曲线地段和大坡道上，每公里铺设轨枕数为1 760 对。地面碎石道床上铺设轨枕数同上。车场线每公里铺设轨枕数为 1 440 根。

轨枕铺设数量应符合如表 3－7 的规定。

表 3－7 轨枕铺设数量

序号	道床形式	轨枕铺设数量			
		正线 50 kg/m、60 kg/m 钢轨		辅助线	车场线
		直线及 $R>400$ m 或坡度 $i<20‰$	$R\leqslant400$ m 或坡度 $i\geqslant20‰$		
1	枕式整体道床(根<对>/km)	1 600 ~ 1 680	1 680	1 600	1 440
2	减振轨道枕式整体道床(根<对>/km)	1 600 ~ 1 680	1 680	1 600	1 440
3	混凝土枕碎石道床(根/km)	1 600 ~ 1 680	1 680	1 600	1 440
4	无缝线路混凝土枕碎石道床(根/km)	1 680 ~ 1 760	1 760 ~ 1 840	1 680 ~ 1 760	—

第五节 道 床

道床铺设于路基之上、轨枕之下，起承受、传布荷载，稳定轨道结构的作用。道床有碎石道床、整体道床两大类型。

碎石道床可用于地面正线、出入段/场线、试车线和库外线。整体道床用于地下线路、高架线路、车场库内线。基底坚实、稳定，排水良好的地面车站，可采用整体道床。正线、出入段/场线、试车线的整体道床与碎石道床间应设轨道弹性过渡段。同一曲线地段宜采用一种道床形式。可选择的道床类型如下。

1. 碎石道床

碎石道床将列车荷载均布于路基面上，起保护路基的作用；提供抵抗轨排纵横向位移的阻力，保持轨道的几何形位；提供了良好的排水性能；提供一定的弹性；通过起道、拨道等手段，便于调整轨道的几何尺寸。

城市轨道交通的地面线路通常用碎石道砟。碎石道砟一般分为三种规格：标准石砟(粒径 25 ~ 70 mm 粒径)用于新建、大修及维修；中砟(粒径 15 ~ 40 mm)用于维修；细砟(粒径 3 ~ 20 mm)用于垫砟起道。

碎石道床优点是结构简单，容易施工，减振、减噪性能较好，造价低，但其轨道建筑高度较高，因此造成结构底板下降，加大隧道的净空，排水设施复杂，养护工作频繁，更换轨枕困难。捣固时，粉尘飞扬，危害工作人员健康。为此，只有地面线及车场线道岔才采用木枕或钢筋混凝土枕的碎石道床。城市轨道交通的隧道内不采用碎石道床，而采用整体道床。

碎石道床的断面包括道床厚度、道砟肩宽及道床边坡三个主要特征，如图 3－27 所示。

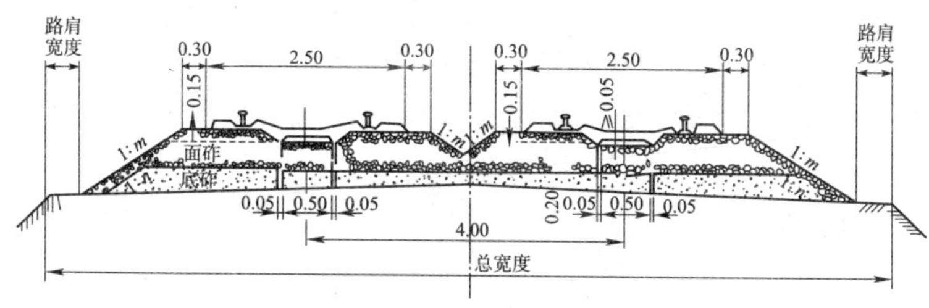

图 3－27　碎石道床断面图

①道床厚度

根据土质情况和地下水源情况的不同，道床有单层和双层两种。单层的为石砟层，双层的为先铺设 200 mm 厚度的黄砂层，然后铺设不小于 250 mm 厚度的石砟层，其厚度从线路中心线处量取。道床厚度应根据路基类型、线路类别确定，符合表 3－8 的规定。

表 3－8　碎石道床厚度

<table>
<tr><th rowspan="2">路基类型</th><th colspan="3">道床厚度（mm）</th></tr>
<tr><th colspan="2">正线</th><th>车场线</th></tr>
<tr><td rowspan="2">非渗水土路基</td><td rowspan="2">双层</td><td>道砟 250</td><td rowspan="3">单层 250</td></tr>
<tr><td>底砟 200</td></tr>
<tr><td>岩石、渗水土路基</td><td colspan="2">单层道砟 300</td></tr>
</table>

桥梁上道砟槽内碎石道床厚度不应小于 250 mm，与两端的道床厚度差应在桥台外不小于 10 m 范围内递减。

②道砟肩宽

正线、联络线、出入段/场线和试车线无缝线路地段道砟肩宽不应小于 400 mm，非无缝线路地段道砟肩宽不应小于 300 mm。无缝线路半径小于 800 m、非无缝线路半径小于 600 m 的曲线地段，曲线外侧道砟肩宽应增加 100 mm。其他车场线道砟肩宽不直小于 200 mm，半径小于 300 m 的曲线地段，曲线外侧道砟肩宽应增加 100 mm，道床边坡均为 1∶1.5。

③道床边坡

正线、联络线、出入段/场线和试车线1∶1.75,其他车场线1∶1.5。

2. 整体道床

混凝土整体道床,也称无砟轨道,是在坚实基底上直接浇筑混凝土以取代松散的碎石道砟层的新型轨下基础,常用于地下线路、高架线路及库内线路。

整体式道床优点是整体性好,结构坚固、稳定、耐久,几何尺寸变化小,外观整洁;轨道建筑高度小,减少隧道净空,节省投资;轨道维修工作量小,适应地铁和轻轨交通运营时间长、维修时间短的特点。但整体道床不可避免地存在一定的缺点:道床弹性差,几何尺寸的调整没有碎石道床方便;一旦发生沉降开裂或和变形等病害,整治非常困难;建设期的造价昂贵。

目前,城市轨道交通采用的整体道床主要有:无轨枕整体道床、轨枕式整体道床、浮置板式整体道床、弹性支撑块式整体道床等。

(1)整体道床的类型

①无枕式整体道床

无枕式整体道床,也称为整体灌注式道床,有承轨台式、平过道式、坑道式及立柱式4类。无枕式整体道床施工麻烦、进度慢,施工精度不易保证。

无枕式整体道床轨道建筑高度小,道床混凝土强度等级为C30,自下而上施工,先使用专用施工机具把联结扣件的玻璃钢套管按设计位置预埋在道床内,上面做成承轨台,然后再安装钢轨和扣件。施工方法复杂,机具复杂,施工进度较慢,道床顶面局部磨平费时,要求施工精度高,扣件安装精度不易保证。目前国内城市轨道交通已基本不采用。

②轨枕式整体道床

轨枕式整体道床也称带枕浇筑式整体道床,施工方便,可采用轨排法施工,进度快,精度易保证。

轨枕式整体道床可分为短枕式和长枕式两种。

a. 短轨枕式整体道床

短轨枕式整体道床的短枕基本上都为预制,大部分应用于停车库内带检查坑的线路,也开始为地下线路和高架线路所采用。长度大于100 m的隧道内和隧道外U形结构地段及高架桥和大于50 m的单体桥地段,宜采用短枕式或长枕式整体道床。

这种道床轨道建筑高度一般为550 mm左右,道床混凝土强度等级为C30,轨下道床厚度一般小于160 mm。它是一种改良整体道床结构,为方便施工及保证施工精度,它是将预制好的承轨面平整、扣件钉孔距正确的短轨枕埋入轨下基础混凝土整体道床内,与道床形成一整体结构。短轨枕在铁路上又称支承块,结构坚固、轻巧,制造简单,采用C50钢筋混凝土,其横断面为梯形,底部外露钢筋钩,以加强与道床混凝土的联结。

这种道床稳定、耐久，结构较简单，施工简便，进度较快。短枕浇筑式整体道床如图 3 – 28 所示。

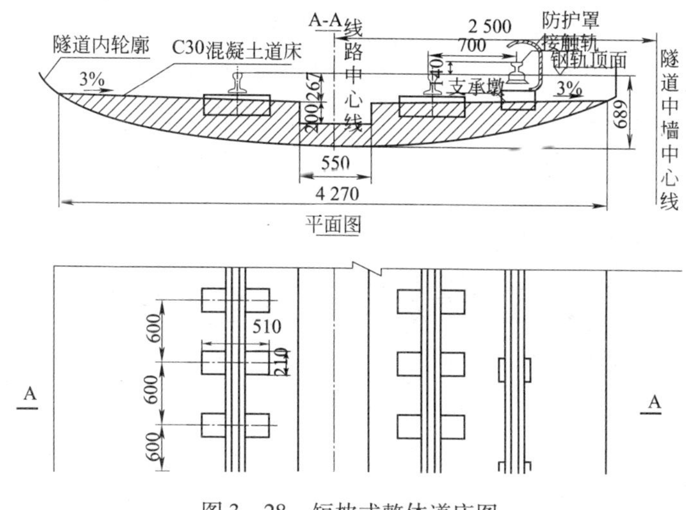

图 3 – 28　短枕式整体道床图

短轨枕式整体道床，大部分应用于停车库内带检查坑的线路，不过近年来，也开始应用于地下线路和高架线路。

b. 长轨枕式整体道床

长轨枕式整体道床是将长轨枕埋入整体道床内，为我国城市轨道交通建设的初期所采用，主要应用于地下线路，适用于软土地基。工厂预制长轨枕时，轨枕中部预留五个 ϕ50 圆孔，铺道床时纵向钢筋从圆孔内穿过，加强了轨枕与道床的联结，使道床更坚固、稳定和整洁美观。道床内布有纵横交错的钢筋。每枕间隔布置一根横向钢筋，纵向布置五根，从轨枕的预留孔穿过，然后用混凝土浇筑为一体，结构强度非常理想。道床设侧向排水沟。长轨枕式整体道床如图 3 – 29 所示。

③钢弹簧浮置板整体道床

钢弹簧浮置板轨道即弹性整体道床，由于造价极高，而且修理困难，所以通常很少采用，仅在特殊地段，由于减振的需要，设计有少量的浮置板式轨道。由钢筋混凝土板和支撑它的弹簧隔振系统组成，形成质量—弹簧体系，可减少传递到隧道结构或桥梁结构的振动力和振动加速度，隔振效果明显。该结构是目前减振轨道系统中较先进的一种，对振动频率在 12.2 Hz 以下的振动提供了较好的隔振效果。使用寿命长，更换容易，可维修性能好，且不影响正常运营。浮置板与基础板间只需很小的空间。同时可通过调整弹簧高度消除线路沉降，以弥补基础不均匀沉降。目前隔振效果最好的浮置板轨道系统是螺旋钢弹簧浮置板轨道结构，减振效果约为 25 ~ 40 dB。在桥上铺设时，轨道建筑高度较一般道床高。见图 3 – 30。

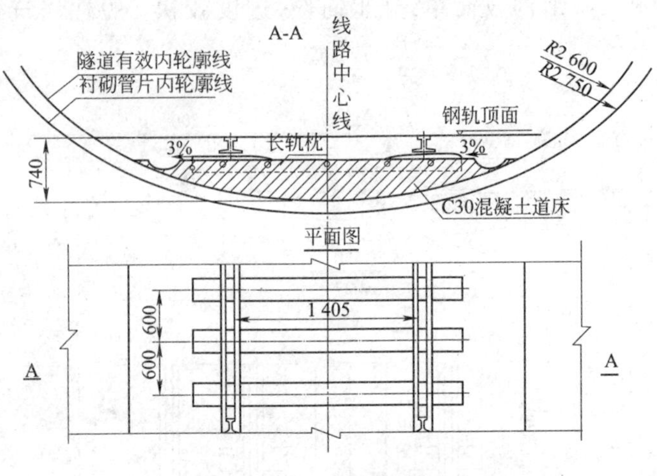

图 3－29　带长枕式整体道床

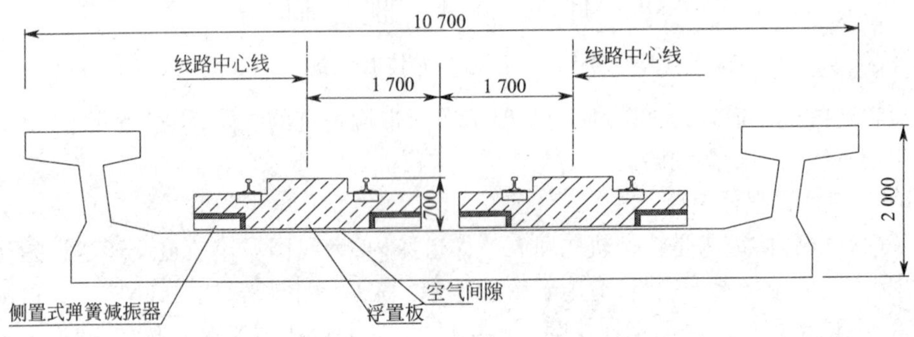

图 3－30　高架桥上弹簧浮置板整体道床

④弹性支承块整体道床

弹性支承块整体道床又称承轨台式整体道床，是比较新颖的一种轨下基础，是一种整体灌注式的钢筋混凝土结构，尤其对高架线路适用。先预制支撑块，通过扣件与钢轨联结，然后浇筑纵向混凝土承轨台，把支撑块与高架桥面上预留的垂直钢筋浇筑为一体。见图 3－31。在支撑块下加设弹性垫层，支撑块的下部及周边加设橡胶靴套，当支撑块的高低、水平和轨距调整完毕后，就地灌注道床混凝土将支撑块连同橡胶靴套包裹起来。该结构属低振动型轨道结构，其垂向弹性由轨下、铁垫板下、支承块下三层橡胶垫板共同提供，提高了轨道结构的弹性，较一般无砟轨道降低振动及噪声 7 ~ 10 dB。由于整体道床轨道调整量有限，所以对桥梁徐变及桥墩的不均匀沉降提出了更高的要求。造价较一般轨道结构略高，适用于高架线减振要求较高地段。

弹性支承块整体道床是在每股钢轨下面沿纵向铺设条形分段的钢筋混凝土结构。

相对于长轨枕式整体道床而言,承轨台结构简单、自重轻(仅为长轨枕式整体道床的一半)、排水性能好、工程造价低、方便施工及养护维修作业。支撑块直接支承钢轨及轨道联结部件,并埋设在承轨台中。支撑块底部外露钢筋与整体道床的钢筋连接。

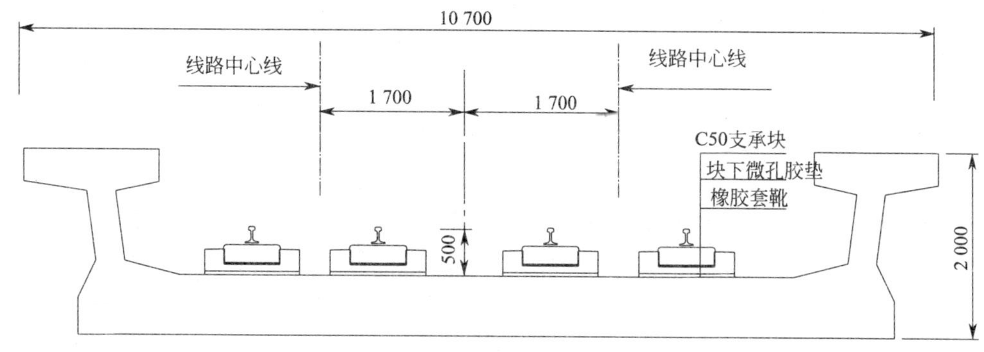

图3-31 高架桥上弹性支承块式承轨台道床

⑤可调式框架板整体道床

可调式框架板轨道结构由分开式DT-Ⅵ-2型扣件、预应力混凝土框架板、板下可调支座、侧向限位胶垫、钢筋混凝土挡台及混凝土基础等组成。

一套可调式框架板由1块C60预应力混凝土主体框架板、4块板下弹性垫板、4块侧面限位弹性垫板、4块限位隼限位弹性垫板以及调高垫板(产生变形后方可采用)组成。框架板主体结构长2 460 mm,宽2 100 mm,板内设1 760 mm×840 mm的开口,板一侧设一对限位隼,顶面设1/30轨底坡,板厚180~200 mm。框架板的调高垫块分两种:用50 mm厚的调高垫板及100 mm厚的预制钢筋混凝土调高垫块,塑料调高垫板最多只能设一层,预制混凝土调高垫块可以重叠。

可调式框架板整体道床主要用于穿越地裂缝的轨道交通线,穿越地裂缝地段的轨道需要在隧道结构变形后及时调整轨道,适应线路调线或保持原线路几何形位,保证列车的正常运营。

⑥平过道式(地坪式)整体道床

平过道式整体道床又称地坪式,多为检修库内修建不需检查坑的整体地坪式的线路所采用。

⑦坑道式和立柱式轨下结构

为了满足检修工作的需要,检修库内轨下结构设计为坑道式及立柱式的检查坑。检查坑的扣件在钢轨内侧全部焊接固定,当发生整体结构不均匀下沉时,调整轨面高低和水平非常困难。

(2)整体道床的结构高度

根据不同结构型式,宜采用下列数值:

①矩形隧道内混凝土整体道床为 560 mm;

②单线马蹄形隧道内混凝土整体道床为不小于 650 mm;

③单线圆形隧道内混凝土整体道床为不小于 740 mm;

④高架桥上整体道床为 500 ~ 520 mm;

⑤浮置板轨道为 750 ~ 900 mm。

(3)道岔的整体道床

除了地面线路、车场线的道岔采用碎石道床外,在地下线路、高架线路上的铺设道岔均采用整体道床。地下线路上使用预制的混凝土短枕,先进行拼装,然后进行整体浇筑。高架线路上的道岔,铺设方案与高架线路的铺设办法基本相似,先预制支撑块,通过道岔联结零件和一系列扣件将道岔拼装,再浇筑纵向承轨台。

短岔枕根据铺设部位进行分类可以分为转辙器滑床板部分、辙岔护轨部分、辙岔部分、辙后及辙岔趾跟端前后部分,根据铁垫板尺寸进行设计。短轨枕在铺轨基地预制。

(4)整体道床的过渡段

整体道床与碎石道床连接处设过渡段,长度为 6. 25 m,采用混凝土槽型基础,上铺设钢筋混凝土轨枕,碎石道床厚 25 cm。

整体道床采用弹性分开式扣件,扣件静刚度较小、弹性好,所以,也可采取适当加大整体道床轨枕间距、加密碎石道床轨枕间距的方法实施弹性过渡,过渡段长度宜 12 ~ 15 m。

列车驶入车场库内线时速度低,又是空载,库内整体道床多采用弹性分开式扣件,弹性好,与库外线碎石道床衔接可采取适当加大整体道床轨枕间距、加密碎石道床轨枕间距的方法,实施轨道弹性过渡。

较高减振轨道结构与碎石道床衔接时,不必设轨道弹性过渡段。

第六节　路　　基

路基是经开挖和填筑而成的直接支承轨道的基础结构物,它直接承受由轨道传来的列车动荷载的作用,是轨道的基础。路基工程作为土工结构物,必须具有足够的强度、稳定性和耐久性。路基的稳定性与坚固性、耐久性关系着线路的质量和列车的运行安全。城市轨道交通只有采用碎石道床的地面线路和车场线路才有路基,且数量较少。

一、路基的断面形式

路基的断面形式有 6 种:路堤、路堑、半路堤、半路堑、半堤半堑、不填不挖,见图 3 - 32。

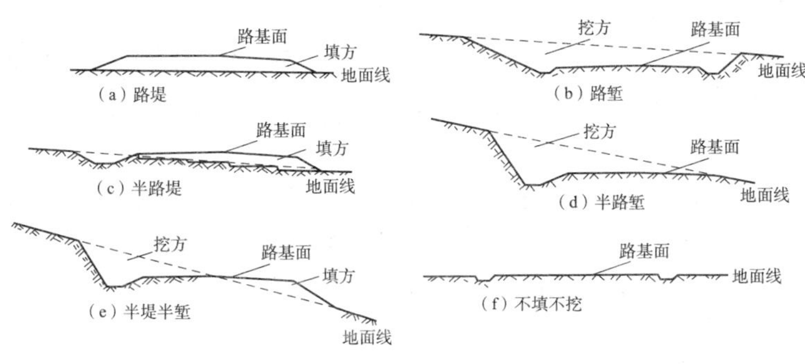

图 3-32　路基断面的形式

二、对路基的规定与要求

1. 必须具有足够的强度、稳定性和耐久性。

2. 应优先采用新技术、新结构、新材料和新工艺，并采用机械化施工。

3. 应符合环境保护的要求，重视沿线的绿化，并与邻近的建筑物相协调。

4. 应做好防排水设计，确保排水通畅。

5. 路肩及边坡上不应设置电缆沟槽，必须设置时应采取适当措施，并及时回填夯实，确保路基的完整稳定。在路基上设置其他杆架、管线等设备时，也必须采取保证路基稳定的措施。

6. 根据维修要求可适当设置养路机械平台，间距宜采用 500 m。在双线地段可采用两侧交错布置，单线地段可采用一侧布置。单线地段可采用一侧布置。若采用移动平台时可不设。

三、路基断面

路基断面包括路基面、路肩、边坡、路拱和基床。

1. 路基面

路基顶部的表面称路基面。区间曲线地段的路基面宽度，单线应在曲线外侧，双线应在外股曲线外侧加宽。加宽值在缓和曲线范围内线性递减。

2. 路肩

路肩为路基本体顶面道床坡脚以外的部分，即路基两侧未被道床覆盖的部分，为专业人员通行而设置。正线路肩宽度不小于 0.6 m。当路肩埋有设备时，路堤及路堑的路肩宽度均不得小于 0.6 m，无埋设设备时路肩宽度均不得小于 0.4 m。站场线路不小于 0.4 m。

3. 边坡

路基横断面两侧边线，即线路外侧的部分，称为路基边坡。其中坡底处称为坡脚，坡顶处为砟肩。路基边坡主要根据路基的土质、高度或土质的物理力学性质决定。一般取 1∶1.5 和 1∶1.75。如为高路堤，则上部 1∶1.5，下部 1∶1.75。路堤坡脚外应设宽度不小于 1.0 m 的天然护道。站场线路，由于股道较多，可根据具体情况，设置为一面坡、两面坡、锯齿形坡。坡面排水横坡的坡度为 2‰～4‰。

4. 路拱

为利于排水，路基面设计为人字坡的断面形式，称为路拱。

非渗水土和用封闭层处理的路基面路拱形状为三角形，单线路基的路拱高 0.15 m，双线路基的路拱高 0.2 m，底宽等于路基面宽度，曲线加宽地段仍保持三角形。

渗水土和岩石的路基面为平面。路肩高程应高出非渗水土路肩 A_h 值，A_h 为上述两种路基道床厚度之差再加轨下路拱高。

两种不同的路基面连接时，路肩施工高程应由衔接处向渗水土路肩施工高程顺坡，其长度不小于 10 m。

无缝线路双线上下行路基采用三角形路拱。

5. 基床

路基基床是指路基上部受轨道、列车动力作用，并受水文气候变化影响较大，需作处理的土层。路基基床分表层和底层，表层厚度应不小于 0.4 m，底层厚度应不小于 1.1 m。基床厚度以路肩施工高程为计算起点。

四、路基设计

1. 地下水的影响

地下水位高或常年有地面积水的地区，路堤过低容易引起基床翻浆冒泥等病害，因此路基路肩高程应高出线路通过地段的最高地下水位和最高地面积水水位，应加毛细水强烈上升高度和有害冻胀深度或蒸发强烈影响深度，再加 0.5 m。一般地区有害冻胀深度为最大冻结深度的 60%，东北地区有害冻胀深度为最大冻结深度的 95%。盐渍土地区的水蒸发后，盐分积聚下来，容易使路堤土体次生盐渍化，进而产生盐胀等病害，因此盐渍土路基的路肩高程尚应考虑蒸发强烈影响高度。若采取降低地下水位、设置毛细水隔断层等措施，路肩高程可不受上述限制。

路基面应根据基床土质设路拱或做成平面。非渗水土和用封闭层处理的路基面必须设置三角形路拱，使道床下的积水能迅速排出路面。路拱的高度按路拱所需大约 4‰的排水坡确定，单线路拱高 0.15 m，双线路拱高 0.2 m。渗水性好的填料能较快向地下渗水，故不需设置路拱。渗水土、岩石路基与非渗水土路基连接时，路肩施工高程由衔接处向渗水土路肩施工高程顺坡，以利于排水，其长度不小于 10 m。

2. 路基宽度、坡度及厚度

区间路基面宽度应根据正线数目、线间距、轨道结构尺寸、路基面形状、路肩宽度计算确定。当路肩埋有设备时，路堤及路堑的路肩宽度均不得小于 0.6 m，无埋设设备时路肩宽度不得小于0.4 m。

以双线非渗水路基面宽度为例，如图3－33所示，其计算公式如下：

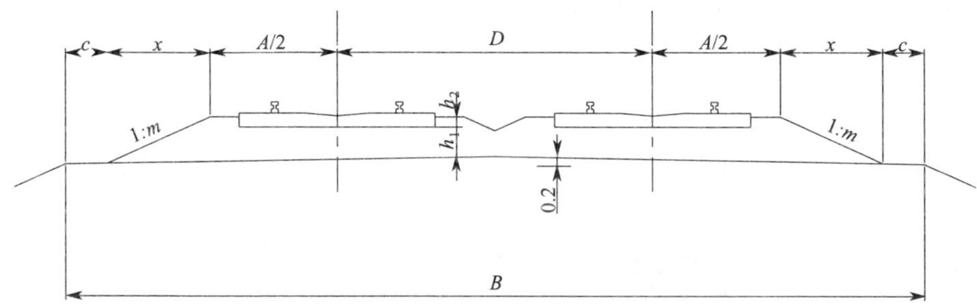

图3－33　双线非渗水路基面示意图

$$B=\frac{M\pm\sqrt{M^2-4N}}{2} \tag{3-1}$$

式中　$M=D+A+2c+2m(0.2+h_1+h_2)$；

$N=m(0.4D+0.8c-0.6)$。

其中　B——路基面宽度；

D——双线的线间距；

A——道床顶面宽度；

c——路肩宽度；

m——道床边坡坡率；

h_1——路基中心的钢轨处轨枕下的道床厚度；

h_2——轨枕埋入道床深度。

区间曲线地段的路基面宽度，应在曲线外侧加宽。单线应在曲线外侧，双线应在外股线的外侧。其加宽值由最高行车速度计算的轨面超高值引起的路面加宽确定。双线曲线地段路基面加宽应按表3－9的数值加宽，如图3－34所示。曲线地段路基面加宽的计算公式如下。

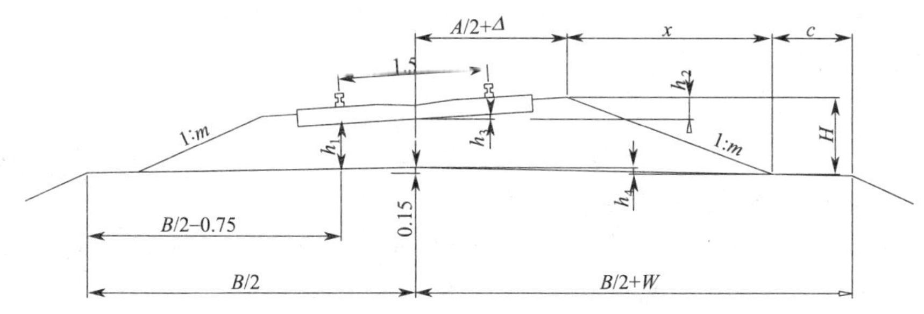

图3－34　曲线地段路基面示意图

$$W = \frac{A}{2} + \Delta + x + c - \frac{B}{2} \tag{3-2}$$

式中 W——曲线地段路基面加宽值；

Δ——道床顶面加宽值，无缝线路 $R<800$ m、非无缝线路 $R<600$ 时，$\Delta=0.1$ m，否则 $\Delta=0$；

$x=m(h_1+h_2+h_4)$；

h_1——钢轨处轨枕下道床厚度；

h_2——外侧道砟肩至内股钢轨下轨枕底的道砟厚度；

h_4——外侧砟脚至钢轨下路拱高度。

表 3-9 曲线地段路基面加宽值

曲线半经 R(m)	路基面加宽值(m)
$R \leqslant 600$	0.5
$600 < R \leqslant 800$	0.4
$800 < R \leqslant 1\ 000$	0.3
$1000 < R \leqslant 2\ 000$	0.2
$2\ 000 < R \leqslant 5\ 000$	0.1

一般情况下土质路堤边坡高度不大于 6 m，故采用 1∶1.5 单一坡率，如路堤高度超过 6 m 时，可采用设平台及变坡率形式。路堤坡脚外应设宽度不小于 1.0 m 的天然护道。路堑边坡坡度是指土质比较均匀、无不良地质现象及地下水的路堑边坡坡度上、下限值。低边坡选用较陡的坡度，高边坡采用较缓的坡度。

路基基床受轨道、列车动力作用，并受水文气候影响较大，需进行土层处理。基床厚度根据动应力在路面以下衰减的形态，借鉴国内外目前采用的基床厚度综合分析确定。路基基床分为表层和底层，表层厚度应不小于 0.4 m，底层厚度应不小于 1.1 m。基床厚度以路肩施工高程为计算起点。

3. 基床填料的选择

基床土的性质是产生基床病害的内因，为预防基床变形产生，基床表层填料应优先选择 A、B 组填料，基床的底层可选用 A、B、C 组填料。

既有铁路调查资料表明，塑性指数大于 12、液限大于 32% 的细粒土易产生病害。所以在使用 B 组填料中的砂黏土及 C 组填料中的粉土、粉黏土和卵石土、碎石土、圆砾土、角砾土中细粒土含量大于 30% 时，在年平均降水量大于 500 mm 的地区，其塑性指数不得大于12,液限不得大于32%。

路基基床各层压实度按表3－10执行。路堑基床表层的压实度不应小于表3－10的规定值,否则应采取压实措施。

表3－10　基床土的压实度

层位	填料类别 压实指标	细粒土和黏砂、粉砂	细砂、中砂、粗砂、砾砂	砾石类	碎石类
表层	压实系数 K_h	0.91	—	—	—
	地基系数 K_{30}(MPa/cm)	0.9	1.0	1.2	1.2
	相对密度 D_r	—	0.75	0.75	—
底层	压实系数 K_h	0.89	—	—	—
	地基系数 K_{30}(MPa/cm)	0.8	0.8	1.0	1.0
	相对密度 D_r	—	0.7	0.7	

注:1. K_h为重型击实试验的压实系数;

2. K_{30}为30 cm直径荷载板试验得出的地基系数,一般取下沉量为0.125 cm的荷载强度。

路堤宜用同一种填料填筑,以免产生不均匀沉降。当不得不采用不同的填料填筑时,应防止接触面形成滑动面或在路堤内形成水囊,特别是渗水土填筑在非渗水土上时,非渗水土层顶面应向两侧设4‰的人字横坡,以利排水。基床以下部分填料压实度应符合表3－11的规定。

表3－11　基床以下部分填料的压实度

填筑部位	填料类别 压实指标	细粒土和黏砂、粉砂	细砂、中砂、粗砂、砾砂	砾石类	碎石类
不浸水部分	压实系数 K_h	0.86	—	—	—
	地基系数 K_{30}(MPa/cm)	0.7	0.7	0.8	0.8
	相对密度 D_r	—	0.65	0.65	—
浸水部分及路桥过渡段	压实系数 K_h	0.89	—	—	—
	地基系数 K_{30}(MPa/cm)	0.8	0.8	1.0	1.0
	相对密度 D_r	—	0.7	0.7	

注:在年平均降水量小于400 mm地区,压实系数可按表列数值减少0.05。

路堤基底处理对路基的稳定和减少路堤下沉具有十分重要的作用,必须予以足够的重视。为防止路堤沿基底面滑动,需将原地面挖成宽度不小于1 m的台阶。当路堤基底有地下水影响路堤稳定时,应将地下水拦截或引排至基底以外,并在路堤底部换填渗水土或不易风化的碎石、片石等。

五、路基支挡结构物

1. 需要设置支挡结构物的情况

(1)路基位于陡坡地段或风化的路堑地段。

(2)为避免大量挖方及降低边坡高度的路堑地段。

(3)为了节约用地,少占农用及城市用地的地段。

(4)为了保护重要的既有建筑物及其他特殊条件和生态环境等重要的地段。

2. 对支挡结构物的构造要求

(1) 在各种荷载作用下,支挡结构物应满足稳定性、坚固性和耐久性的要求。

(2) 结构类型及其设置位置,应做到安全可靠、经济合理、技术先进和便于施工及养护,同时应与周围环境协调。

(3) 使用的材料应保证耐久、耐腐蚀。混凝土结构宜采用预制构件。

(4) 路堤或路肩挡土墙的墙后填料及其压实度应符合要求。

(5) 支挡结构物与桥台、地下结构、既有支挡结构物连接时应平顺衔接。

(6) 需设置照明灯杆、电缆支架和声屏障立柱等设施的路基挡土墙地段,应预留上述设施的位置,并保证挡土墙的完整、稳定。

3. 支挡结构物的设置

支挡结构物主要是路堤或路肩挡土墙。路肩挡土墙的平面位置,在直线地段应按路基宽度确定,曲线地段宜按折线形布置,并应符合曲线路基加宽的规定。在折线处应设沉降缝。

路堤或路肩挡土墙与路堤连接可采用锥体填土坡面,挡土墙端部深入路堤内应不小于0.75 m,路堤锥体顺线路方向的坡度应不大于1∶1.25。

路堤或路肩挡土墙嵌入原地层的深度,土层应不小于1.5 m,弱风化的岩石应不小于1.0 m,微风化的岩石应不小于0.5 m。

挡土墙基础埋置深度不应小于1 m,同时在最大冻结深度以下不应小于0.25 m。

4. 支挡结构物的连接

支挡结构物与桥台、地下结构、既有支挡结构物连接时应平顺衔接。支挡结构物两端与路堤的连接要保证路堤边坡坡面平顺,宜采用锥体填土坡面。为了加强挡土墙与路基连接处的坚固性,挡土墙端部深入路堤内应不少于0.75 m。挡土墙锥体顺线路方向的边坡坡度,因不受列车荷载的影响,可比路堤边坡坡度变陡一级,当锥体护坡高度在8 m以内时,顺线路方向的锥体边坡的坡度不应大于1∶1.25,垂直线路方向的边坡坡度与路堤边坡相同。

六、路基排水及防护

路基应有完善的排水系统，并宜利用市政排水设施。排水设施应布置合理，当与桥涵、隧道、车站等排水设施衔接时，应保证排水畅通。

在路堤天然护道外设置单侧或双侧排水沟；路堑应于路肩两侧设置侧沟；堑顶外应设置单侧或双侧天沟。

路基坡面防护包括：种草、铺草皮、植树；抹面、勾缝、喷浆、灌浆；砌片石，浆砌片石，浆砌骨架。

路基冲刷防护包括：抛石防护；片石防护；混凝土板防护；石龙护坡；挡土墙。

路基排水及防护的基本原则：

(1)地面横坡明显地段，排水沟、天沟可在上方一侧设置。若地面横坡不明显，宜在路基两侧设置。

(2)路堑顶部天沟内边缘至堑顶距离不宜小于5 m，当天沟采取加固防时，不应小于2 m。

(3)路基排水纵坡不应小于2‰；地面平坦地段或反坡排水地段，仅在困难情况下可减少至1‰。

(4)排水沟的横断面应按流量及用地情况确定，并确保边坡稳定。

(5)对路基有危害的地下水，应根据地下水类型、含水层的埋藏深度、地层的渗透性等条件，设置暗沟(管)、渗沟、检查井等地下排水设施。地下排水设施的类型、位置及尺寸应根据工程地质和水文地质条件确定。

(6)对受自然因素作用易产生损坏的路基边坡坡面，应根据边坡的土质、岩性、水文地质条件、边坡坡度与高度以及周围景观等，选用适宜的防护措施。在适宜于植物生长的土质边坡上应优先进用种草、铺草皮等方式进行绿化美化。

第七节　无缝线路

用普通标准钢轨焊接成具有一定长度的长轨条所铺设成的轨道称为无缝线路。无缝线路是一种新型的轨道结构形式。钢轨接头是线路的薄弱环节，列车通过时，车轮对接缝处轨端发生巨大的冲击振动，不仅影响行车平稳和乘客的舒适，还加剧轨道设备的破损，如碎石道床发生局部下沉导致空吊板，整体道床发生裂缝，车轮、钢轨接头及联结零件发生磨耗和伤损等。无缝线路由于在相当长的范围内消灭了钢轨接头，因此，可以改善行车条件、减少振动和噪声、增强乘客舒适感、减少养护维修工作量、延长线路设备和车轮的使用寿命。在条件允许时尽量铺设无缝线路。

无缝线路发展的第一阶段,是由普通线路过渡到一般无缝线路,约 1 ~2 km 长。随着无缝线路技术的发展,进入第一阶段,将一般无缝线路进一步焊接相连成几十公里甚至 100 ~200 km 长。城市轨道交通的正线均采用了超长型无缝线路的形式,基本上都是一轨贯通。

一、无缝线路的类型

无缝线路分为温度应力式和放散应力式两种。

温度应力式无缝线路又称锁定式无缝线路,用线路配件将钢轨锁定,无论是轨温上升还是下降,通过多种阻力(接头阻力、道床纵向阻力及扣件阻力)与温度力(无缝线路,当轨温变化时由于钢轨被锁定,无法伸缩,于是在钢轨内部产生内力)相抗衡,使钢轨内应力得到锁定,不让其释放。如地面线路及地下线路的正线、联络线、出入段/场线的直线和半径大于及等于 200 m 曲线的整体道床地段、半径大于及等于 400 m 曲线的碎石道床地段以及长度大于 1 000 m 的试车线宜铺设温度应力式无缝线路。

放散应力式无缝线路是对钢轨不完全锁定,在长轨条两端设置钢轨伸缩调节器,当轨温发生变化时钢轨内应力随轨的伸缩而得到一定量的释放,使长钢轨在温度力作用下进行一定量的伸缩,既保证轨道的稳定性,又保证最低轨温下轨的缝不超过允许值。如高架线路均采用放散应力式无缝线路,以减少钢轨内应力对桥梁所发生的影响。

二、无缝线路的结构

温度应力式无缝线路,一般由固定区、伸缩区、缓冲区三部分构成。固定区是由于长轨两端接头、轨枕、扣件及防爬设备等阻力,长轨中间部分处于稳定状态而不能伸缩的范围,不得短于 50 m。伸缩区是在温度力作用下,长轨两端在一定距离内有伸缩量的范围,其长度根据年轨温差幅值、道床纵向阻力、钢轨接头阻力等参数计算确定,一般为 50 ~100 m。缓冲区是调节轨缝变化所组成的范围,一般由 2 ~4 节标准轨(含厂制缩短轨)组成,普通绝缘接头为 4 节,采用胶接绝缘接头时,可将胶接绝缘钢轨插在 2 节或 4 节标准轨中间,绝缘接头轨缝不得小于 6 mm。

三、无缝线路伸缩调节器

伸缩调节器由一对基本轨和一对尖轨所组成,通过扣件固定在线路纵向的方向上,基本轨与尖轨两者之间能进行相对位移,当轨温发生变化时,无缝线路的伸缩区即推(或拉)动调节器伸缩,钢轨位移的发生使无缝线路的温度力得到一定量的释放,大大降低了对线路的影响。

伸缩调节器有单向伸缩与双向伸缩两种,见图 3 –35、图 3 –36。

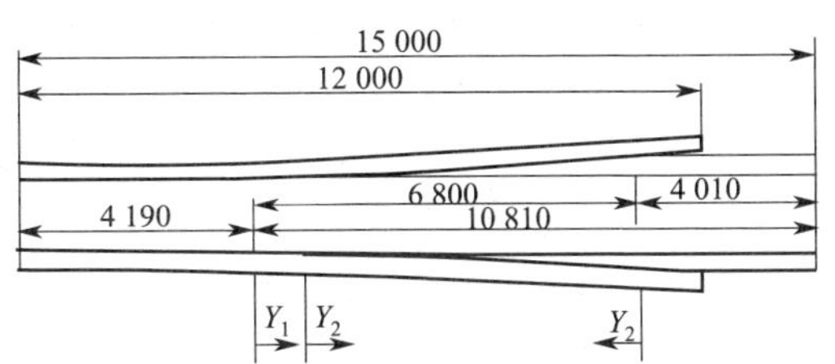

图 3－35　单向伸缩调节器

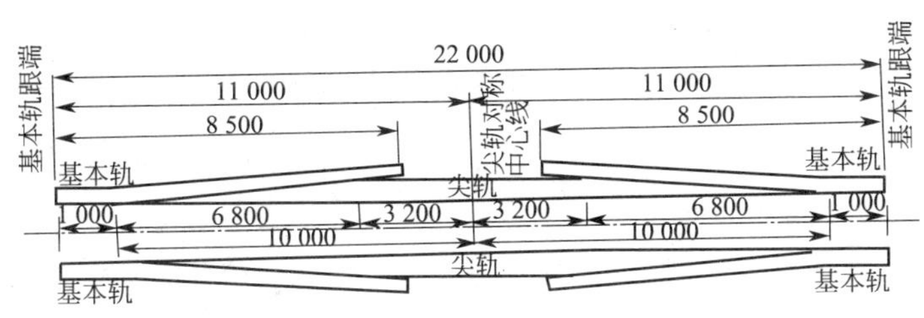

图 3－36　双向伸缩调节器

四、无缝线路轨道温度力

一根长为 L，不受任何约束且可自由伸缩的钢轨，当轨温变化 Δt 时，其伸缩量为：

$$\Delta l = \alpha \cdot L \cdot \Delta t \tag{3-3}$$

式中　α——钢轨的膨胀系数，$\alpha = 0.000\,011\,8/℃$。

如果钢轨两端完全被固定，不能随轨温变化而自由伸缩，则在钢轨内部产生温度应力，温度应力为：

$$\sigma_t = E\varepsilon_t = E\frac{\Delta l}{L} = E \cdot \alpha \cdot \Delta t \tag{3-4}$$

式中　E——钢轨的弹性模量，$E = 2.1 \times 10^5\ \text{MPa} = 2.1 \times 10^7\ \text{N/cm}^2$。

$E\alpha$ 称为温度应力对轨温的变化率，它与钢轨的长度的断面积无关。将 E、α 值代入上式，则温度应力 σ_t 为：$\sigma_t = 2.1 \times 10^5 \times 0.000\,011\,8\Delta t = 2.5\Delta t(\text{MPa})$

一根钢轨承受的温度力 P_t 为：

$$P_t = \sigma_t \cdot F = E\alpha F\Delta t = 2.5F\Delta t \tag{3-5}$$

式中　F——一根钢轨的断面积（mm^2）。

对于 60 kg/m 钢轨其断面积为 $F = 7\,745\ \text{mm}^2$，钢轨被完全约束后，轨温变化 1 ℃时，（$\Delta t = 1$ ℃），一般钢轨承受的温度力为：$P_t = 2.5 \times 7\,745 \times 1 = 19\,364$ N。

由公式可以看出，无缝线路长钢轨内的温度应力与钢轨长度无关，与轨温变化 Δt 有关，降低钢轨内部温度应力的关键，在于控制 Δt。因此从理论上讲，无缝线路的钢轨长度可以无限长。这正是发展全区间和跨区间无缝线路的理论根据。在无缝线路的发展过程中,由于胶结绝缘接头、无缝道岔、桥上无缝线路等理论,结构设备技术以及施工和养护等技术的不断发展,轨条长度将逐步加长,以最大限度地消灭钢轨接头。

第八节 轨道安全设备

轨道安全设备包括防脱护轨和车挡。

一、防脱护轨

1. 防脱护轨的原理

虽然承轨台结构为保持轨道结构的稳定提供了可靠的保证,但在局部地段,例如在小半径曲线的缓和曲线范围及竖曲线缓和曲线重叠地段因超高顺坡造成轨顶平面的扭曲,不利于轨道的平顺性。当列车通过时,势必加剧车辆某些车轮的减载或悬浮,同时还将使轮轨间产生附加的横向水平力,为确保列车运行安全,在高架轨道的特殊地段设置防脱护轨。

防脱护轨是新型护轨设备,轮缘槽较小,能消除列车车轮因减载、悬浮而脱轨的隐患,当一侧车轮轮缘将要爬上轨顶面时,同一轮对的另一侧车轮的轮背与护轨接触,促使要爬轨的车轮回复到正常位置,防止列车脱轨。防脱护轨设在基本轨内侧,用支架固定在基本轨轨底,安装拆卸方便。

防脱护轨能可靠地防止列车车轮在小半径曲线轨道上发生爬(或跳、滑)轨脱线事故,能提高小半径曲线轨道整体结构抗横向变形的承载能力,增强其稳定性,可改善轮轨相互作用的横向动力学效应,以减少其线路养护维修工作量。通用性好,护轨不与轨下基础(含轨枕)发生直接连接紧固关系。

2. 高架线上设置防脱护轨的地段

① 半径小于500 m曲线的缓圆(圆缓)点,缓和曲线部分35 m、圆曲线部分15 m的范围内曲线下股钢轨内侧。

② 双线高架桥跨越城市干道和铁路地段及其以外各20 m范围内,在靠近高架桥中线侧的钢轨内侧;单线高架桥上述地段两股钢轨内侧。

③ 竖曲线与缓和曲线重叠处,重叠范围内两股钢轨内侧。可根据实际需要增加安装防脱护轨的地段。

3. 防脱护轨的结构

防脱护轨由护轨、护轨支架、扣板、弹性绝缘缓冲垫片和联结紧固部件(螺栓、螺母)等组成,如图3-37所示。

护轨支架安装在相邻轨枕(支承块)之间的基本轨轨底上,用螺栓和扣钣将支架紧固在基本轨轨底上。护轨支架安装间距，根据运输条件（速度与轴重）拟定，一般为每间隔两根轨枕（或支承块）安装一个支架。随后将加工好的护轨置于支架的承轨台上，用螺栓将护轨紧固于支架一侧。在护轨与基本轨之间，护轨螺栓设置的轮缘槽宽度值，应根据曲线半径、列车通过速度及现场使用条件对其功能提出要求，应用轮轨关系及其相互作用原理，进行具体设置。护轨之间的接头用相应的夹板、螺栓连接。每一局部安装地段护轨的始端和终端，应设置缓冲段。护轨装置一般安装在小半径曲线轨道内股钢轨的内侧，安装长度：曲线圆缓点和缓圆点的前后各 40 ~ 60 m，主要是防止列车车轮发生爬（或跳、滑）轨脱线事故，确保行车安全。

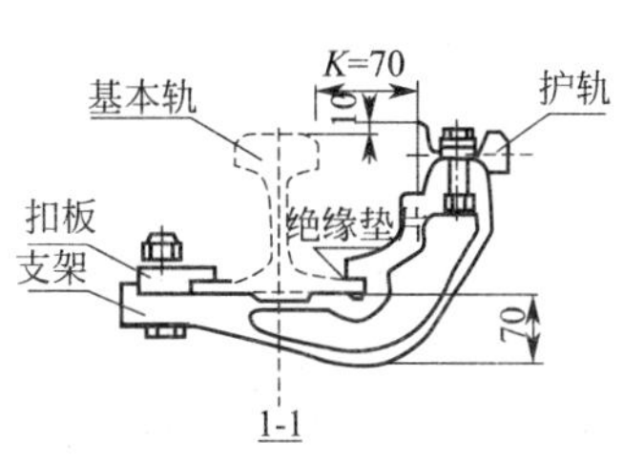

图 3 – 37　防脱护轨

二、车　　挡

车挡是防止列车在意外情况下冲击线路终端造成车辆和设备损坏的安全防护装置。为保证行车安全，防止在遇到特殊情况时列车冲出线路，在正线、辅助线、试车线、库内线的末端都必须设置车挡。车挡也称为挡车器。车挡的有缓冲滑动式和固定式两类。正线、辅助线和试车线的末端宜采用缓冲式车挡。库内线末端宜采用固定式车挡。

运营实践表明这两种车挡性能均不理想。

1. 缓冲式车挡

缓冲式车挡上设有缓冲装量，能起缓冲作用，而且在被列车撞击后车挡还有一定的滑动距离，有效地消耗列车的动能，迫使列车停住，比较安全可靠。缓冲式车挡有滑动式、液压式等多种。滑动式结构简单、安全可靠。

缓冲滑动式车挡由主架和制动轨卡组成，如图 3 – 38 所示。其为摩擦制动，当列车重量 220 t、时速 15 km 撞击车挡时，可在 15 m 内停车。车挡占用轨道长度 12 ~ 15 m，列车撞击速度不小于 15 km/h。在车挡的前端加设 24. 5 m 长度的安全区。车挡的滑动距离确定为 13. 5 m，设计采用 24 m，增加部分安全余量。

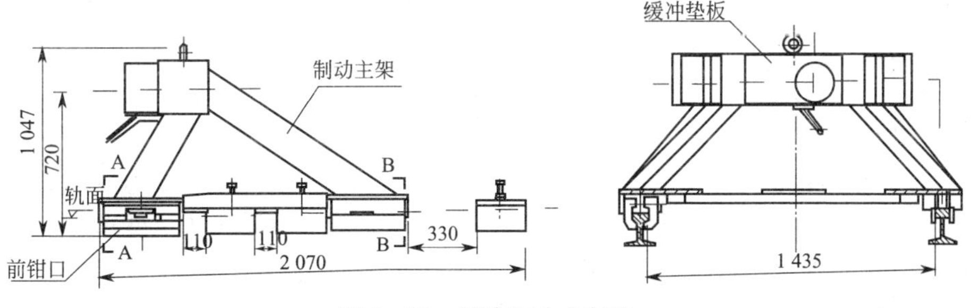

图 3 – 38　缓冲滑动式车挡

液压式缓冲挡车器是液压制动，技术先进，结构合理，制动距离短，能自动复位，主要用于地下线，可降低地下线路综合造价。液压式缓冲挡车器结构复杂，造价较高，但具有自动复位及事故报警、记录等功能，从而可以缩短事故处理时间，并能在事故发生的瞬间发出警报，并同时记录、储存事故发生的时间、肇事车辆的速度等数据。

2. 固定式车挡

固定式车挡结构简单，长度小，造价低。固定式车挡有 XCD 型、CDKN 型、CDKW 型。XCD 型与缓冲滑动式车挡配套使用。CDKN 型车场内车挡（铸钢月牙式）适用于车辆段/停车场的库内线路。CDKW 型车场库外车挡（乙式竖壁式）适用于车辆段/停车场的调车作业线路尽头。

第九节　轨道的几何形位

轨道结构的几何形位指的是轨道各部分的几何形状、相对位置和基本尺寸主要有：轨距、水平、曲线轨距加宽、曲线外轨超高、高低、轨向。

一、轨　　距

轨道的两股钢轨之间应保持一定的距离，这一距离称之为轨距。轨距为两股钢轨头部内侧与轨道中线相垂直的距离。为使车辆能顺利通过轨道，轨道的轨距必须略大于轮对宽度，有一定的游间。游间不能过大，否则会使车辆行驶时的蛇行运动的幅度加大，横向加速度、轮缘对钢轨的冲击及作用于钢轨上横向力也随之而增加。行车速度愈高，这种影响愈严重。游间亦不能过小，否则会增加行车阻力和轮轨磨耗，严重时轮对有可能被钢轨卡住。所以，为了提高行车的平稳性和减少轮轨之间的动力作用，应对游间加以限制。

我国城市轨道交通线路的轨距都是采用标准轨距，即 1 435 mm。

因为轨底坡的缘故，轨距应在钢轨头部内侧面下 16 mm 处量取。轨距用道尺或轨检车进行测量。前者测得的是静态的轨距，后者则可以测得列车通过时轨距的动态变化。验收线路时，线路轨距相对于标准的容许误差为 4 mm。

二、曲线轨距加宽

车辆在曲线轨道上行驶时，由于车辆固定轴距的影响，转向架前一轮对的外轨轮缘和后一轮对的内轨轮缘紧贴钢轨，致使行车阻力增大，轮轨磨耗加剧。为使轨道交通车辆能顺利通过曲线，并减少轮轨间的横向水平力，减少轮轨磨耗和轨道变形，半径等于及小于 200 m 的曲线地段轨距要适当加宽。新建正线曲线半径一般大于 250 m，无须轨距加宽。辅助线、车场线小半径曲线轨距加宽标准见表 3 - 12。

表 3－12　曲线轨距加宽表

曲线半径	加宽值(mm)		轨距(mm)	
	A 型车	B 型车	A 型车	B 型车
200≥R>150	5	10	1 440	1 445
150≥R>100	10	15	1 445	1 450

轨距加宽值应在缓和曲线长度范围内递减，无缓和曲线时在直线地段递减。递减率不宜大于 2‰，困难地段不应大于 3‰。

道岔构造复杂，为缩短道岔长度，道岔的轨距递减率不受此限制。

三、水　　平

水平是指两股钢轨的顶面，在直线地段应保持在同一水平面上或保持一定的相对高差，目的是使两股钢轨受力均匀，并保证车辆平稳行驶。

水平可用道尺或轨检车进行测量。验收线路时，其容许误差为 4 mm。

有两种性质不同的钢轨水平误差，对行车的危害程度也不一样。第一种水平误差是在一段相当长的距离内，一股钢轨的轨顶较另一股为高，只要水平误差保持在容许范围值内，反倒可使列车贴着一股钢轨而平稳地行驶。另一种称三角坑或称轨道扭曲，它是指在一段不太长的距离内，先是左股钢轨高，后是右股钢轨高。轨道上存在三角坑会出现车轮不能全部正常压紧钢轨的现象，在最不利的情况下甚至可以爬上钢轨，引起脱轨事故。

四、曲线外轨超高

车辆在曲线轨道上运行时，产生了离心力，为了平衡这个离心力，需在曲线轨道上设置外轨超高，即把曲线外轨适当抬高，借助车辆的重力的水平分力以平衡离心力，从而达到内外两股钢轨受力均匀、垂直磨耗均等，使乘客不因离心加速度的存在而感到不舒适，以及提高线路横向稳定性，保证行车安全。

曲线超高是根据列车通过曲线时平衡离心力，并考虑两股钢轨垂直受力均匀等条件计算确定的。最大超高值是根据行车速度、车辆性能、轨道结构稳定性和乘客舒适度确定的。经多年实践，曲线最大超高 120 mm 比较合理、适宜。

由于列车在曲线上的运行速度与计算超高的平均速度不同，因此设置的外轨超高不能与列车运行速度完全适合。当实际速度大于平均速度时，实际超高显不足，有一个欠超高，反之称为过超高或余超高。未被平衡的欠超高愈大，外轮轮缘与外轨产生磨耗愈严重。为了保证列车运行安全和乘客舒适，减轻钢轨磨耗，必须对未被平衡的欠超高加以限制。一般可允许有不大于 61 mm 的欠超高。

曲线超高值应在缓和曲线内递减,无缓和曲线时应在直线段递减。超高顺坡率不宜大于2‰,困难地段不应大于3‰。

隧道内及隧道外U形结构的整体道床地段轨道曲线超高,宜采用外轨抬高超高值的一半、内轨降低超高值一半的办法设置,可不增加隧道净空,节省结构的投资,同时能使轨道中心线与线路中心线一致,还能减小超高顺坡段的坡度。高架线上的整体道床轨道,超高设置若采取内、外轨分别降低、抬高一半的方法,为不影响桥梁结构和保证内轨轨枕下最小道床厚度,要增加轨道结构高度,从而增加桥梁荷载。地面线碎石道床,若超高亦采取上述办法,轨道几何尺寸不易保持,维修困难,所以高架线上的整体道床和地面线碎石道床的曲线超高均宜采取外轨抬高超高值的方法设置。

五、高　低

高低是指一侧钢轨纵向的相对高低。轨道高低必须满足平顺要求,以减少列车对轨道的冲击,确保运营的安全和乘客的舒适。高低用10 m弦线在钢轨顶面中间测量最大矢度,最大矢度即弦线与钢轨顶面之间的距离最大者。高低差用10 m弦量误差不得超过4 mm。

六、轨　向

轨向是指一侧钢轨作用边的走向,也称方向,轨道方向要求直线段平直,曲线段圆顺。直线段轨向用10 m弦线在钢轨顶面以下16 mm作用边处测量矢度,其允许误差正线不得超过4 mm,其他线不超过6 mm。曲线段轨向用20 m弦线在钢轨顶面以下16 mm作用边处测量矢度,称为正矢,其误差应符合曲线正矢误差的规定。

七、轨 底 坡

为使钢轨顶面与车轮踏面斜坡相吻合,将钢轨适当向内倾斜,由此所产生的钢轨底面相对于轨枕顶面的倾斜度称为轨底坡,实际上就是钢轨的内倾度。

列车运行时,车辆踏面与钢轨顶面接触,由于车轮踏面有一个倾斜坡度,因此,钢轨的倾斜度必须与车轮踏面的倾斜度基本吻合。如果不符合,轮轨接触点将偏离轨面中心线。轨面上因车轮碾压会形成明亮的光带,如果光带居中,说明轮轨接触点良好,轨底坡适宜;如果光带偏向内侧,轨底坡偏小,如不纠偏,就要加剧钢轨内侧的磨耗。

轨底坡的设置,是通过混凝土轨枕在制作过程来实现的,混凝土轨枕的承轨台已按规定设计有一定的坡度,对于线路的各种特定地段,还必须在轨下增设斜型垫片加以改善。

正线、辅助线和车场线上的钢轨，应设置1/40或1/30的轨底坡。在曲线地段，要根据超高的不同情况加以调整。道岔碎石道床，辙叉跟端轨缝后一定范围内是普通长轨枕，在无轨底坡道岔间不足50 m不应设置轨底坡。

八、线 间 距

线间距为上、下行线路或两相邻线路中心线之间的垂直距离，通常4.5～5 m。

第十节　轨道工程施工

轨道的施工工艺比较复杂，在《地下铁道工程施工及验收规范》中详细论述了施工方法、规定、工序及标准，这里主要介绍整体道床和无缝线路的施工。

一、整体道床施工

隧道内整体道床的施工场地狭窄，施工精度要求高，工期短。因此，施工工艺应采用先进技术，施工机具应配套，机械化程度高，单工作面施工进度快，质量高，全线施工组织科学合理，综合进度快，以工期、质量、成本三者体现施工水平，追求良好的经济效益。

隧道内整体道床的种类有多种，目前在我国城市轨道交通隧道内线路主要采用的是支撑块式的整体道床，实践证明效果良好，并取得了施工经验。

对于支撑块式的整体道床结构，一般采用钢轨支撑架施工法或墩架结合施工法。

(1)钢轨支撑架施工法

这种施工法是我国整体道床施工的传统工艺，目前仍被普遍采用。钢轨支撑架施工法是用钢轨支承架将钢轨架起并固定在设计位置上，然后将支承块按照设计间距用扣件悬挂在钢轨上，经过细致反复调整，使线路中线、轨距、水平处于正确的位置后，再浇注道床混凝土，道床混凝土养生后，再拆除作业工具轨进入循环作业。图3－39为钢轨支撑架施工法流程图。

用该方法施工，12.5 m长的一对钢轨需4～5套支撑架。另外，施工时根据支撑架支撑钢轨的不同方式，又分为上承式支撑架和下承式支撑架两种型式。

两股钢轨平行架于支撑架横梁的两端。横梁由左右两端的立柱支承于基岩表面，可以通过旋转立柱使横梁上下移动，调节钢轨的标高。横梁上设有轨卡螺栓，用来使钢轨左右移动，使钢轨的位置符合线路方向和轨距的要求。上承式支撑架横梁上下移动的可调范围是250 mm，左右移动钢轨的调整范围为34 mm。

施工实践表明，上承式支撑架施工整体道床，调整轨道方向的通视条件好，便于目测。

该工法如按每作业面施工日进度75 m，需配备的机具设备有：作业工具轨60 kg/m

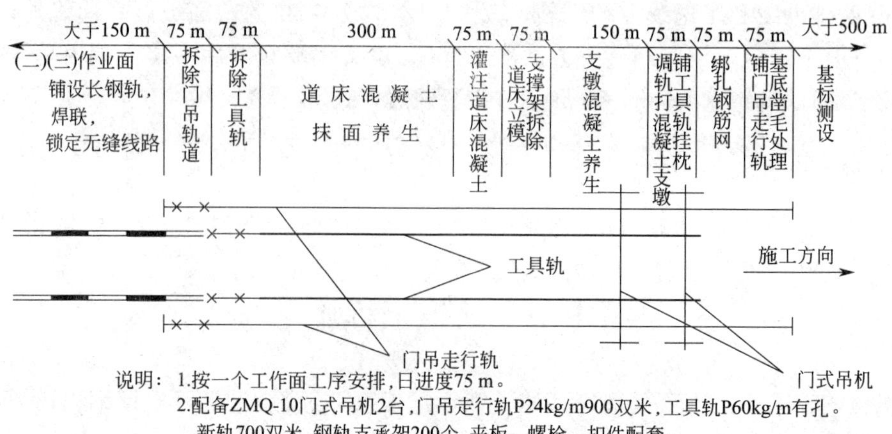

图 3－39　钢轨支撑架施工法流程图

25 m，有孔新轨 700 双米，鱼尾板及螺栓 56 套，钢轨支撑架 200 副，门式吊机 2 台，P24 门吊走行轨 900 双米。

该施工法存在以下缺点：①使用的工具轨数量大，工具轨如采用新轨，连续倒用后难免对钢轨造成损伤，影响钢轨在本线的铺设利用；如采用旧轨，则影响道床的施工精度。②需采用 2 台龙门吊车。③需铺设大量的吊车走行轨。④工序多，作业面长，影响施工进度。

(2)整体式轨道排架法

这种施工法是近年来我国铁路开发的新型施工工艺，整体轨道排架每榀长 6. 25 m，由 6. 25 m 短轨、工字钢横梁、螺旋支腿、方向锁定器、浮动侧模板等组成。其特点是整体性强，便于整体吊装。施工基本步骤是用一台小龙门吊机将单个 6. 25 m 整体轨道排架吊至平台上悬挂短枕块组成短轨排，再用龙门吊机将整体式短轨排吊装连结成长轨排。调整轨排几何状态达到精度要求后予以锁定，之后直接浇注道床混凝土，混凝土养生达 5 MPa 时，再用龙门吊机拆除排架进入循环作业。

该工法如按每作业面施工日进度 75 m，需配备的机具设备有：6 m 整体轨道排架 150 m 合 25 榀，龙门吊机 1 台，P24 吊机走行轨 250 双米。

该施工法有以下优点：①仅用 150 m 整体式轨道排架就可代替 700 双米工具轨和 200 付支撑架。②节省 650 双米 P24 走行轨和 1 台龙门吊机。③龙门吊机单机操作6 m整体轨道排架，快速、方便、灵活。④只要将轨排精调到位后即可直接浇注混凝土，免去了在枕下浇注与道床同标号的混凝土支墩和养生两个重要工序，大大缩短了施工作业面的长度。⑤由于整体式轨道排架轨距和轨底坡固定，调整轨排时，只需调整方向和高度，方便快速，从而加快了作业循环时间，实际平均施工日进度达到 100 m 以上。

目前,这种新施工法工艺成熟,机具配套。在应用时,可根据施工限界要求对整体式轨道排架和龙门吊机尺寸进行调整,适应城市轨道交通限界的要求。

采用整体式轨道排架法进行施工,其施工工艺见图3-40。

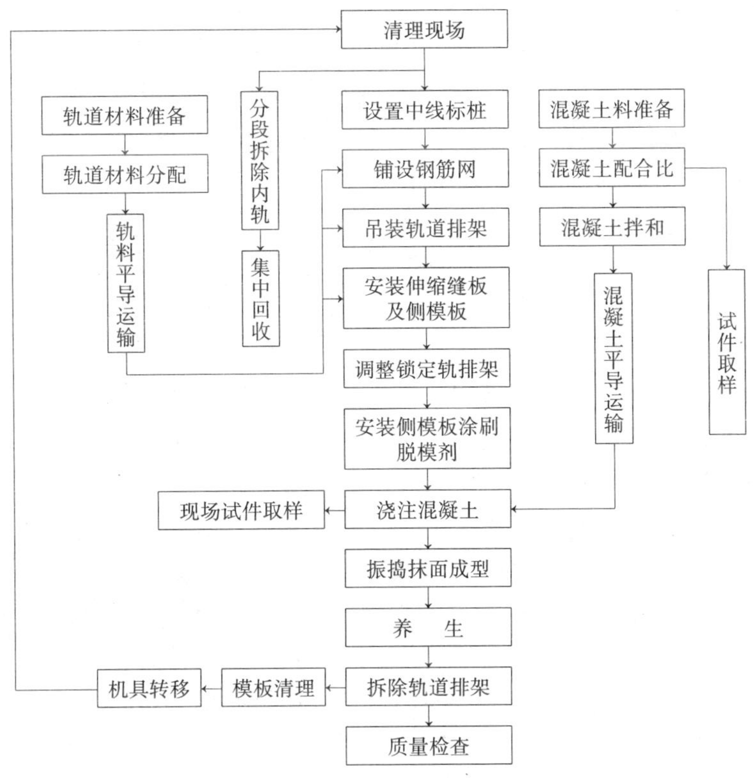

图3-40　排架法施工支承块式整体道床工艺流程图

二、无缝线路焊接、铺设

1. 长钢轨焊接

长钢轨的焊接是铺设无缝线路的重要环节,其几何外形尺寸的平顺和内部质量,是保证无缝线路正常运用的关键。实践证明,若钢轨焊接质量不良,将使线路维修工作后患无穷,严重者危及行车安全。

近年来,国内长钢轨的焊接技术发展较快。分以下几种方法:①工厂接触焊焊接长钢轨,工艺成熟,质量稳定。②现场移动式接触焊,焊接质量较稳定,引进多台焊机,正在进行国产化研制,可满足城市轨道交通无缝线路质量要求。③移动式气压焊,焊接强度与接触焊相同,焊机移动灵活、方便,基本不干扰其他线路作业,焊接成本较低,如日本高速铁路主要采用气压焊,但在我国气压焊接头质量稳定性受人员技术经验影响较大。为消除以上影响，目前我国已研制成功数字化控制焊机，排除了人为影响，基本实现了焊接工艺的自动化。④铝热焊，我国引进的法国铝热焊工艺（如拉伊台克 QPCJ 铝热焊），质量稳定，但由于铝热焊接头强度较弱，不宜大量使用。

综上所述，数控气压焊焊机及焊头成本低，质量可靠，优点突出。

目前，经常采用的方法是：铺轨或焊轨前采用接触焊（电阻焊）或气压焊将不钻孔的50m 或 100m 标准轨焊接成 200m 左右的长轨条，然后送至铺轨现场，再用铝热焊或气压焊法将其焊接成设计的长度，以备施工。

2. 长钢轨运输

工厂焊好的长钢轨，用长钢轨专用列车运至施工地段卸下。装、运、卸的作业要求如下：

(1)长钢轨的装车

现在铁路已统一采用由沈阳机车车辆工厂生产的长钢轨运输列车。其装载长钢轨的车辆设 4 层承轨架，每层可装 14 根长钢轨，全车最大容量为 56 根长钢轨，轨长 500 m，总装载量为 14 km。

(2)长钢轨列车的运行和卸轨

长钢轨运输列车由间隔车、装轨车、锁定车、作业车组成。定量装载，既不偏载也不超载，只要认真按规定装载操作，设好间隔器和锁定器，运行就是安全平稳的。但途中停站，随车人员应下车检查，发现钢轨异常串动应及时处理，以确保运行安全。列车应按规定速度开行。

列车到达卸车地点，车上作业人员应按卸轨顺序依次松开锁定器。作业车上操作员先用车装钢轨引拉器把待卸的长钢轨拉到有驱动装置的平台上。开始卸轨时，开动驱动装置，将长钢轨推送到车尾出轨口处，轨端接地后对位。而后，再开动驱动器，列车以相应速度向前开行。长钢轨落地 50 m 后，驱动器停车，列车可快速开行。在前一根钢轨下卸的同时，应引拉后续钢轨尾随而至，停于钢轨驱动台旁。待前一根钢轨的尾端到达后，后续钢轨随即跟下，如此依次卸下，直至到点或卸毕为止。长钢轨卸在两侧砟肩上。

3. 无缝线路铺设

(1)传统三铺二拆换铺法

在地面铺建轨排组装基地，即轨节场。在轨节场用工具轨组装 25 m 标准长度新轨的轨排，用小轨道平板车通过已铺轨道运至施工现场，现场用前述方案一的支撑架法铺设工具轨排。之后，为了给轨排运输提供通路，再用旧轨换铺新轨，全线整体道床施工完成后，再用传统二次换铺法铺设无缝线路长钢轨。

这种施工组织存在以下不足：①需使用大量工具轨和旧轨。②需建地面轨节场，轨排长距离运输。③换铺长轨必须远距离利用既有焊轨厂或建地面临时焊轨基地焊接长轨条,费用大。④全线只能从轨节场一头开设整体道床施工面由近及远顺序施工,不利于全线分段施工,工期长。这种施工组织比较适用于重量较重的长轨枕组装轨排和运输,目前这种施工技术已进行改进,老的方法基本不用。

(2)一铺一拆线上直接焊

该方案是在地面建轨节场,直接用25 m不带孔新轨组成轨排,通过上述运输方式及支撑架法施工整体道床,新型接触焊作业车跟在道床施工之后,直接在线上现场卸下钢轨逐个进行轨缝焊接、铺设锁定。

这种方法的优点是:采用移动焊轨车(配AMS60闪光接触焊机)直接线上焊,节省了在既有焊轨厂焊轨后长距离专运列车运输长轨,或在地面建临时焊轨厂,施工费用节省。缺点是:①全线不易实现多作业面快速铺设整体道床,整体道床铺设速度制约无缝线路焊铺;②移动焊轨车属大型设备,进入隧道现场较困难,全线总工期仍较长。

(3)现场倒用整体式轨道排架,一次铺设无缝线路长钢轨

全线整体道床采用整体式轨道排架法分段完成施工后,直接利用国内新研制的一次铺设无缝线路“长轨放送车”(已获国家专利)快速铺设无缝线路。

该方案的优点是:①全线可根据总工期要求,分多个工作面同时进行整体道床施工。②不需要在地面建轨节场,施工现场倒用100～150 m整体式轨道排架后,轨槽内无钢轨,节省费用。③整体道床施工完成后,直接利用长轨放送车快速铺设无缝线路,专用推送机构推送出轨速度14 m/min。综合铺轨速度日进度2 km以上,是目前铺轨速度最快的一种铺设方法。④在地面建临时焊轨基地,将25 m标准轨焊接成150 m～250 m长钢轨,接头焊接质量得到充分保证。

(4)现场采用倒用整体式轨排架法多工作面施工整体道床,道床施工完成后运进25 m标准轨,洞内采用移动式数控气压焊机直接线上焊接无缝线路。

该方案的优点是:①全线可根据总工期要求,多工作面同时进行整体道床施工。充分发挥排架法施工机械化程度高、速度快、质量保证的优势。②数控气压焊机洞内直接焊无需建地面临时焊轨基地,最节省经费。随着这种铺轨技术的发展,必将被广泛采用。

纵上所述,无缝线路的焊接与铺设应与道床施工方法、长钢轨焊接工艺有机结合,从而找出最佳方案匹配,使轨道工程的施工质量保证、工期最短,施工费用最低。经以上四个方案比较分析,方案一随着施工技术进步已被淘汰,方案二及方案三仍被采用,方案四代表目前先进技术。因此,在轨道施工及无缝线路铺设应采用方案四。采用方案四的突出优点是洞内直接焊接每个接头,节省地面临时焊轨基地一处费用约100万元,且随铺随焊,大大缩短铺轨工期。

第十一节　轨道线路维修

城市轨道交通线路维修工作的基本任务是经常保持线路设备完整和质量均衡，使列车能以规定速度安全、平稳和不间断地运行，并尽量延长设备使用寿命。

轨道线路维修工作必须掌握线路设备技术状态变化规律，应贯彻“预防为主，防治结合，修养并重”的原则。在线路维修工作中，应按线路设备技术状态各种变化的不同程度，相应进行综合维修、经常保养和临时补修，有效地预防和整治线路病害，有计划地补偿线路设备损耗，以取得较好的技术经济效益。

线路维修工作，应实行科学管理，开展标准化作业，提高机械化程度，改善检测手段，建立和健全责任制，严格执行检查验收制度。要积极采用新技术，提高机械化作业程度，总结推广先进经验，改革作业方法和劳动组织，不断提高线路维修工作水平。

一、线路维修分类

线路维修分为综合维修、经常保养和临时补修。

综合维修是按周期有计划地对线路进行综合性修理。通过综合维修，改善轨道弹性，调整轨道几何尺寸，整修和更换设备零部件，以恢复线路完好的技术状态。

经常保养是根据线路变化情况，在全年度和线路全长范围内，有计划有重点地养护，以保持线路质量经常处于均衡状态。

临时补修主要是及时整修超过临时补修容许误差限度的轨道几何尺寸及其他不良处所，以保证行车平稳和安全。

二、线路、道岔综合维修基本内容

1. 根据线路状态适当起道，木枕地段全面捣固；混凝土枕地段，撤除调高垫板，全面捣固或重点捣固。

2. 改道、拨道，调整线路、道岔各部尺寸，全面拨正曲线。

3. 清筛枕盒、不洁道床和边坡土垄，处理道床翻浆冒泥，补充道砟和整理道床，更换、方正和修理轨枕。

4. 调整轨缝，整修、更换和补充防爬设备，整治线路爬行，锁定线路、道岔。

5. 矫直钢轨硬弯，焊补、打磨钢轨，综合整治接头病害。

6. 整修、更换和补充联结零件，并有计划地涂油。

7. 整修路肩，疏通排水设备，清除道床杂草和路肩大草。

8. 整修道口及其排水设备，修理、补充和刷新标志，收集旧料。

9. 其他预防和整治病害工作。

三、线路、道岔经常保养基本内容

1. 根据轨道几何尺寸超过经常保养容许偏差管理值的状态,成段地整修线路。
2. 处理道床翻浆冒泥,均匀道砟和整理道床。
3. 更换和修理轨枕。
4. 调整轨缝,锁定线路。
5. 更换伤损钢轨,焊补、打磨钢轨和整治接头病害。
6. 有计划地成段整修扣件,进行扣件和接头螺栓涂油。
7. 进行无缝线路应力放散和断缝原位焊复或插入短轨焊复。
8. 整修道口,疏通排水设备。
9. 季节性工作、周期短于综合维修的单项工作和其他工作。

四、线路、道岔临时补修的主要内容

1. 整修轨道几何尺寸超过临时补修容许偏差管理值的处所。
2. 更换重伤钢轨和达到更换标准的伤损夹板,更换折断的接头螺栓和护轨螺栓。
3. 调整严重不良轨缝。
4. 进行无缝线路地段钢轨折断、重伤钢轨和重伤焊缝的处理。
5. 疏通严重淤塞的排水设备,处理严重冲刷的路肩和道床。
6. 整修严重不良的道口设备。
7. 垫入或撤出损坏垫板。
8. 其他需要临时补修的工作。

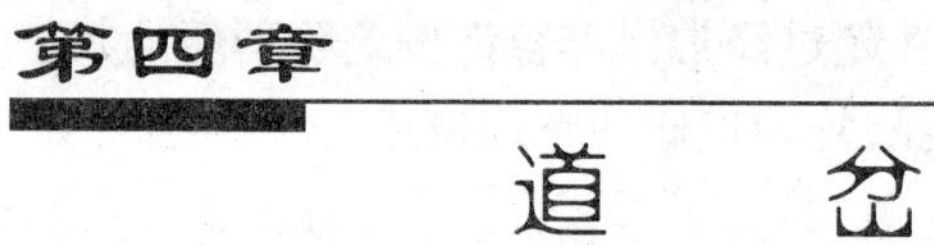

第四章　道岔

道岔是指轨道在平面上的出岔、连接和交叉的设备,习惯上把这些设备统称为道岔。道岔是轨道的重要组成部分。道岔的作用是引导车辆由一条线路转向另一条线路。有了道岔,可以充分发挥线路的通过能力。道岔数量多、构造复杂、使用寿命短、限制列车速度、行车安全性低、养护维修投入大,是线路的薄弱环节。

第一节　道岔的构造

道岔的种类很多,在实际应用中以普通单开道岔使用最广。普通单开道岔具有其他道岔所共有的特点和要求,具有代表性。普通单开道岔由转辙部分、连接部分、辙叉部分组成,如图 4 – 1 所示。

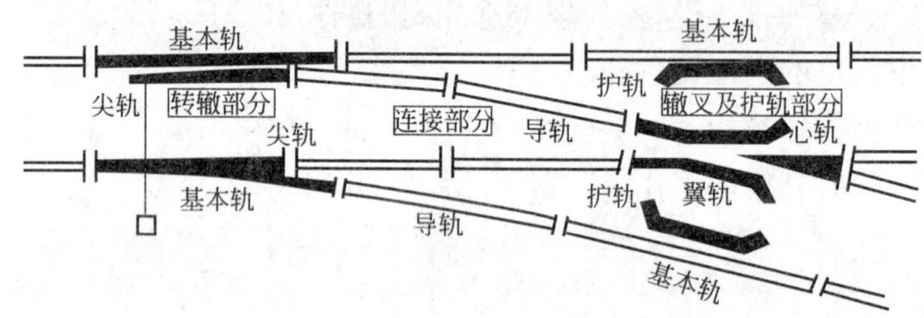

图 4 – 1　单开道岔的组成

1. 转辙部分

转辙部分即转辙器,是引导车辆沿直线方向或侧线方向运行的设备,范围包括道岔前端至尖轨跟端。当尖轨置于不同的位置时,列车将沿着直向或侧向运行。转辙器主要包括两根基本轨、两根尖轨、联结零件(如滑床板、顶铁、轨撑、拉杆、连接杆、辙前垫板、辙后垫板等)及跟部结构(包括跟端大垫板、间隔铁、跟端夹板、防爬卡铁、异径螺栓、跟部螺栓)等,其构造如图 4 – 2 所示。

(1)基本轨

基本轨是道岔外侧的钢轨,由标准断面的普通钢轨制成,通常采用与线路相同材

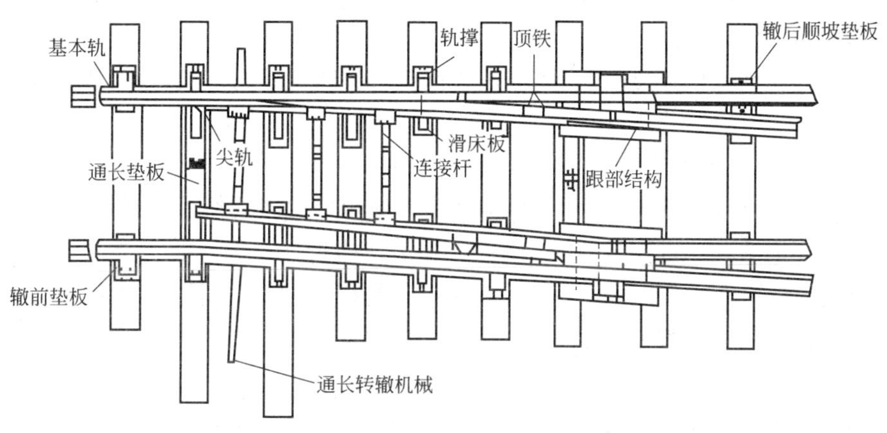

图 4－2　辙岔结构

质、相同型号的钢轨。其作用除承受车轮的垂直压力外，还与尖轨共同承受车轮的横向水平力并保持尖轨位置的稳定。

①基本轨的构造

基本轨用 12.5 m 或 25.0 m 的普通钢轨制成，通常采用与线路相同材质、相同型号的钢轨。

一侧为直基本轨，一侧为曲基本轨。曲基本轨按转辙器各部分的轨距在工厂事先弯折成规定的折线，侧向过岔速度较高时可采用曲线型，以保证转辙器各部分侧股轨距相同。

②基本轨的形式

a. 切底基本轨和不切底基本轨

切底基本轨与尖轨接触部分的轨底被切掉，强度低，切底处容易折断，已停止生产。不切底基本轨强度较高，是目前采用的主要形式。

b. 刨切轨头的基本轨和不刨切轨头的基本轨

采用贴尖式尖轨的道岔，其基本轨轨头不刨切。采用藏尖式尖轨的道岔，其基本轨轨头需要刨切。

c. 设轨底坡的基本轨和不设轨底坡的基本轨

通常，道岔中的基本轨不设轨底坡。为改善钢轨的受力条件，提速道岔中基本轨设有 1∶40 的轨底坡。

③基本轨的水平螺栓孔

为了防止基本轨因横向水平推力而引起的横移，在基本轨轨腰处钻有水平螺栓孔，与其在外侧设置的轨撑用螺栓联结，共同抵抗水平推力。

基本轨上还有联结辙跟设备和顶铁的螺栓孔。

④基本轨的淬火

为了增加钢轨表面硬度,提高耐磨性并保持与尖轨良好的密贴状态,基本轨实现全长淬火。

⑤曲股基本轨的曲折

尖轨尖端轨距大于跟端轨距,要使尖轨尖端轨距均匀递减到跟端,曲股基本轨必须加以曲折。一般有两个曲折点:第一曲折点和第二曲折点。第一曲折点位于尖轨尖端处,第二曲折点位于尖轨跟端处。这两个曲折点的设置,基本保证了轨距均匀递减,消除了尖轨中部弯曲和直股基本轨向里凸出的病害。

(2)尖轨

尖轨是转辙器中重要组成部分之一,尖轨的作用是依靠其被刨切的一端与基本轨紧密贴靠,正确引导车轮的运行方向。

为使转辙器正确引导列车的行驶方向,尖轨尖端必须细薄,且与基本轨紧密贴合。从尖轨尖端开始,尖轨断面逐渐加宽,其非作用边一侧与基本轨作用边一侧应紧密贴合,保证直向尖轨作用边为一直线,侧向尖轨作用边与导曲线作用边为一圆曲线。

①尖轨的类型

a. 直尖轨和曲尖轨

尖轨按其平面形式可分为直线型尖轨(直尖轨)与曲线型尖轨(曲尖轨)两种。

直尖轨分左股和右股,可以用于左开或右开的单开道岔,制造简单,便于更换。尖轨尖端刨削部分较少,横向刚度大;尖轨摆度和跟端轮缘槽小;尖轨断面较粗壮,比较耐磨。但道岔长,尖轨的转折角较大,列车经过时产生摇晃,冲击力大,尖轨尖端易磨耗。为了增加钢轨表面硬度,提高耐磨性,由断面顶宽 5 mm 至整断面的长度范围内规定进行淬火处理。由于尖轨前端的轨底被刨切去两部分,为了加强断面,在尖轨腰部两侧安装 12 mm 的钢板补强。

曲尖轨与基本轨导曲线的衔接较为圆顺,与同号直尖轨相比,其冲击角小,导曲线半径也可增大,列车进入道岔侧线运行时速度可提高,且比较平稳,使用寿命可相对延长。但制造复杂,前端刨切较多,且其尖轨不能左、右开道岔兼用,只能用于与转辙器开向相同的道岔。曲线型尖轨又分为切线型、半切线型、割线型、半割线型四种,主要采用的是半切线型和半割线型曲线尖轨。

b. 贴尖式尖轨和藏尖式尖轨

尖轨按其制造方式式可分为贴尖式尖轨和藏尖式尖轨。

贴尖式(爬坡式)尖轨是用一定长度的与基本轨同类型普通钢轨,经过竖直和水平刨切,将一头切削成尖型,再经弯折及补强等工序制作而成。

藏尖式尖轨采用矮型特种断面钢轨加工而成，如图 4 – 3 所示。藏尖式可保护尖轨尖端不被车轮扎伤，并使尖轨在动荷载作用下保持良好的竖向稳定性。因基本轨轨顶需要刨切，要求基本轨与尖轨的刨切接触面良好，加工要求严格，并需备用曲、直基本轨。

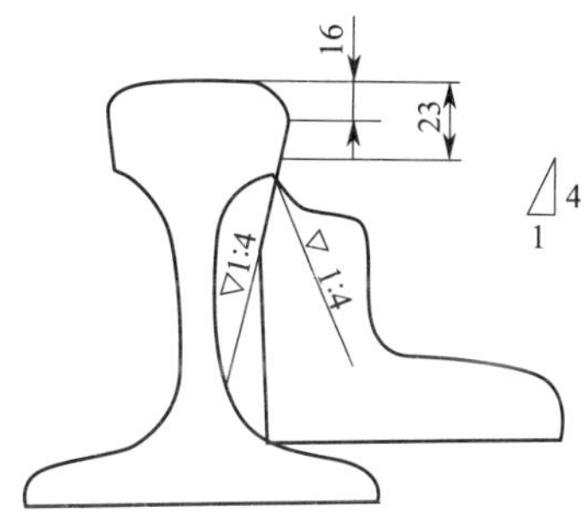

图 4 – 3　藏尖式尖轨

②尖轨断面

尖轨按其断面形式分为普通钢轨断面、高型特种钢轨断面和矮型特种钢轨断面。

a. 普通钢轨断面

普通钢轨断面的尖轨，按构造分为：不补强的普通钢轨断面尖轨、一般补强的普通钢轨断面尖轨、特种补强的普通钢轨断面尖轨。目前普遍采用一般补强的普通钢轨断面尖轨和特殊补强的普通钢轨断面尖轨。

b. 高型特种钢轨断面

高型特种钢轨断面指用与基本轨等高的特种断面钢轨制造的尖轨。这种尖轨的竖向和横向的刚度都比较大。

c. 矮型特种钢轨断面

矮型特种断面尖轨指用比基本轨低的特种断面钢轨（简称 AT 轨）制造的尖轨。AT 轨如图 4 – 4 所示。这种尖轨断面高度比较矮，断面粗壮，稳定性好，但它的竖向和横向的刚度都比高型特种钢轨断面的尖轨差。

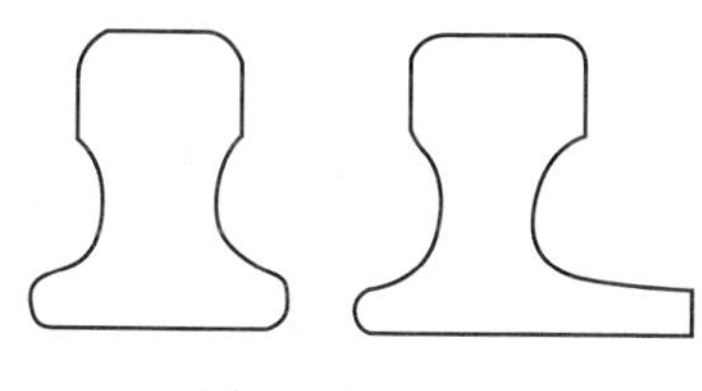
图 4 – 4　AT 轨

特种断面尖轨，又有对称与不对称、设轨顶坡与不设轨顶坡之分。

为便于与标准断面钢轨的联结，特种断面尖轨其跟端的断面形式，无论是高型的还是矮型的，跟端有一小段模压成形（或铣切）加工成普通标准钢轨断面，以便用标准的跟端结构联结。

弹性可弯式尖轨是指尖轨的扳动依靠削弱部分的弹性变形来实现的。

③尖轨的长度

尖轨的长度随道岔号数和尖轨的形式不同而不同异，如 9 号道岔直线型尖轨长度为 6.25 m，12 号道岔曲线型尖轨长度约为 11.3 ~ 13.88 m。

④尖轨各个断面与基本轨的相对高度

基本轨放在滑床板上，尖轨放在同一滑床板的滑床台上，为了减少尖轨轨底的刨切量，增加尖轨的断面强度，普通型尖轨轨底比基本轨轨底高出 6 mm。

尖轨尖端比较薄弱，要使车轮由基本轨逐渐过渡到尖轨上而不损伤尖轨，必须使尖轨顶宽 20 mm 以前不受车轮压力，尖轨尖端处低于基本轨 23 mm，在尖轨顶宽 5 mm 处低于基本轨 14 mm，在尖轨顶宽 20 mm 处低于基本轨 2 mm。尖轨顶宽 50 mm 以后才能全部承受车轮压力，尖轨顶宽 20 ~ 50 mm 为均匀顺坡段，车轮由基本轨逐渐过渡到尖轨上，尖轨轨头宽 40 m 处与基本轨顶面平，尖轨顶宽 50 mm 处高出基本轨 1 mm，以后逐渐达到比基本轨高出 6 mm。如图 4 – 5 所示。

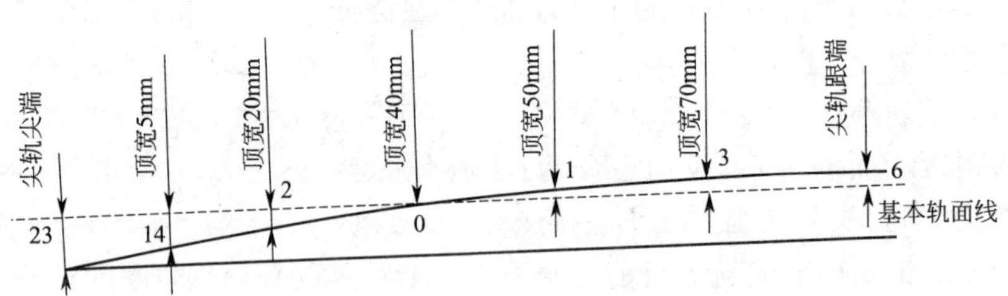

图 4 – 5　尖轨断面

对于 AT 型尖轨，在尖轨尖轨到顶宽 20 mm 范围内由基本轨承受车轮压力；尖轨顶宽 20 ~50 mm 范围内，是车轮荷载转移的过渡段，均匀顺坡，使车轮逐渐转移到尖轨上；尖轨顶面宽 50 mm 到尖轨跟端范围内，尖轨与基本轨等高，完全承受车轮压力。AT 型尖轨取消了普通型钢轨尖轨 6 mm 的抬高量。尖轨跟端加工成普通钢轨断面，用标准夹板和间隔铁联结。

尖轨与基本轨的顶面高差决定着轮载在两钢轨间过渡的范围大小和轮载转换的快慢程度，尖轨顶面纵坡越小，轮载过渡的范围就越长，尖轨完全承受列车荷载的断面就越大，但是因轮载转换的速度较慢，轮轨间的横向蠕滑力作用时间长，列车直向过岔时的平稳性就越低，因此应综合考虑尖轨强度与列车运行平稳性的要求。

⑤跟端结构

尖轨与导曲线钢轨连接的一端称尖轨跟端。尖轨的跟部结构必须保证尖轨能根据不同的转辙要求以跟部为轴心，能够灵活扳动尖轨，又要坚固稳定，制造简单，维修方便。

主要采用间隔铁式尖轨跟端和弹性可弯式跟端结构。弹性可弯式跟端结构又分间隔铁式和限位器式两种型式。

a. 间隔铁式尖轨跟端

间隔铁式尖轨跟端又称为活接头，主要由辙跟垫板、间隔铁、辙跟夹板、轨撑及双头螺栓等组成。结构形式如图 4 – 6 所示。

活接头相当于尖端跟端为铰接结构，尖轨可自由搬动，所需转换力小。但结构复杂，稳定性差，是道岔转辙器部分的薄弱环节，常用于直线型尖轨及直向过岔速度较低的道岔中。

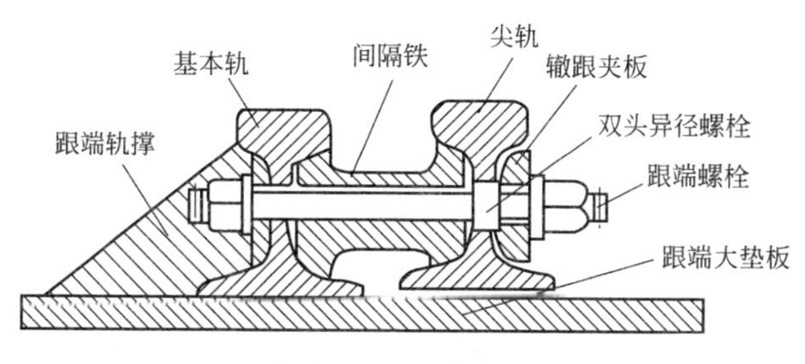

图 4 -6 间隔铁式跟端

活接头的第一根螺栓做成双头螺栓，一头顶靠间隔铁，另一头顶靠夹板，上紧该螺栓也夹不紧尖轨。

辙跟夹板在轨缝处向道心一边弯折 8 mm，使得夹板螺栓拧紧后尖轨同夹板间稍有缝隙，尖轨可以绕活接头转动。为了防止车轮轮缘的冲击，必须将折弯部分的顶部刨切。

活接头的轨缝一般为 6 mm。

活接头的螺栓由尖轨外侧向基本轨方向穿入，辙跟夹板上的螺栓孔均为圆孔，孔径比螺栓直径大 2 mm。

在尖轨跟轮缘槽内设有间隔铁，其作用是保持尖轨在跟端处与基本轨有固定的间隔宽度，保证车轮的正常通过。间隔铁由整块铸铁制成，有 5 个螺栓孔(9 号交分道岔因长度限制，能采用四孔间隔铁)，按构造形式，有左右之分。

b. 弹性可弯式尖轨跟端结构

弹性可弯式尖轨在跟端前 2 ~ 3 根轨枕处，将轨底两边削去一部分，形成柔性部位，使尖轨具有能从一个位置扳动到另一位置有足够的弹性。弹性可弯式跟端结构又分间隔铁式和限位器式两种型式。

尖轨使用的是特种断面钢轨，必须进行刨切加工才能满足灵活扳动的要求。由于采用了弹性可弯段的弹性变形，从而实现了尖轨的转换扳动，消灭了“活接头”。在弹性可弯段后部设置转辙接头，该接头主要设备为一块大垫板，一块间隔铁，用两条螺栓固定，作为尖轨转动的固定点，断面形状如图 4 -7 所示。

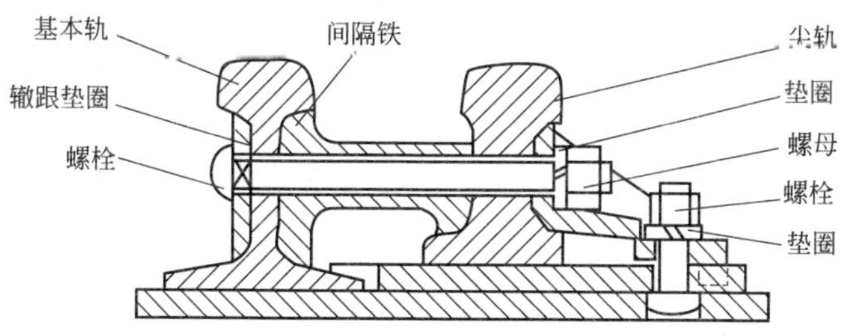

图 4 -7 弹性可弯式跟端

在无缝道岔中，为限制尖轨尖端的伸缩位移，在尖轨跟部的基本轨和尖轨轨腰上可安装一至数个限位器，如图 4 – 8 所示，允许尖轨发生一定的温度力，再传递给外侧基本轨。

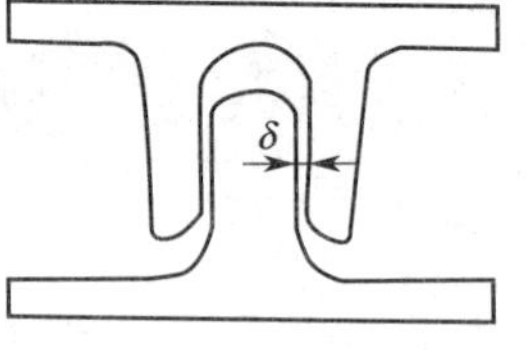

图 4 – 8　限位器

(3)连接杆

内锁闭道岔必须采用连接杆。连接杆的作用是将两根尖轨联结成为一个框架式整体而一起被扳动，同时保持两尖轨在平面上的相对位置。连接杆多用扁钢与方钢制成，通过接头铁(耳铁)与尖轨相连接。连接杆的数量与尖轨长度有关，普通道岔一般装 2 ~ 3 根。安装在尖轨最前面且与转辙机械相连的一根称转辙连接杆。在有轨道电路的道岔上，连接杆中部必须有隔断电流的绝缘装置。

外锁闭道岔的两根尖轨是分开动作的，不需要连接杆。

(4)尖轨顶铁

尖轨与轨枕不能用道钉固定，为了保持尖轨在列车通过时不被车轮横向压力挤弯，须在尖轨轨腰上安装顶铁(也叫轨距卡)。当尖轨与基本轨相密贴时，每个顶铁顶部应正好顶住基本轨的腰部，这样使作用在尖轨的横向力通过顶铁传递至基本轨，尖轨与基本轨共同抵抗列车的横向压力，以防止尖轨受力时弯曲，并保持尖轨与基本轨的正确位置。故要求顶铁长度应做到尖轨贴靠基本轨时，顶铁也恰好与基本轨轨腰贴紧，如顶铁过短时，就会压弯尖轨，过长就会造成尖轨与基本轨不密贴而危及行车安全。

顶铁的形式很多，主要有圆形、锥形和等腰梯形，分别如图 4 – 9 所示。

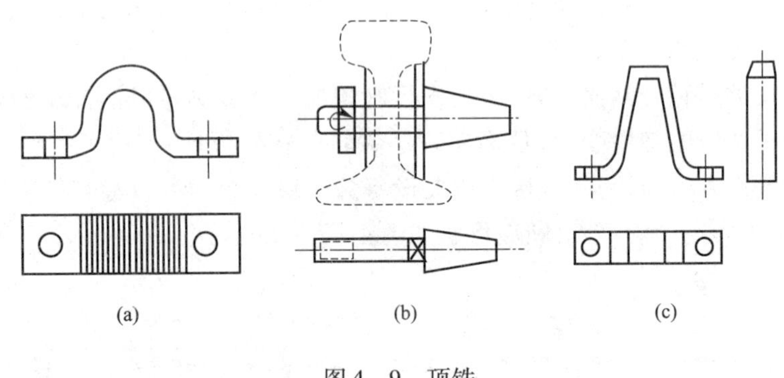

图 4 – 9　顶铁

(5)轨撑

为了增强转辙器的横向稳定性，承受横向压力，防止基本轨产生倾覆、扭转和纵横向移动，在基本轨外侧安装轨撑。轨撑用铸钢制造，有双墙式和单墙式，分别如图4 – 10(a)、(b)所示。轨撑用水平螺栓与基本轨联结，用垂直螺栓与滑床板联结。

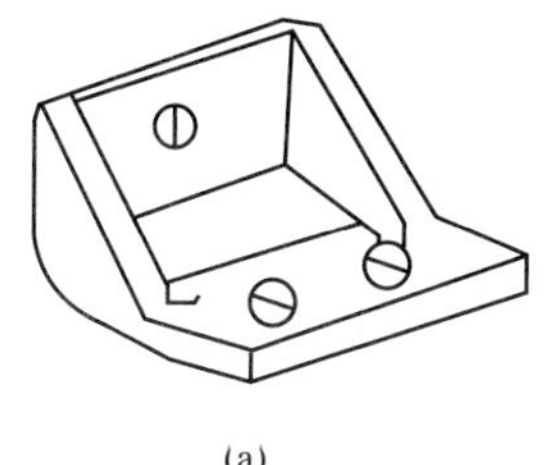
(a)

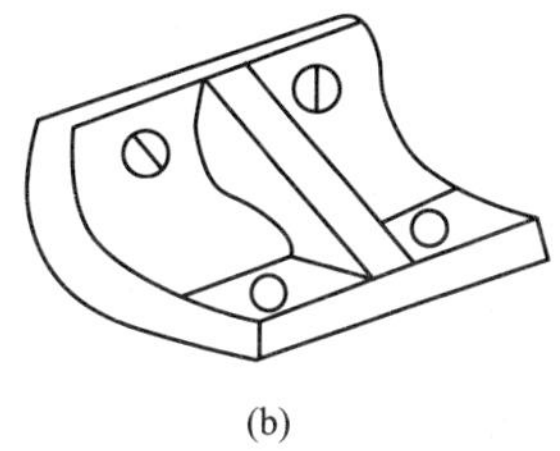
(b)

图4－10 轨撑

(6)滑床板

在整个尖轨长度范围内的岔枕面上,有承托尖轨和基本轨的滑床板。

滑床板有分开式和不分开式两类。不分开式用道钉或锚固螺栓将轨撑、滑床板直接与岔枕连接;分开式是轨撑由垂直螺栓先与滑床板连接,再用道钉或锚固螺栓将垫板与岔枕连接。滑床板如图4－11所示,是承垫基本轨并供尖轨滑动或承垫翼轨并供可动心轨滑动的垫板。滑床板用厚20 mm的钢板制成,板面上有凸出高6 mm、宽90 mm的滑床台。尖轨放置于滑床板上与滑床板间,无扣件连接。滑床板的作用是承托由尖轨、基本轨传来的压力,并传递到岔枕上去。

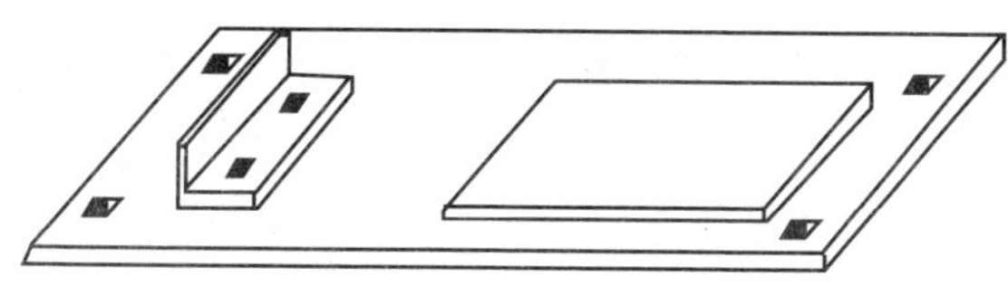

图4－11 滑床板

为降低尖轨转换中的摩阻力,可在滑床台上喷涂聚四氟乙烯、镍铬镀层等减摩材料以降低表面摩擦系数或通过设置辊轮机构实现滚动摩擦。

(7)垫板

垫板有辙前垫板、辙后垫板、平垫板、辙跟垫板、通长垫板等,垫板铺设在基本轨、尖轨下面,固定在轨枕上。

① 辙前垫板

辙前垫板(轨撑垫板)如图4－12(a)所示,铺设在尖轨尖端前面的一段基本轨下面,与轨撑共同配合起防止基本轨向外横向移动。在道岔导曲线中部,也铺设这种垫板。

② 辙后垫板

为了使尖轨高出基本轨的轨面高差逐渐顺坡降下来,并保持导曲线支距位置的正确,在尖轨跟后面一定长度内铺设辙后垫板,如图4－12(b)所示。

在跟端接头后边连续3块辙后垫板的板面上分别焊上4.5 mm、3.0 mm、1.5 mm的凸台，由第四块开始即为使两股钢轨保持同一水平的长垫板，直至两股钢轨间距的宽度能分别铺设两块平垫板为止。辙后垫板每块尺寸不同，有左右开及上下股之分。

③ 平垫板

平垫板如图4-12(c)所示，铺设在转辙器最前面的两块垫板，其平面形状与普通垫板相同，但没有轨底坡，故称平垫板。这是由于道岔内所有垫板均不设坡度的缘故。此外，在道岔的连接部分以及直线或侧线的钢轨末端也铺设平垫板。

④ 辙跟垫板

辙跟垫板如图4-12(d)所示，铺设在尖轨跟端与基本轨连接处。

⑤ 通长垫板

通长垫板如图4-12(e)所示，铺设在尖轨尖端。

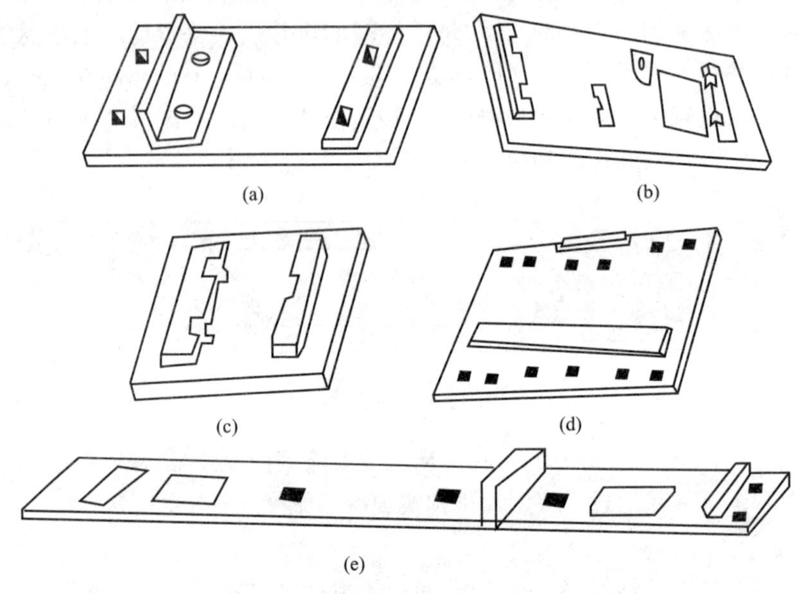

图4-12　垫板

(8)转辙器的有关尺寸

① 尖轨跟端轮缘槽宽度

尖轨跟端轮缘槽宽度是尖轨跟端基本轨作用边与尖轨非作用边之间的最小距离。

在直尖轨转辙器中，为简化制造，并使尖轨在左、右开的道岔上都能使用，直、曲股尖轨跟端采用相同的轨距，直、曲股轮缘槽也采用同样的宽度。

尖轨跟端轮缘槽的宽度，应能保证在最不利的条件下，当轮对一侧车轮轮缘紧贴一股尖轨作用面时，另一侧车轮轮缘可以自由地通过而不冲击尖轨跟端。

图4－13为尖轨跟距示意图。

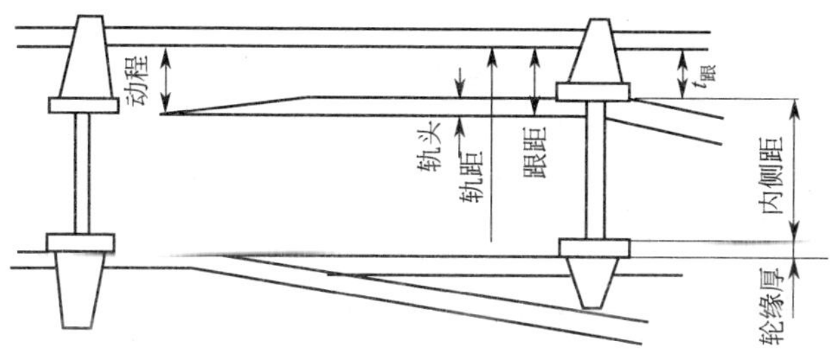

图4－13 尖轨跟距示意图

② 尖轨最小跟距

尖轨最小跟距指尖轨跟端基本轨作用面到尖轨作用面的最小距离。

③ 尖轨尖端开口宽度

尖轨尖端开口宽度是当尖轨在斥离状态时，尖轨尖端与基本轨之间的距离。开口宽度应保证车轮对尖轨非作用边不产生侧向挤压的现象。

④ 尖轨拉杆处动程

尖轨动程为尖轨尖端非作用边与基本轨作用边之间的距离。

规定在距尖轨尖端380 mm的第一根连接杆中心处测量，因此，需将尖轨尖端开口宽度换算为道岔拉杆处的动程。

2. 连接部分

连接部分是把转辙器和辙叉之间连接起来的设备，包括两股直线钢轨和两股曲线钢轨。如图4－14所示。导曲线即两股曲线钢轨。

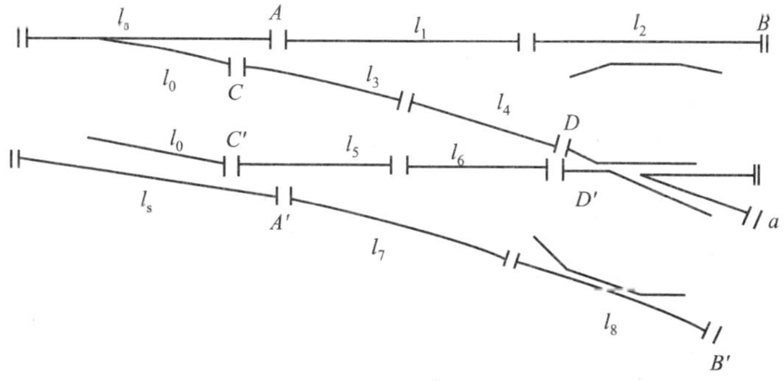

图4－14 连接部分

(1)导曲线的平面形式

导曲线的平面形式可以是圆曲线、缓和曲线或变曲率曲线。目前大部分道岔导曲线均为圆曲线，当转辙器尖轨或辙叉为曲线型时，尖轨或辙叉本身就是导曲线的一部分,确定导曲线平面形式时应将尖轨或辙叉平面一并考虑,圆曲线两端一般不设缓和曲线。

导曲线的平面形式主要有圆曲线型和抛物线型两种。

圆曲线型导曲线由两端短直线及相连接的圆曲线组成。圆导曲线能与直线型尖轨和各种曲线型尖轨配合设置,设计简单,可以获得最短的道岔长度,铺设养护方便,因此普遍采用。

导曲线半径的大小是由道岔号码来决定,道岔号码大,相应的导曲线半径也大,侧向通过道岔的速度也愈高。

9 号道岔的导曲线半径为 180 m,12 号道岔的导曲线半径为 330 m。

导曲线起点位于尖轨跟端接缝处,终点位于辙叉心理论尖端前面一段直线长度处。

短直线的作用是使车体转向架在未进入辙叉前,处于直线位置上,使列车平稳地通过辙叉。

抛物线型导曲线仅用于有的 18 号道岔,城市轨道交通没有采用过。

(2)导曲线的超高

导曲线由于长度及限界的限制,一般不设超高。即使设置超高,受列车限界的限制,一般也不能大于 15 mm,且结构复杂,效果不明显。

直尖轨的后大半部分高于基本轨,一般高出 6 mm。在导曲线上无超高时,尖轨跟部高出部分必须向导曲线上顺坡。此外,因导曲线上无超高,在离心力的作用下,不可避免地出现里股高于外股的情况,因此,宜在导曲线上设置适量超高。考虑到尖轨跟部高于基本轨 6 mm 的条件,故规定对导曲线可根据需要设置 6 mm 的超高,即将高度为 6 mm的顺坡,由导曲线前部转移至导曲线后部。

目前,用钢筋混凝土岔枕铺设的道岔导曲线上,设置了 6 mm 的超高,两端用减薄胶垫厚度进行顺坡。

(3)导曲线的轨底坡

钢轨组合辙叉的道岔,为简化构造,导曲线不设轨底坡,轨底垫板为平垫板,在导曲线的前面部分,为了顺坡分别有顺坡垫板。但采用有轨顶横坡的特种断面尖轨和高锰钢整铸辙叉相配合的道岔时,导曲线应铺设带坡度的垫板,轨面应有 1∶20 或 1∶40 的横坡。

(4)导曲线的附属设备

为防止导曲线在动荷载作用下的外股钢轨倾倒及轨距扩大,在导曲线部分安装若干轨距杆,或在两股钢轨外侧成对地安装一定数量的轨撑,还可设置一定数量的防爬器,以减少钢轨的爬行。

(5)导曲线配轨

连接部分一般配置 8 根钢轨,直股连接线 4 根,曲股连接线 4 根。导曲线配轨时,要考虑轨道电路上的绝缘接头的位置及满足对接接头的要求,并尽量采用 12.5 m 或

25 m 长的标准钢轨。使用的短轨,一般不短于 6.25 m,在不得已的情况下,不短于 4.5 m。无缝道岔中,直股或侧股中间两接头为胶接绝缘接头,与固定辙叉相连的两接头在焊接困难的情况下也可采用冻结接头,其他接头均为焊接接头。

(6)导曲线支距

导曲线支距是指道岔直股钢轨工作边按垂直方向量到导曲线上股钢轨作用边之间的距离。支距点从导曲线起点处开始,沿直股钢轨方向,每 2 m 量一处。在道岔标准定型图上都标有导曲线各点支距,如图 4 – 15 所示。

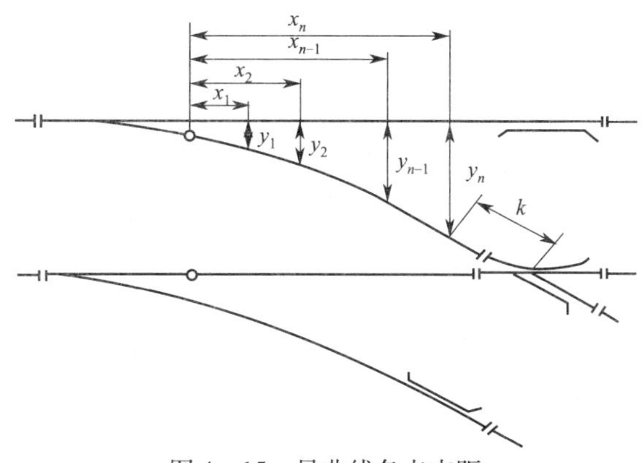

图 4 – 15 导曲线各点支距

在维护中,常用支距法整正导曲线,可按道岔定型图中的导曲线支距表查出支距,定出导曲线起、终点,然后拔直直股,用支距改正导曲线。

3. 辙叉

辙叉是轨道平面交叉的设备,其作用是使列车按确定的方向由一股钢轨越过另一股钢轨,通过平面交叉处。

(1)辙叉的构造

辙叉是由心轨、翼轨和联结零件组成,如图 4 – 16 所示。

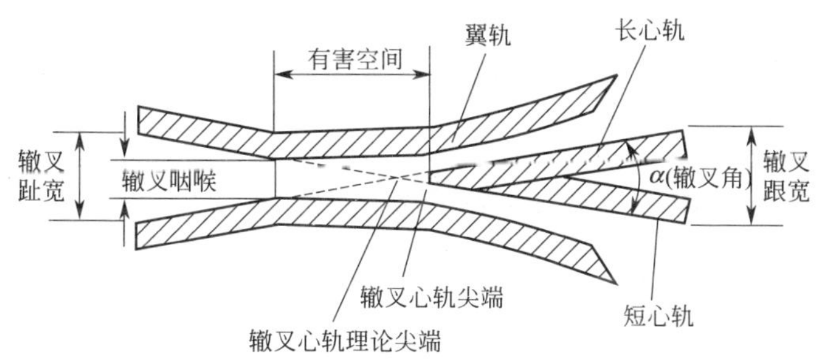

图 4 – 16 辙叉示意图

辙叉的前端称为趾端,后端称为跟端。心轨两作用边之间的夹角称辙叉角(α)。

心轨与翼轨之间保持一定宽度的轮缘槽,使车轮轮缘能够顺利通过,两翼轨工作边相距最近处称为辙叉咽喉(定型道岔咽喉宽度为68 mm)。

辙叉心轨两工作边的延长线交点称为辙叉心轨理论尖端,由于制造工艺的关系,实际上的尖端有6~10 mm的宽度,此处称为辙叉心轨尖端。

从辙叉咽喉至辙叉心轨尖端之间钢轨工作边中断,称为有害空间。9号道岔的有害空间长度为702 mm,12号道岔的有害空间长度为936 mm。为保证车轮安全通过有害空间,在辙叉两侧相对位置的基本轨内侧设置了护轨。

(2)辙叉的分类

按平面形式分,辙叉有直线辙叉和曲线辙叉两类;按构造类型分,有固定辙叉和活动辙叉两类。城市轨道交通采用的大多是固定辙叉,在特殊情况下也采用活动辙叉。

①固定辙叉

固定辙叉有钢轨组合式辙叉和高锰钢整铸辙叉两种。

a. 钢轨组合式辙叉

钢轨组合式辙叉是用普通钢轨及其他零件经刨切拼装而成的辙叉,称为钢轨组合式(拼装式)辙叉,如图4-17所示。它由长心轨、短心轨、翼轨、间隔铁、垫板以及其他零件组成,短心轨与长心轨拼贴而成的叉心,目前广泛采用短心轨轨底叠盖在长心轨轨底上的办法(即爬坡式),长心轨应铺放在直线方向上。

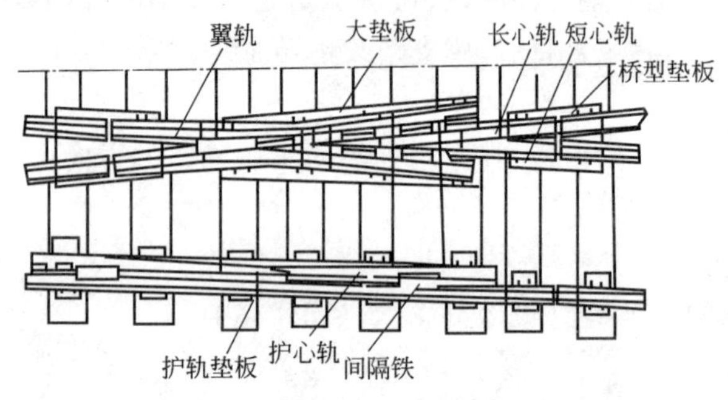

图4-17 钢轨组合式辙叉及护轨

翼轨是用与道岔同类钢轨弯折刨切而成。在翼轨、心轨之间用不同尺寸的间隔铁和螺栓联结,紧固形成整体。从辙叉咽喉至心轨50 mm宽断面间,设有支承辙叉的大铁垫板,以加强辙叉的整体性。为防止辙叉趾端和跟端及其连接轨出现低接头,分别设置叉趾和叉跟的桥型垫板。

钢轨组合辙叉结构复杂,各部分之间的联系很差,零件较多,养护维修困难,使用寿命很短。随着高强度、高硬度、高耐磨性的贝氏体钢种的开发成功,以贝氏体叉心、长心轨、短心轨及冀轨组合而成的新型组合辙叉,使用寿命长,可与道岔前后钢轨焊接而逐渐推广应用。

b. 高锰钢整铸辙叉

高锰钢整铸辙叉是用的高锰钢把心轨和翼轨铸成整体的辙叉，如图 4－18 所示。

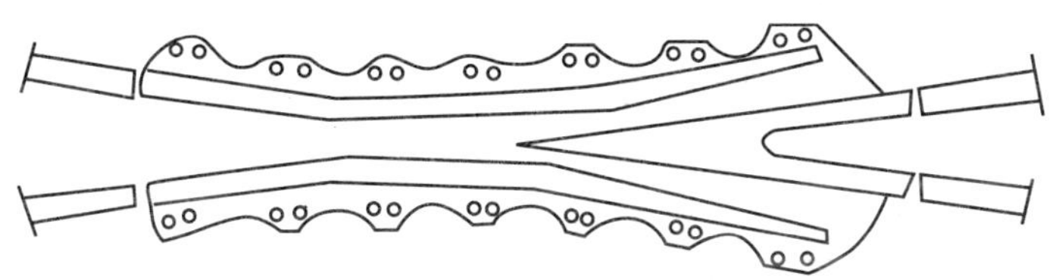

图 4－18 高锰钢整铸辙叉

高锰钢是一种锰碳含量均较高的合金钢（含锰约 12.5%，碳 1.2%），具有较高的强度、良好的冲击韧性，经热处理后，在冲击荷载作用下，会很快产生硬化，使表面具有良好的耐磨性能，同时，由于心轨和翼轨同时浇铸，整体性和稳定性好，可以不设辙叉垫板而直接铺设在岔枕上，不需安装辙叉垫板，零件少，安装方便，养护维修省工，较钢轨组合辙叉使用寿命长（一般为 5～10 倍）。

②可动心轨辙叉

可动心轨辙叉的心轨是可动的。

可动心轨辙叉主要由可动心轨、叉跟基本轨、帮轨和辙叉大垫板等组成，如图4－19所示。其中，可动心轨由翼轨、长短心轨拼装而成。

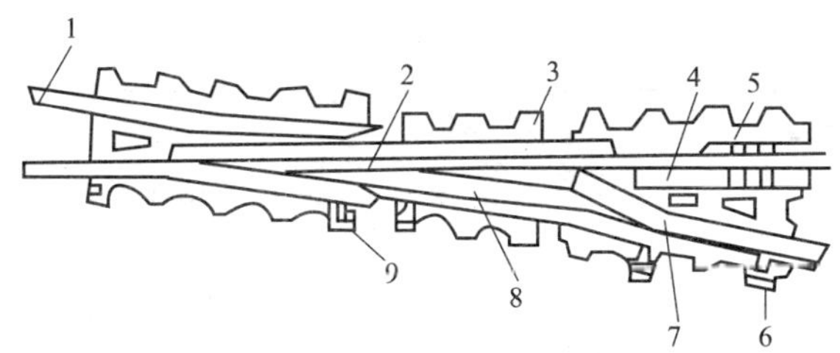

图 4－19 可动心轨辙叉

1—翼轨；2—长心轨；3—大垫板；4—帮轨；5—连接螺栓；
6—轨撑；7—基本轨；8—短心轨；9—轨撑

可动心轨辙叉有活动叉心和弹性可弯叉心两种不同型式。

可动心轨辙叉从根本上消灭了有害空间，使道岔的强度大为提高，列车的直向过岔速度较固定辙叉提高 27%～45%。

与可动心轨辙叉配合使用的转辙器，尖轨平面为切线型，用高型特种断面钢轨制造，采用弹性可弯式跟部结构。

(3)辙叉的垫板

辙叉部分的垫板有辙叉大垫板，叉趾垫板，叉跟垫板，护轨垫板，趾前、叉后垫板等。

①辙叉大垫板

辙叉大垫板如图 4 - 20(a)所示,是铺设在钢轨组合辙叉下面的大垫板,作用是为加强辙叉的强度及稳定性,连接方式是通过扣板、螺栓将翼轨轨底扣紧在大垫板上。

②叉趾垫板

为防止辙叉趾端产生低接头,导致车轮通过辙叉趾端的不平顺运行,应在辙叉端设置叉趾垫板。

③叉跟垫板

叉跟垫板与辙叉趾端相同。

叉趾垫板、叉跟垫板如图 4 - 20(b)所示。

④护轨垫板

护轨垫板如图 4 - 20(c)所示,是铺设在护轮轨与基本轨下面的垫板,护轨中间部分几块垫板带有轨撑,能防止护轨横向位移。

⑤趾前、叉后垫板

趾前、叉后垫板如图 4 - 20(d)所示,是铺设在辙叉趾前、叉后钢轨下面的垫板。

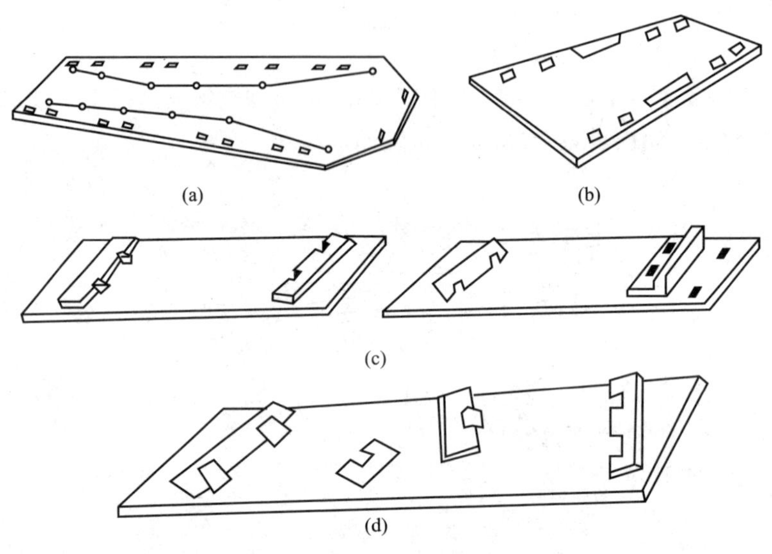

图 4 - 20　辙叉垫板

(4)护轨

护轨设于固定辙叉的两侧,用于引导车轮轮缘,防止与叉心碰撞,如图 4 - 21 所示。辙叉护轨由中间平直段、两端缓冲段和开口段组成呈折线型。中间平直段,与基本轨平行,是起着防护作用的部分,其主要作用是迫使车轮轮缘在护轮轨轮缘槽内通过,控制对侧的车轮轮缘不致碰撞辙叉尖或进入异股,即保证查照间隔应有的尺寸。为此,该平直段应对应于辙叉咽喉辙叉心轨顶宽 50 mm,称为平直段的范围,考虑到可能产生的爬行影响,为安全起见,一般再向两端延长 150 ~ 300 mm。缓冲段及开口段起着将车轮平顺地引入护轨平直段的作用。缓冲段的冲击角应与列车允许的通过速度相配合。为了提高直向过岔速度,直侧股可采用不同长度、不同冲击角的护轨。

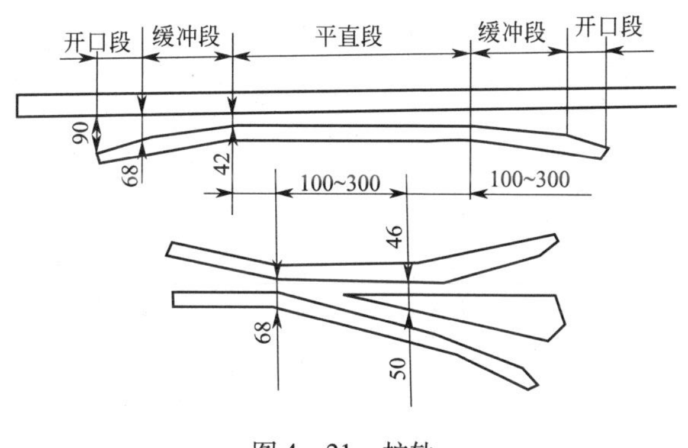

图 4 - 21　护轨

护轨用与道岔同类型的普通钢轨弯折制成,护轨类型主要有钢轨间隔铁型、H 型和槽型三种。槽型护轨如图 4 - 22 所示 ,采用轧制钢轨制作,配合整铸垫板,结构简单,整体性强,可安装扣压基本轨的弹性扣件,轨距及轮缘槽尺寸可调。

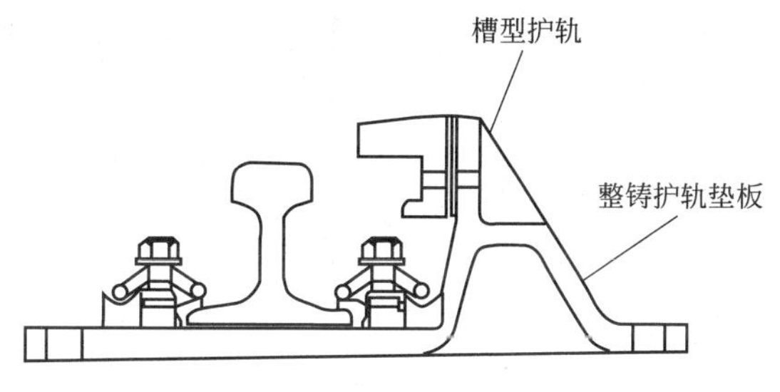

图 4 - 22　槽型护轨

护轨的防护范围,应包括辙叉咽喉至叉心顶宽 50 mm 的一段长度,并要求有适当的余裕。

(5)辙叉各部分尺寸和间隔

①辙叉咽喉轮缘槽

辙叉咽喉轮缘槽宽度应保证在最不利条件下,即轮对一侧车轮轮缘紧贴基本轨时,另侧车轮轮缘槽能够顺利通过,而不冲击翼轨咽喉弯折点。轮对与咽喉的关系如图 4 - 23 所示。

为了确保行车安全,减少有害空间长度,咽喉宽度也不能太宽。

标准定型道岔的辙叉咽喉宽度为 68 mm。

②辙叉护背距离和查照间隔

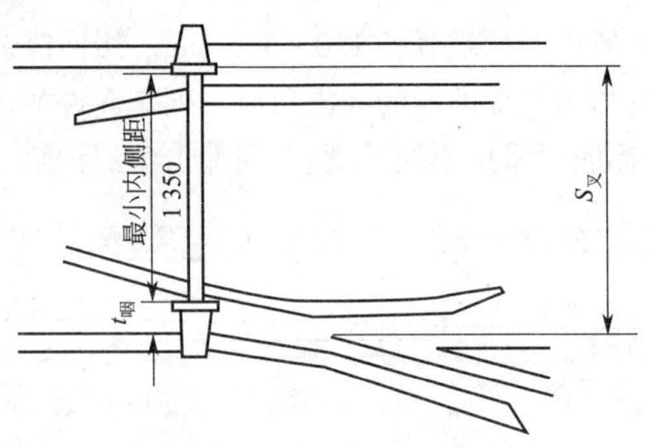

图 4 – 23　轮对与咽喉的关系

辙叉护背距离和查照间隔是辙叉与护轨相互间保持着一定距离的两个控制尺寸。辙叉与护轨关系如图 4 – 24 所示。

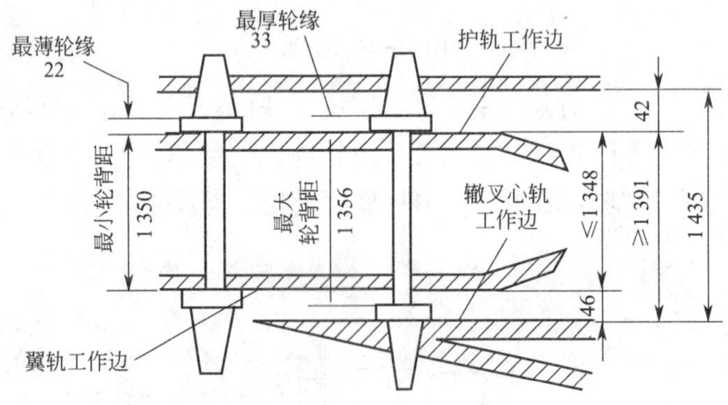

图 4 – 24　辙叉与护轨关系

辙叉翼作用面至护轨头部外侧的距离称为护背距离。此距离应保证车轮轮对在最不利的条件下，不被翼轨和护轨卡住。因此，翼轨工作边和护轨工作边的距离必须小于 1 348 mm。但也不能太小，太小就减少了车轮踏面与翼轨顶面的接触面积，增大了有害空间，危及行车安全，加速辙叉磨耗。这个距离应保持在 1 346 ~ 1 348 mm。

辙叉心作用面至护轨头部外侧的距离称为护轨与心轨的查照间隔，此间隔应保证车轮轮对在最不利的条件下，借护轮轨制约一侧车轮，而不使另一侧车轮冲击辙叉心。护轨与心轨两工作边的距离必须大于 1 391 mm。但也不能太大，太大了就减少了护轨轮缘槽的宽度，不能满足 1 348 mm 这个距离。如果把心轨往外移，辙叉的轨距又不能满足。这个距离应保持在 1 391 ~ 1 394 mm。

③护轮轨轮缘槽

为确保护轨与心轨作用边距离不小于 1 391 mm，护轨轮缘槽平直段的宽度应为 42 mm。

为使车轮轮缘能够顺利进入护轨轮缘槽内，在护轨平直段两端各设置了缓冲段，缓冲段的角度与尖轨冲击角相同。缓冲段的末端轮缘槽与辙叉咽喉宽度相同,为 68 mm。在缓冲段的外端,再各设开口段,其长度一般采用 150 mm,开口段外端轮缘槽为 90 mm。

标准 9 号、12 号单开道岔的护轨全长分别为 3.9 m、4.5 m。

④辙叉轮缘槽及翼轨

辙叉轮缘槽在护轮轨平直段轮缘槽确定的条件下,应能使具有最小轮背距的轮对自由地通过,以满足护背距离的要求,如图 4－25 所示。

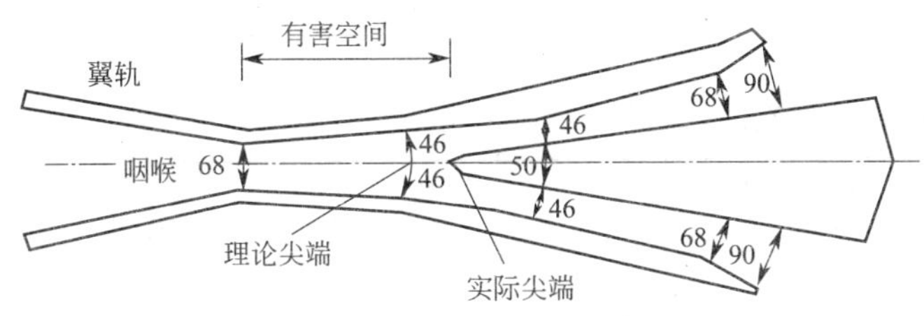

图 4－25　辙叉轮缘槽及翼轨

考虑到制造时可能出现负公差,定型道岔的辙叉轮缘槽采用 46 mm。

为了引导车轮轮缘进入辙叉轮缘槽,翼轨在对应心轨宽 50 mm 断面以后弯折成缓冲段,缓冲段外端设开口段,其长度、轮缘槽宽度与护轨完全相同。

翼轨除引导车轮轮缘槽外,当车轮经由有害空间过渡到心轨全部承载车轮以前,还起支承车轮的作用。

⑤辙叉趾宽及跟宽

单开道岔辙叉从其趾端到跟端的长度称为辙叉全长,如图 4－26 所示。从辙叉趾端到理论中心的距离称为辙叉趾距。从辙叉跟端到理论中心的距离称为辙叉跟距。辙叉趾端翼轨工作边之间的距离称为趾宽。辙叉跟端心轨工作边之间的距离称为跟宽。

辙叉趾宽、跟宽的尺寸直接影响辙叉前后端轨距的大小。

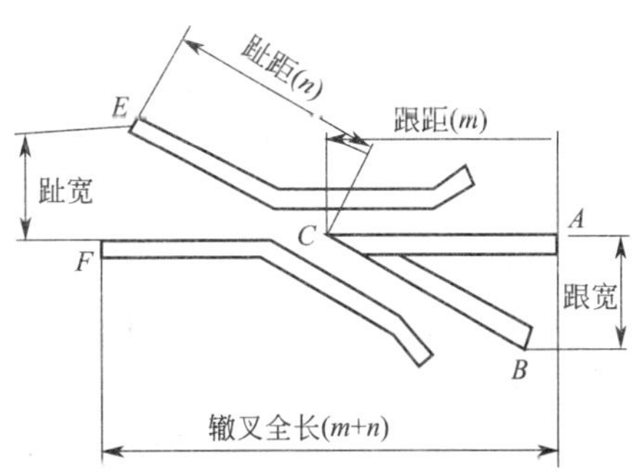

图 4－26　辙叉趾宽及跟宽

⑥翼轨与心轨的相对高度

当车轮沿翼轨向叉心或以相反方向滚动时,为防止心轨在其断面过分削弱部分承受车轮荷载,应使翼轨和叉心顶面之间,保持必要的相对高差。

对于钢轨组合辙叉,规定叉心顶宽 40 mm 及其以上部分方能承受全部车轮压力,而在 30 mm 及其以下部分则完全不能受力,另外,为防止车轮撞击辙叉尖端,应使该处叉心顶面低于翼轨顶面 33 mm 以上,如图 4－27 所示。

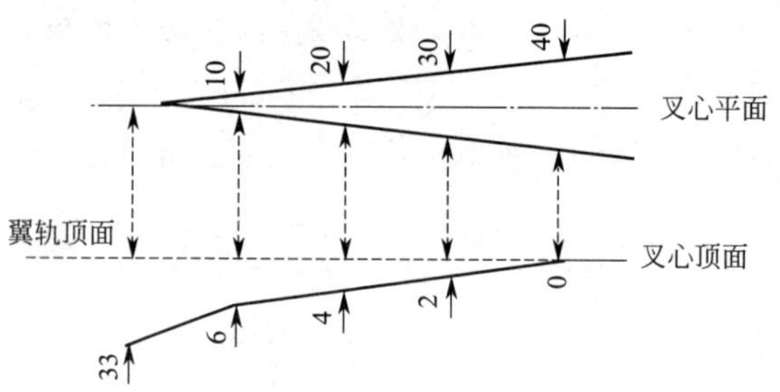

图 4 – 27　钢轨组合辙叉翼轨与心轨相对高度

对于高锰钢整铸辙叉，由于其强度大，规定叉心顶宽 35 mm 及其以上部分承受全部车轮压力，而在 20 mm 及其以下部分则完全不受力。另外，为同样目的，把翼轨顶面从辙叉咽喉到叉心顶宽 35 mm 一段，用堆焊法加高，如图 4 – 28 所示。

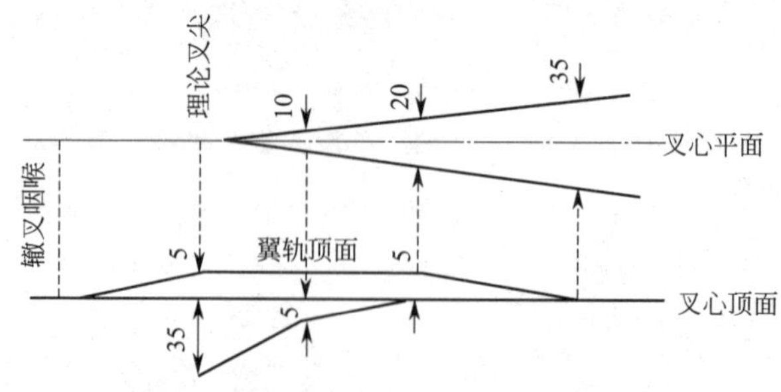

图 4 – 28　整铸辙叉翼轨与心轨相对高度

因车轮踏面是锥形状，当车轮由尖轨滚向心轨或由心轨滚向尖轨的过程，车轮经过了一个降低又升高的过程，这就是车轮经过有害空间时形成列车振荡和冲击的主要原因。为了减轻车轮通过有害空间对心轨尖端的冲击，除采用可动心轨来消除有害空间外，可在有害空间范围内，将翼轨顶面适当加高，同时把心轨前端顶面适当降低，使心轨尖端范围内与翼轨顶面保持一定的高差。

4. 岔枕

岔枕有木枕和预应力混凝土岔枕。岔枕现以预应力钢筋混凝土岔枕为主。

(1) 预应力混凝土岔枕

目前，预应力混凝土岔枕已大量上道铺设，预应力混凝土岔枕重量大，提高了道岔的稳定性，可大大降低轨枕和道床的振动加速度，轨距、水平、方向等几何尺寸容易保持，并消除了导曲线反超高及道岔爬行的病害，减少维修工作量。

预应力混凝土岔枕岔枕长度为 2.3 ~ 4.9 m，级差为 0.1 m，岔枕底面宽度为 300 mm，顶面宽度为 260 mm，高度为 220 mm，12 号道岔每组岔枕 92 根，全部道岔均按垂直于道岔直股钢轨布置。

混凝土岔枕与Ⅲ型混凝土枕具有相当的有效支承面积，采用无挡肩形式，岔枕顶面平直,岔枕中还预埋有尼龙套管,依靠扣件摩擦及旋入套管中的道钉承受横向荷载,按14 根 φ7 配筋。采用分开式扣件,铁垫板通过螺栓与岔枕连接,钢轨通过Ⅱ、Ⅲ型扣件与铁垫板连接,轨下设置5 mm 厚橡胶垫板,铁垫板下设置10 ~20mm 厚橡胶垫板,具有双重弹性。因轨道所承受的横向力直接通过铁垫板、连接螺栓传递给尼龙套管,因而该预埋件易损坏,目前采用的是钢套管与尼龙套管的组合结构。

但混凝土岔枕的联结零件较复杂,损坏后不易更换和处理,混凝土岔枕自重较大,不易单根抽换,弹性也较差。

(2)无砟轨道岔枕

无砟轨道道岔中,岔枕为低预应力的带钢筋桁架结构。岔枕高度小于有砟轨道岔枕,钢筋桁架与现浇混凝土联结强度高,可减缓预制岔枕与现浇混凝土结合面处的开裂。

(3)单开道岔岔枕方向布置

单开道岔的岔枕方向布置规定如下:

①在转辙器部分和连接部分,岔枕应垂直于直股方向。

②在辙叉部分,岔枕应垂直于辙叉角的平分角线,没有辙叉大垫板的组合式辙叉在心轨顶宽20 mm 处应布置一根岔枕,这是因为辙叉在此开始承受车轮的压力,应予加强。

③两部分的岔枕方向扭转过渡应在辙叉趾前 3 ~5 根岔枕之间完成,如图 4 –29 所示。

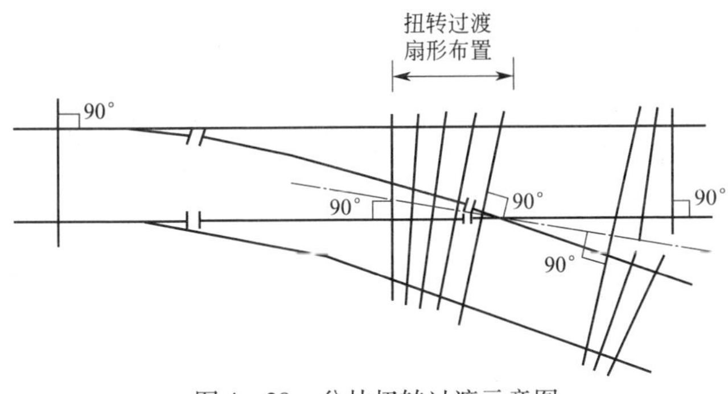

图4 –29 岔枕扭转过渡示意图

(4)单开道岔岔枕扭转量

①单开道岔岔枕间距丈量的规定

转辙器部分按直线上股钢轨丈量;连接部分及扭转部分按直线下股钢轨丈量;辙叉及辙后部分按转辙角平分线方向丈量。

②岔枕扭转量

9 号道岔岔枕扭转量约为 80 mm,12 号道岔岔枕扭转量约为 60 mm。

③岔枕轨枕间隔

如图4 –30 所示,辙叉趾前最后一根垂直于直股的岔枕为岔枕扭转的起点。辙叉趾前第一根至扭转起点的轨枕间隔,是指内直股的轨枕间隔。岔枕扭转量均匀地增加在其相对的外直股,即为外直股的轨枕间隔。

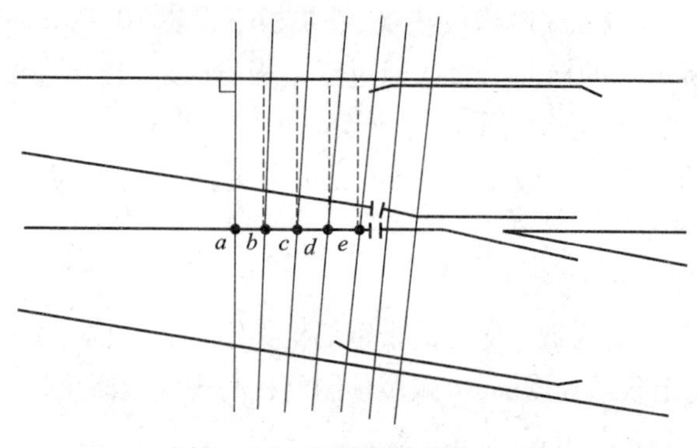

图 4－30　岔枕扭转轨枕间隔

(5)岔枕数量

一组道岔的岔枕数量很多,长度也不相同。如 50 kg/m 9 号道岔有各种长度的岔枕 68 根,60 kg/m 12 号 AT 道岔有各种长度的岔枕 83 根。

第二节　道岔的种类

一、道岔的分类

1. 按结构分类

道岔按结构分为连接设备、交叉设备以及连接设备和交叉设备的组合。

连接设备包括单式道岔、复式道岔。交叉设备包括直角交叉和菱形交叉。连接和交叉设备的组合包括交分道岔和渡线。

2. 按钢轨类型分类

道岔按钢轨类型分为 60 kg/m 道岔、50 kg/m 道岔和 43 kg/m 道岔。按是否 AT 钢轨制造的又分为 AT 道岔和非 AT 道岔。

3. 按岔枕分类

道岔按分为木枕道岔、预应力混凝土道岔和整体道床道岔。

4. 按辙叉类型分类

道岔按辙叉类型分为固定辙叉道岔和可动心轨辙叉道岔。

5. 按锁闭方式分类

道岔按锁闭方式分为内锁闭道岔和外锁闭道岔。内锁闭道岔由转辙机内部的锁闭装置实现尖轨的锁闭,两根尖轨是联动的。外锁闭道岔由转辙机外面的锁闭装置实现尖轨的锁闭,两根尖轨是分动的。

6. 按道岔号码分类

道岔辙叉号数分为7号、9号、12号等。

所以要描述清楚一组道岔,必须非常全面 。例如9号60 kg/m AT外锁闭、固定辙叉、预应力混凝土、单开道岔。

二、连接设备

1. 单式道岔

(1)单式道岔的分类

使一条线路通向两条线路的道岔叫单式道岔,包括:普通单开道岔、单式对称道岔、单式不对称道岔、单式同侧道岔。其中,运用最多的是普通单开道岔。

普通单开道岔保持主线为直线,侧线在主线的左侧或右侧岔出(面对道岔尖端而言)。

单式对称道岔(又称双开道岔),即自主线向左右两侧对称岔出两条线路的道岔。

单式不对称道岔(又称异向道岔),是自主线向左右两侧不对称岔出两条线路的道岔。

单式同侧道岔(又称曲线道岔)自主线向同一侧岔出两条线路的道岔。

(2)单开道岔

普通单开道岔保持主线为直线,侧线在主线的左侧或右侧岔出(面对道岔尖端而言)。侧线向右侧岔出的,称为右向单开道岔,简称右开道岔,如图4-31(a)所示。侧线向左侧岔出的,称为左向单开道岔,简称左开道岔,如图4-31(b)所示。

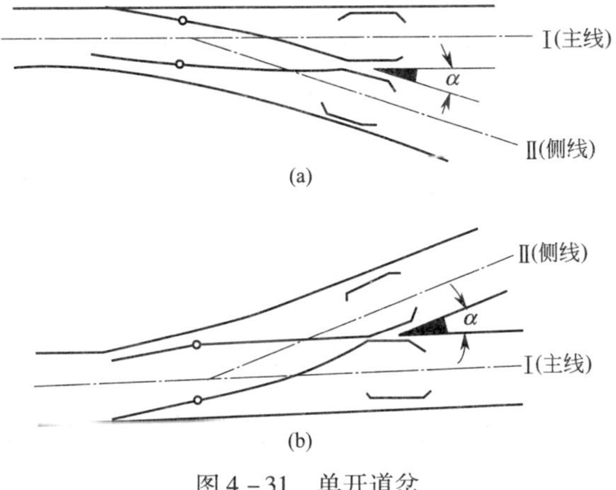

图4-31　单开道岔

单开道岔以它的钢轨每米质量、道岔号数、直向允许通过速度、轨距、轨下基础等分类。

(3)对称道岔

对称道岔如图4-32所示,其对称于主线的中线或辙叉角的中分线,列车通过时无直向及侧向之分。导曲线半径相等时,对称道岔的长度要比单开道岔短,其他条件相同时，导曲线半径约为单开道岔的两倍；在曲线半径和长度保持不变时，可采用比单开道岔更小号数的辙叉。因此在道岔长度固定的条件下，使用对称道岔可获得较大的导曲线半径，能提高过岔速度；在保持相同的过岔速度的条件下，对称道岔能缩短道岔长度，从而缩短站坪长度，增加线路的有效长度。

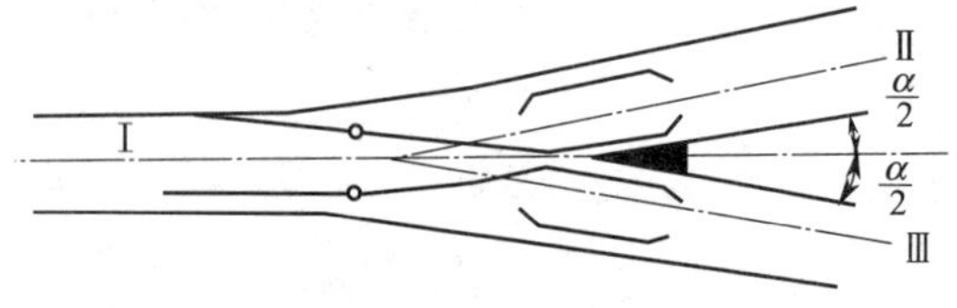

图 4－32　对称道岔

(4) 曲线道岔

曲线道岔如图 4－33 所示，是主线也为曲线的道岔，在特殊地形条件下使用时可较大幅度地节约工程造价。

2. 复式道岔

为了节省用地缩短线路总长，或由于受地形限制，道岔铺设位置不能按照一前一后逐组错开铺设，必须把一组道岔纳入另一组道岔内，便形成复式道岔。复式道岔分为：复式对称道岔、复式异侧不对称道岔、复式同侧不对称道岔。

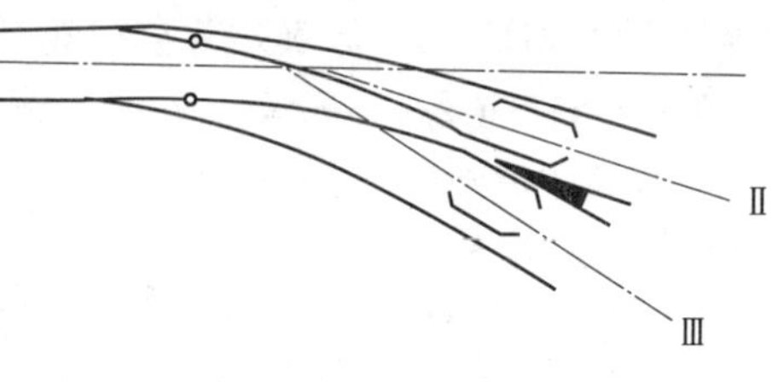

图 4－33　曲线道岔

复式对称道岔(又称三开道岔)，其主线为直线，用同一部位的两组转辙器，将线路分为 3 条，两侧对称分支的道岔，如图 4－34 所示。这种道岔有两对尖轨和三副辙叉。两对尖轨中有一对尖轨比外面的短，三副辙叉中后两副辙叉的辙叉角相等，而前面的(即中间的)一副辙叉角较大，并位于主线的中线上。

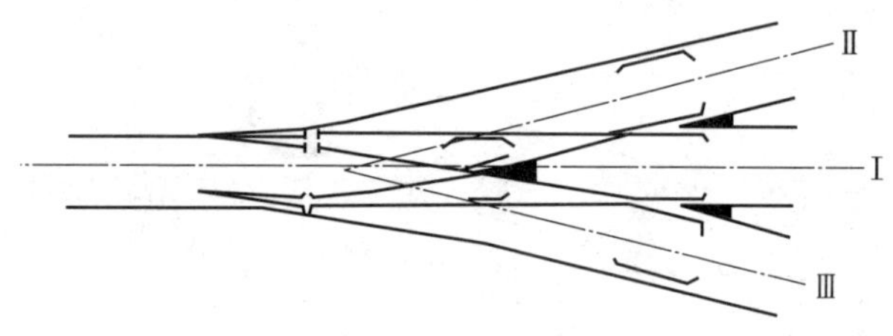

图 4－34　三开道岔

三开道岔相当于两组异侧顺接的单开道岔，但其长度却远比两组单开道岔的长度之和为短。但该道岔构造比较复杂，维修较困难，运行条件较差，非十分困难时，不轻易采用。常用于地形狭窄又有特殊需要的地段。

复式异侧不对称道岔(又称不对称三开道岔)的主线为直线，在不同部位用两组转辙器，将一条线路分为3条，两侧不对称分支的道岔，中间的一副辙叉位于主线的一侧，后面两副辙叉的辙叉角可相等也可不相等。

复式同侧不对称道岔的主线为直线，两条侧线从主线的一侧岔出的道岔称为复式同侧不对称道岔。此种道岔使用较少。

三、交叉设备

两条轨道在同一平面上相互交叉的设备称为交叉。交叉分直角交叉和菱形交叉。

两条直线轨道成直角相交的交叉称为直角交叉，很少见。两股轨道相交成菱形的交叉，当其交叉角小于直角时称为菱形交叉，如图4－35所示。菱形交叉由两组锐角辙叉和钝角辙叉组成。钝角辙叉分为固定型和活动心轨型两种。菱形交叉常用于两条线路的平面交叉，也可用于交分道岔和交叉渡线中。

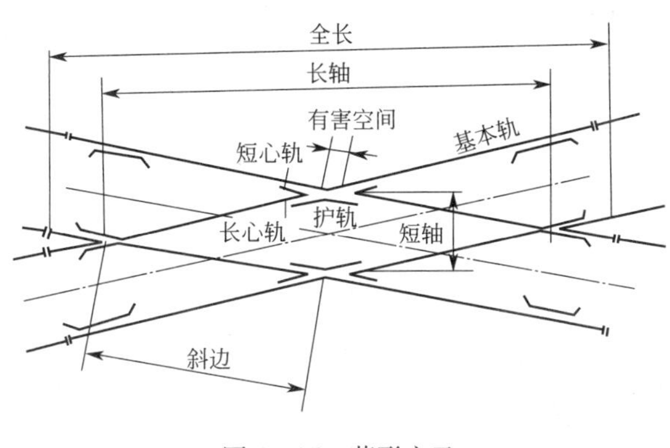

图4－35 菱形交叉

1. 固定型钝角辙叉

钢轨组合固定型钝角辙叉由基本轨、帮轨、长心轨、短心轨、护轨及连接零件组成，如图4－36所示。

帮轨用来到增强辙叉结构的稳定性。短心轨的作用类似于单开道岔的护轨引导部分。

固定型钝角辙叉，自心轨实际尖端至辙叉理论尖端（即辙叉长、短心轨工作边的交点）之间的距离，称为有害空间。车轮通过有害空间时，完全依靠对侧的钝角辙叉的护轨来引导车轮前进。但是，对于任何一个行车方向，护轨的引导都不是完全的，车轮通过时，容易造成撞击辙叉尖端及脱轨事故。为了防止车轮撞击心轨尖端和脱轨事故，在设计时尽可能地减少有害空间的长度以及车轮轮缘一端内侧搭在护轨弯折点上，使另一端轮缘搭在心轨实际尖端上，车轮由护轨进入心轨，自行防护。但若维修不当，不能保持菱形轨距和辙叉轮缘槽的宽度，如辙叉轮缘槽太大，就增加了有害空间的长度，减少车轮的自护能力；若护轨弯折处出现圆弧，不能及时采取焊补等办法，就会造成减少护轨平直段对车轮的引导长度，相对地增加了有害空间长度。

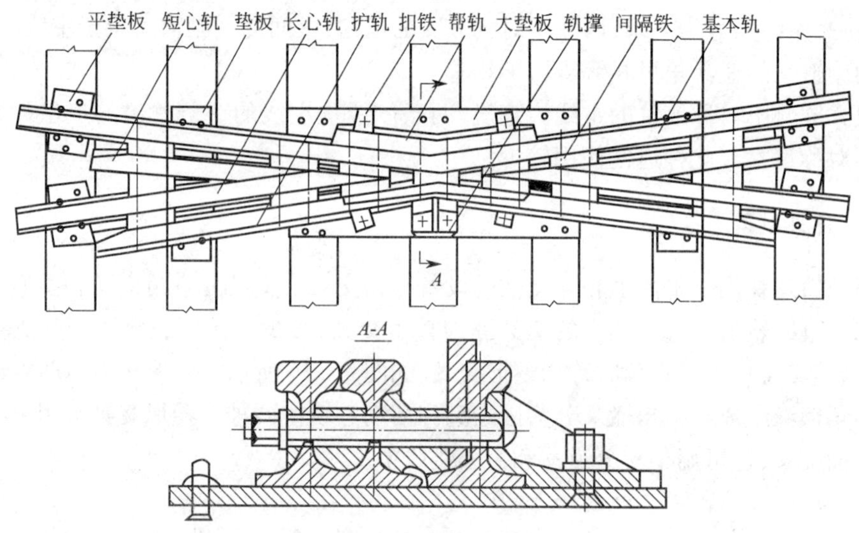

图 4－36　固定型钝角辙叉

钝角辙叉，可采用护轨顶面不提高的固定型。

2. 活动心轨型钝角辙叉

活动心轨型钝角辙叉相当于把固定型钝角辙叉的长心轨延长至理论尖端处，与基本轨相交，同时把长心轨跟端做成活接头型，这样，随着行车方向的不同，心轨可以左右扳动，从而消除了有害空间，如图 4－37 所示。它由基本轨、帮轨、心轨、扶轨及其他联结设备组成。由于没有有害空间，因此不设护轨。帮轨安装在基本轨外侧，轨头完全与基本轨相贴，保持基本轨稳定。为了防止基本轨磨耗后车轮挤撞帮轨，一般帮轨轨面比基本轨低 10 mm。心轨相当于单开道岔中的尖轨。

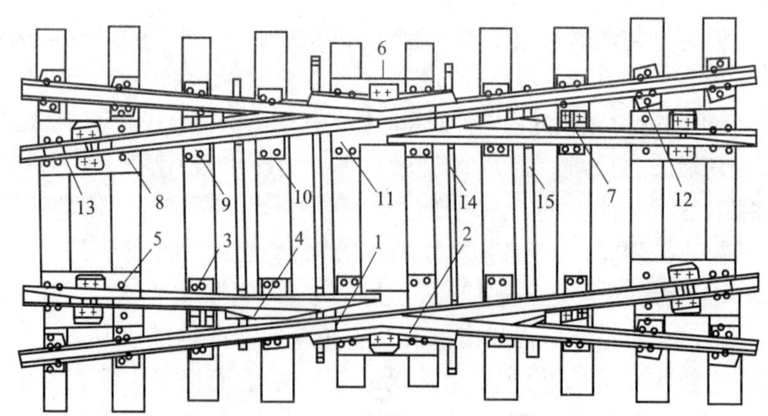

图 4－37　活动心轨型钝角辙叉

1—基本轨；2—帮轨；3—活动心轨；4—扶轨；5—轨撑；6—轨撑；7—防跳卡铁；8—垫板；9—垫板；10—垫板；11—垫板；12—垫板；13—辙跟夹板；14—拉杆；15—连接杆

四、连接与交叉的组合

连接与交叉的组合是把连接设备和交叉设备组合起来，主要有交分道岔和渡线。

1. 交分道岔

两条线路相互交叉，列车不仅能够沿着直线方向运行，而且能够由一直线转入另一直线，这种道岔叫做交分道岔。

交分道岔有单式交分道岔和复式交分道岔。

(1)单式交分道岔

单式交分道岔是两条线路相交，中间增添两副转辙器和一副连接曲线，列车可沿某一侧由一条线路转入另一条线路的道岔，如图4－38所示。

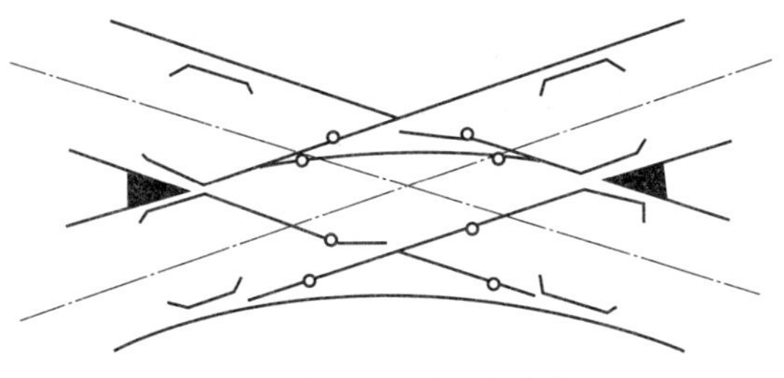

图4－38　单式交分道岔

(2)复式交分道岔

复式交分道岔是两条线路相交，中间增添四副转辙器和两副连接曲线，列车能沿任何一侧由一条线路转入另一条线路的道岔，如图4－39所示。这种道岔既能达到线路交叉的目的，又能起到线路连接的作用。复式交分道岔相当于两组对向铺设的单开道岔，实现不平行股道的交叉，一组复式交分道岔能起到四组单式道岔的作用，且与普通道岔比较起来，具有道岔长度短、开通进路多及两个主要行车方向均为直线等优点，不仅能节省用地面积，同时也能节省作业时间，并改善列车运行条件。

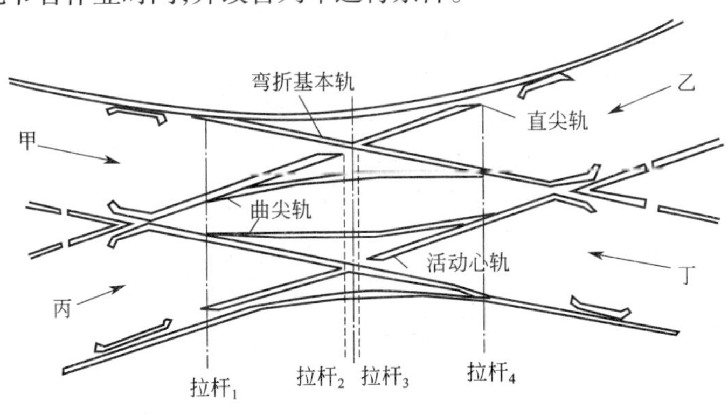

图4－39　复式交分道岔

一组复式交分道岔由 2 组锐角辙叉及护轨、2 组双转辙器、2 组钝角辙叉、连接曲线及岔枕等组成。

双转辙器分为 2 组，每组由 2 根直尖轨、2 根曲尖轨、4 根基本轨组成。直尖轨和曲尖轨用连接杆（第 1 号或 4 号连接杆）连接在一起，组成一套转辙结构。

钝角辙叉有 2 组，每组由 2 根活动心轨、2 根弯折基本轨、2 根帮轨、2 根扶轨组成。2 根活动心轨是用连接杆（2 号或 3 号连接杆）连接在一起，可以左右开通。

锐角辙叉也有 2 组，它的辙叉号码就是复式交分道岔的号码。

复式交分道岔能够开通 8 个方向，每个方向开通时，拉杆的位置分别如表 4 – 1 所列。

表 4 – 1　复式交分道岔开通图

开 通 线 路	1 号连接杆	2 号连接杆	3 号连接杆	4 号连接杆
A→D（或 D→A）	↑	↓	↑	↓
A→B（或 B→A）	↓	—	—	↓
C→B（或 B→C）	↓	↑	↓	↑
C→D（或 D→C）	↑	—	—	↑

2. 渡线

利用道岔或利用固定交叉连接两条相邻线路的设备，称为渡线。渡线可分为单渡线和交叉渡线。

（1）单渡线

单渡线由两组单开道岔及一条连接轨道组成，如图 4 – 40 所示。

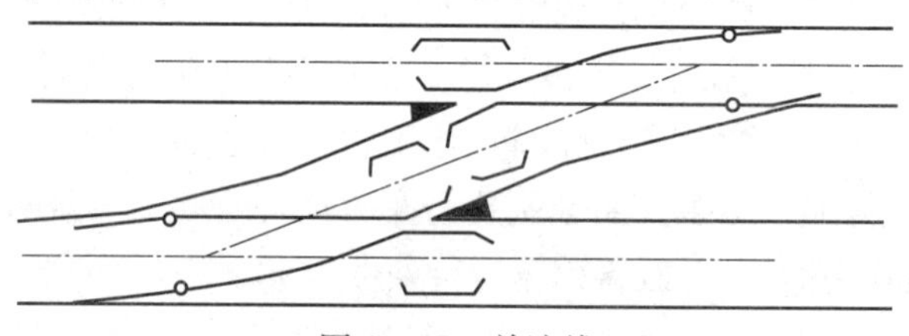

图 4 – 40　单渡线

（2）交叉渡线

交叉渡线由相邻两线路间由两条相交的渡线和一组菱形交叉以及连接轨组成，包括 4 组类型和号数相同的单开道岔，如图 4 – 41 所示。交叉渡线用于平行线路之间的

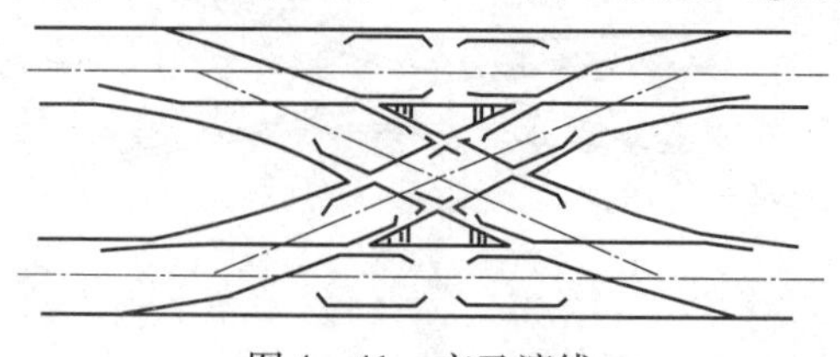

图 4 – 41　交叉渡线

连接,在站场受到地形限制或为缩短站坪长度,或为缩短咽喉的长度时,常将两个方向相反的渡线连接两平行线路。

第三节　道岔的参数

一、道岔号码

道岔号码数是以辙叉号数 N 来表示的。辙叉的号数是以辙叉角的大小来衡量的,如图 4-42 所示。

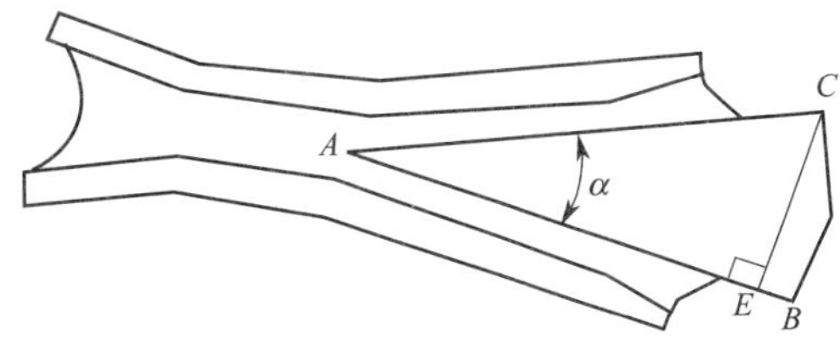

图 4-42　道岔号码表示图

1. 辙叉号数的计算方法

辙叉号数为

$$N = l_{AE}/l_{CE} = \cot\alpha$$

式中　N——辙叉号数;

α——辙叉角;

l_{CE}——叉心工作边上任一点至另一工作边的垂直距离;

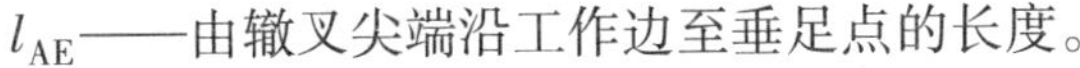

l_{AE}——由辙叉尖端沿工作边至垂足点的长度。

2. 辙叉角的计算方法

$$\alpha = \arctan(N/1)$$

我国的道岔号码从 6 号到 62 号都有,辙叉角与道岔号码成反比,道岔号码愈大,辙叉角就愈小,连接部分导曲线半径也就愈大,容许列车侧向通过道岔的速度也就愈高,列车通过道岔时就愈平稳、安全。

7 号道岔的辙叉角为 8°07′48″,9 号道岔为 6°20′25″,12 号道岔为 4°45′49″。

3. 现场确定道岔号数的方法

(1)用脚测量

在心轨顶面一脚宽处,用脚量到心轨尖端,是几脚就是几号道岔。

(2)用尺测量法

先在心轨顶面量出 100 mm 宽度和 200 mm 宽度两处,并在此两处划上线,然后再量出两条线之间的垂直距离,有几个 100 mm 就是几号道岔。

4. 城市轨道交通对于道岔号码的规定

城市轨道交通规定:正线和辅助线上采用的道岔不得小于 9 号,车场线采用的道岔不得大于 7 号。

因为正线道岔是控制行车速度的关键设备,道岔铺设后再改造,工程量很大,也影响城市轨道交通的正常运营,道岔整体道床改造难度更大,因此,道岔型号应满足远期运营的需要。目前,国内城市轨道交通运营线路列车运行速度一般都不超过80 km/h,所以正线均采用9号道岔。随着国民经济的快速发展,城市范围不断扩大,城市轨道交通往郊区延伸,列车运行的速度将提高,会超过80 km/h,所以规定正线宜采用不小于9号的各类道岔。车场线采用不大于7号的道岔,可以减少车场占地面积,实践证明能满足使用要求。

二、道岔的主要尺寸

1. 单开道岔的主要尺寸

单开道岔中,直线线路中心线与侧线线路中心线的交点,称为道岔中心,如图4-43所示。从道岔中心至基本轨前端轨缝中心的距离,称为道岔的前长。从道岔中心至辙叉尾端轨缝中心的距离,称为道岔的后长。从基本轨前端轨缝中心至辙叉尾端轨缝中心的距离,称为道岔的全长。道岔全长包括道岔前长和道岔后长。

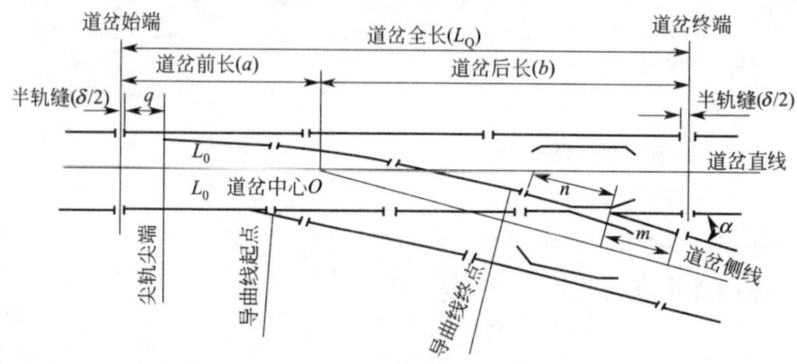

图4-43 单开道岔主要尺寸

单开道岔主要尺寸见表4-2。

表4-2 单开道岔主要尺寸

辙叉号	钢轨类型	岔枕类型	图号	设计图号	沿线路中心导曲线半径 R(m)	尖轨尖端至基本轨轨缝 a(mm)	尖轨尖端至岔心 b(mm)	道岔后长 c(mm)	道岔全长 L(mm)	附注
7	50	木	CZ201A	叁标线4082	150	2338	8655	12070	22967	
			CZ223	专线9838						AT轨
		混凝土	CZ012	专线4112						

续上表

<table>
<tr><th>辙叉号</th><th>钢轨类型</th><th>岔枕类型</th><th>图号</th><th>设计图号</th><th>沿线路中心导曲线半径 R(m)</th><th>尖轨尖端至基本轨轨缝 a(mm)</th><th>尖轨尖端至岔心 b(mm)</th><th>道岔后长 c(mm)</th><th>道岔全长 L(mm)</th><th>附 注</th></tr>
<tr><td rowspan="18">9</td><td rowspan="6">50</td><td rowspan="3">木</td><td>宝岔 76-4</td><td>TB399. 3-75</td><td rowspan="6">180</td><td rowspan="6">2646</td><td rowspan="6">11189</td><td rowspan="6">15009</td><td rowspan="6">28848</td><td></td></tr>
<tr><td>CZ208</td><td>专线 4141</td><td rowspan="5">AT 轨</td></tr>
<tr><td>CZ2289</td><td>SC531</td></tr>
<tr><td rowspan="3">混凝土</td><td>CZ221</td><td>专线 4151</td></tr>
<tr><td>CZ2209</td><td></td></tr>
<tr><td>CZ2226</td><td>专线(02)
4115-1</td></tr>
<tr><td rowspan="12">60</td><td rowspan="3">木</td><td>CZ503</td><td>专线 4115</td><td rowspan="6">180</td><td rowspan="6">2646</td><td rowspan="6">11189</td><td rowspan="6">15730</td><td rowspan="6">29569</td><td rowspan="6">AT 轨</td></tr>
<tr><td>CZ578</td><td>专线 4194</td></tr>
<tr><td>CZ2658</td><td>SC511</td></tr>
<tr><td rowspan="3">混凝土</td><td>CZ520</td><td>专线 4139</td></tr>
<tr><td>CZ579</td><td>专线 4204</td></tr>
<tr><td>CZ2557</td><td>专线(02)
4204-1</td></tr>
<tr><td></td><td>CZ557</td><td></td><td></td><td></td><td></td><td></td><td></td><td rowspan="6"></td></tr>
<tr><td>混凝土</td><td>CZ2505</td><td></td><td>190</td><td>2646</td><td>11189</td><td>15725</td><td>29564</td></tr>
<tr><td rowspan="3">木</td><td>SC402</td><td></td><td>180</td><td>2596</td><td>11415</td><td>16325</td><td>30340</td></tr>
<tr><td>CZ533</td><td>研线 8802</td><td>190</td><td>2856</td><td>10979</td><td>12955</td><td>29564</td></tr>
<tr><td>CZ553</td><td></td><td rowspan="2">190</td><td rowspan="2">2976</td><td rowspan="2">11035</td><td rowspan="2">15725</td><td rowspan="2">29740</td></tr>
<tr><td>混凝土</td><td>CZ540</td><td>铁联线 051</td></tr>
<tr><td rowspan="17">12</td><td rowspan="7">50</td><td rowspan="4">木</td><td>宝岔 76-5</td><td>TB399. 4-75</td><td rowspan="2">330</td><td rowspan="2">2646</td><td rowspan="2">14203</td><td rowspan="2">19962</td><td rowspan="2">36815</td><td></td></tr>
<tr><td>CZ216</td><td>专线 4144</td><td>AT 轨</td></tr>
<tr><td>CZ203</td><td></td><td rowspan="15">350</td><td rowspan="11">2846</td><td rowspan="11">14003</td><td rowspan="12">21054</td><td rowspan="12">37907</td><td rowspan="9">AT 轨</td></tr>
<tr><td>CZ207</td><td>专线 4147</td></tr>
<tr><td rowspan="3">混凝土</td><td>CZ255</td><td>专线 4198</td></tr>
<tr><td>CZ2215</td><td></td></tr>
<tr><td>CZ207</td><td>专线 4257</td></tr>
<tr><td rowspan="10">60</td><td rowspan="4">木</td><td>CZ501</td><td>专线 4128</td></tr>
<tr><td>CZ525</td><td>专线 4190</td></tr>
<tr><td>CZ530</td><td>专线 4220</td></tr>
<tr><td>CZ2659</td><td>SC510</td></tr>
<tr><td rowspan="6">混凝土</td><td>CZ532</td><td>专线 4201</td><td>AT 轨
可动心轨</td></tr>
<tr><td>CZ2568</td><td></td><td>AT 轨</td></tr>
<tr><td>CZ560</td><td>SC330</td><td>3216</td><td>13633</td><td></td></tr>
<tr><td>CZ534</td><td>铁联线 004</td><td>2916</td><td>13672</td><td>21208</td><td>37800</td><td>AT 轨
可动心轨</td></tr>
<tr><td>CZ542</td><td>专线 4253</td><td rowspan="2">4919</td><td rowspan="2">17197</td><td rowspan="2">21208</td><td rowspan="2">37800</td><td rowspan="2">AT 轨</td></tr>
<tr><td>CZ2549</td><td></td></tr>
</table>

2. 复式交分道岔的主要尺寸

复式交分道岔的主要尺寸见表 4－3。

表 4－3　复式交分道岔的主要尺寸

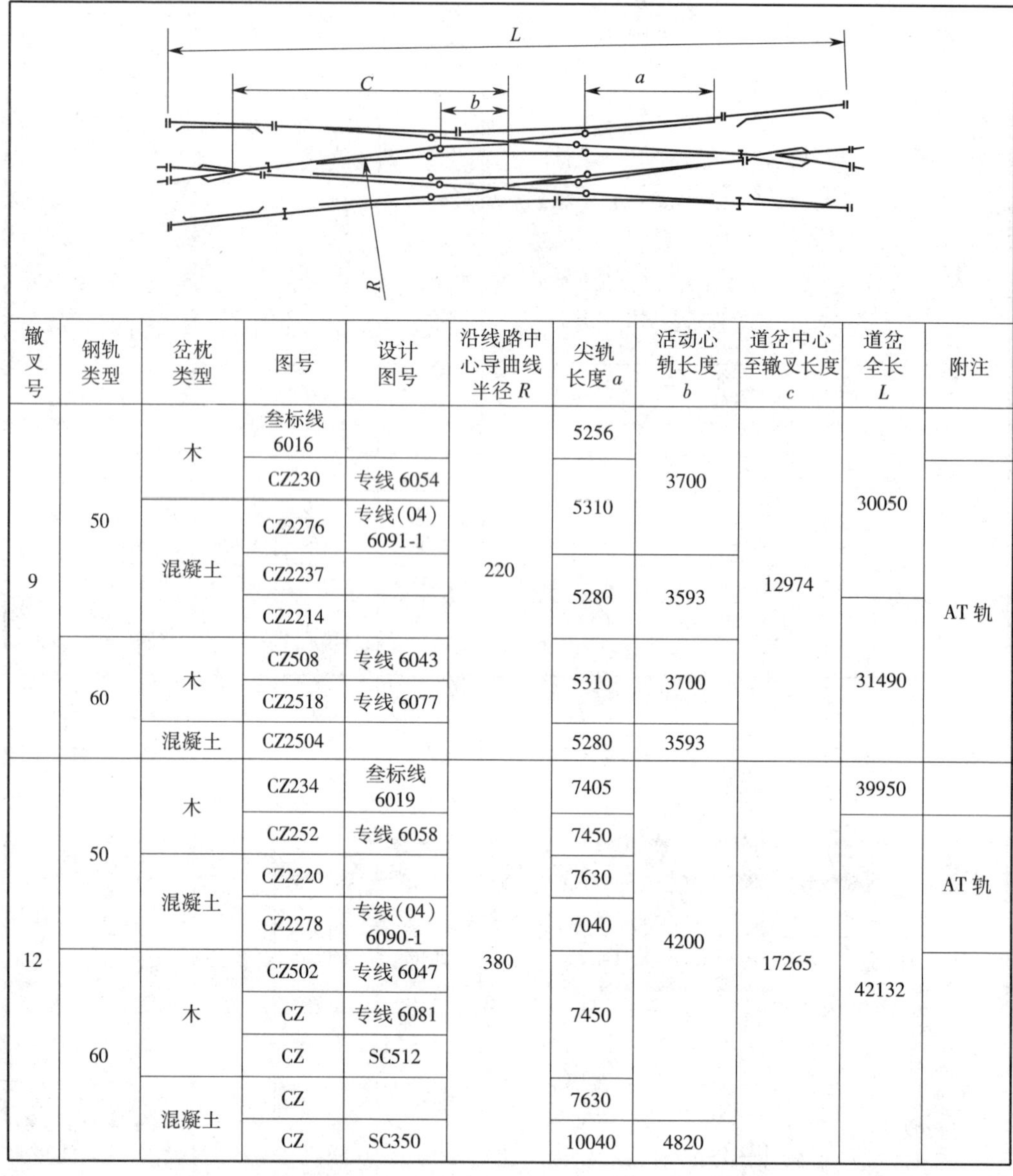

辙叉号	钢轨类型	岔枕类型	图号	设计图号	沿线路中心导曲线半径 R	尖轨长度 a	活动心轨长度 b	道岔中心至辙叉长度 c	道岔全长 L	附注
9	50	木	叁标线6016		220	5256	3700	12974	30050	
			CZ230	专线 6054		5310				AT 轨
		混凝土	CZ2276	专线(04)6091-1						
			CZ2237			5280	3593			
			CZ2214						31490	
	60	木	CZ508	专线 6043		5310	3700			
			CZ2518	专线 6077						
		混凝土	CZ2504			5280	3593			
12	50	木	CZ234	叁标线6019	380	7405	4200	17265	39950	
			CZ252	专线 6058		7450			42132	AT 轨
		混凝土	CZ2220			7630				
			CZ2278	专线(04)6090-1		7040				
	60	木	CZ502	专线 6047		7450				
			CZ	专线 6081						
			CZ	SC512						
		混凝土	CZ			7630				
			CZ	SC350		10040	4820			

3. 交叉渡线的主要几何尺寸

菱形交叉的锐角辙叉号码就是菱形交叉的号码。菱形交叉的两锐角辙叉的理论尖端之间的距离称为菱形的长轴,两钝角辙叉理论尖端之距称为菱形短轴。从锐角辙叉理论尖端至钝角辙叉理论尖端的距离称为菱形斜边。菱形交叉的两锐角辙叉跟之间的距离为菱形交叉的全长。

交叉渡线的主要尺寸见表 4 -4。

表 4 -4 交叉渡线的主要尺寸

<table>
<tr><th>辙叉号</th><th>钢轨类型</th><th>岔枕类型</th><th>图号</th><th>设计图号</th><th>股道间距 S(m)</th><th>沿线路中心导曲线半径 R(m)</th><th>尖轨尖端至基本轨轨缝 a(mm)</th><th>尖轨尖端至岔心 b(mm)</th><th>道岔后长 c(mm)</th><th>道岔全长 L(mm)</th><th>附注</th></tr>
<tr><td>7</td><td>50</td><td>木</td><td>CZ202</td><td>叁标线 7428</td><td>5.0</td><td>150</td><td>2238</td><td>8655</td><td>10114</td><td>56794</td><td></td></tr>
<tr><td rowspan="22">9</td><td rowspan="22">50</td><td rowspan="2">木</td><td>CZ239</td><td>叁标线 7091</td><td rowspan="5">5.0</td><td rowspan="20">180</td><td rowspan="20">2646</td><td rowspan="20">11189</td><td rowspan="20">12955</td><td rowspan="5">72678</td><td></td></tr>
<tr><td>CZ210</td><td>专线 7512</td><td rowspan="4">AT 轨</td></tr>
<tr><td rowspan="3">混凝土</td><td>CZ2248</td><td>专线(02) 7663-1</td></tr>
<tr><td>CZ2210</td><td></td></tr>
<tr><td></td><td></td></tr>
<tr><td rowspan="2">木</td><td>CZ240</td><td>叁标线 7098</td><td rowspan="5">5.3</td><td rowspan="5">75378</td><td></td></tr>
<tr><td>CZ211</td><td>专线 7520</td><td rowspan="4">AT 轨</td></tr>
<tr><td rowspan="3">混凝土</td><td>CZ2250</td><td>专线(02) 7664-1</td></tr>
<tr><td>CZ2211</td><td></td></tr>
<tr><td></td><td></td></tr>
<tr><td rowspan="2">木</td><td>CZ241</td><td>叁标线 7459</td><td rowspan="5">5.5</td><td rowspan="5">77178</td><td></td></tr>
<tr><td>CZ212</td><td>专线 7535</td><td rowspan="4">AT 轨</td></tr>
<tr><td rowspan="3">混凝土</td><td>CZ2249</td><td>专线(02) 7665-1</td></tr>
<tr><td>CZ2212</td><td></td></tr>
<tr><td></td><td></td></tr>
<tr><td rowspan="2">木</td><td>CZ242</td><td>叁标线 7403</td><td rowspan="5">6.5</td><td rowspan="5">86178</td><td></td></tr>
<tr><td>CZ213</td><td>专线 7526</td><td rowspan="4">AT 轨</td></tr>
<tr><td rowspan="3">混凝土</td><td>CZ2251</td><td>专线(02) 7666-1</td></tr>
<tr><td>CZ2213</td><td></td></tr>
<tr><td></td><td></td></tr>
<tr><td rowspan="2">木</td><td>CZ2231</td><td>专线(68) 7044</td><td>4.6</td><td>200</td><td>1731</td><td>9320</td><td>12978</td><td>63510</td><td></td></tr>
<tr><td>CZ2229</td><td></td><td>5.3</td><td>195</td><td>2646</td><td>11700</td><td>13722</td><td>76400</td><td rowspan="11">AT 轨</td></tr>
<tr><td rowspan="10">9</td><td rowspan="10">60</td><td rowspan="10">木</td><td>CZ509</td><td>专线 7487</td><td rowspan="4">5.0</td><td rowspan="2">180</td><td rowspan="10">2650</td><td rowspan="10">11189</td><td rowspan="10">12955</td><td rowspan="4">72678</td></tr>
<tr><td>CZ2524</td><td></td></tr>
<tr><td>CZ2526</td><td></td><td rowspan="2">190</td></tr>
<tr><td>CZ550</td><td></td></tr>
<tr><td>CZ510</td><td>专线 7495</td><td rowspan="2">5.3</td><td>180</td><td rowspan="2">75378</td></tr>
<tr><td>CZ581</td><td></td><td>190</td></tr>
<tr><td>CZ582</td><td></td><td>5.5</td><td>190</td><td>77178</td></tr>
<tr><td>CZ857</td><td></td><td>6.0</td><td rowspan="2">180</td><td>81678</td></tr>
<tr><td>CZ511</td><td>专线 7578</td><td>6.5</td><td rowspan="2">86178</td></tr>
<tr><td>CZ583</td><td></td><td>6.5</td><td>190</td></tr>
</table>

续上表

辙叉号	钢轨类型	岔枕类型	图号	设计图号	股道间距 S(m)	沿线路中心导曲线半径 R(m)	尖轨尖端至基本轨轨缝 a(mm)	尖轨尖端至岔心 b(mm)	道岔后长 c(mm)	道岔全长 L(mm)	附注
12	50	木	宝厂线 7004		5.0	330	2646	14203	17250	93706	
			叁标线 7404								
			宝厂线 7005		5.3					97306	
			叁标线 7411								
			叁标线 7461		5.5					99706	
			叁标线 7416		6.5					111706	
			宝厂线 7007								
			CZ227	专线 7523	5.3	350	2846	14003	17250	97306	AT 轨
			CZ228	专线 7532	5.5					99706	
			CZ229	专线 7528	6.5					111706	
		混凝土	CZ2216		5.0		3216	13663	17250	93706	
			CZ2217		5.3					97306	
			CZ2218		5.5					99706	
			CZ2219		6.5					111706	
	60	木	CZ558	专线 7562	5.0	350	2846	14003	17250	93706	AT 轨
			CZ2661	SC514							
			CZ505	专线 7498	5.3					97306	
			CZ575	专线 7567							
			CZ513		5.5					99706	
			专线 7571								
			CZ863		6.0					99706	
			CZ506	专线 7503	6.5					111706	
			专线 7575								
		混凝土	CZ569	SC340	5.0	350	3216	13633	17250	93706	
			CZ2514	SC341	5.3		3220			97306	
			CZ2569	SC342	5.5		3216			99706	
			CZ2646	SC343	6.5					111706	
			CZ544	专线 7618	5.0	350	4391	12197	17250	93184	
			CZ565	专线 7650							
			CZ2538		5.3					96784	
			CZ2542	专线 7655							
			CZ2595	专线(02)7648-1	5.5					99184	
			CZ2588		6.0					105184	
			CZ2616		6.5					111184	
			CZ2558								

三、道岔各部分的轨距

为使车辆能够顺利通过道岔,减少动力冲击作用,缓和车轮对钢轨的磨耗,在道岔的尖轨尖端、尖轨跟端和导曲线上的轨距进行适当的加宽。

道岔轨距加宽部位及测量位置如图 4 -44 所示。

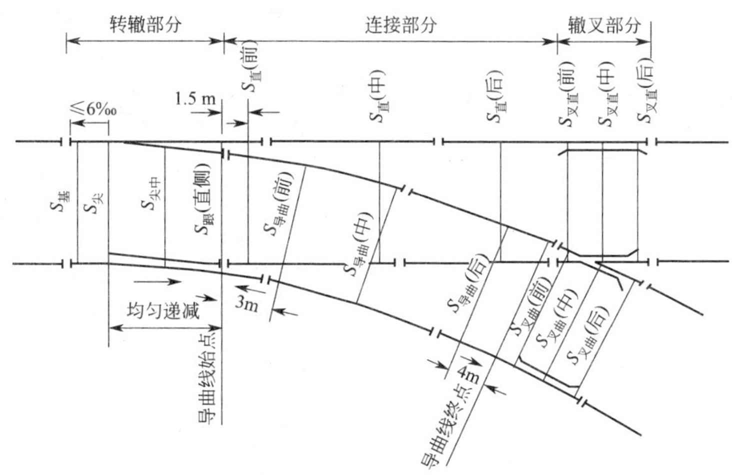

图 4 -44 道岔轨距加宽部位及测量位置

1. 道岔各部分轨距

(1)单开道岔各部分轨距

尖轨尖端轨距见表 4 -5。

表 4 -5 尖轨尖端轨距

尖 轨 种 类	尖轨长度(mm)	轨距(mm)	附 注
直线型尖轨	6 250 以下	1 453	
	6 250 ~7 700	1 450	
	7 700	1 445	
12 号道岔 AT 弹性可弯尖轨	—	1 437	提速道岔为 1 435 mm
其他曲线型尖轨	—	按标准图办理	无标准图按设计图办理

尖轨跟端轨距见表 4 -6。

表 4 -6 尖轨跟端轨距

尖 轨 种 类	直向(mm)	侧向(mm)	附 注
直线尖轨	1 439	1 439	
12 号道岔 AT 弹性可弯尖轨	1 435	1 435	尖轨轨头刨切范围内曲股轨距构造加宽除外
其他曲线型尖轨	1 435	按标准图办量	无标准图按设计图办理

导曲线中部轨距按标准图设置。辙叉部分轨距直、侧向均为 1 435 mm。

(2)双开道岔、交分道岔、交叉渡线及其他类型道岔的各部尺寸按标准图或设计图设置。如菱形交叉的钝角辙叉轨距,固定型为 1 440 mm,活动型为 1 435 mm。

单开道岔各部分轨距见表 4－7。

表 4－7　单开道岔各部分轨距表

部位＼道岔号码	9	12	60AT 轨 12
尖轨前顺坡点终点	1435	1435	1435
尖轨尖端	1450	1445	1437
尖轨跟端	1439	1439	1435
导曲线	1450	1445	1435
辙叉	1435	1435	1435

2. 道岔上轨距加宽递减

道岔各部分轨距加宽递减办法如图 4－45 所示。

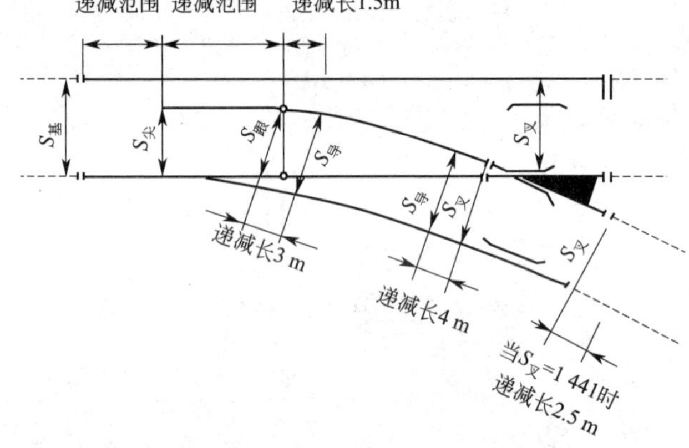

图 4－45　道岔各部分轨距加宽递减

(1)尖轨尖端轨距加宽,按不大于 6‰的递减率。

(2)尖轨尖端与尖轨跟端轨距的差数,直尖轨在尖轨全长范围内均匀递减;曲尖轨按标准图或设计图递减。

(3)尖轨跟端直向轨距加宽,向辙叉方向递减,距离为 1.5 m。

(4)导曲线中部轨距加宽,直尖轨时,向两端递减至尖轨跟端为 3 m,至辙叉前端为 4 m;曲尖轨时,按标准图或设计图加宽。

(5)同侧对口道岔尖轨尖端轨距递减,如图 4 - 46 所示。

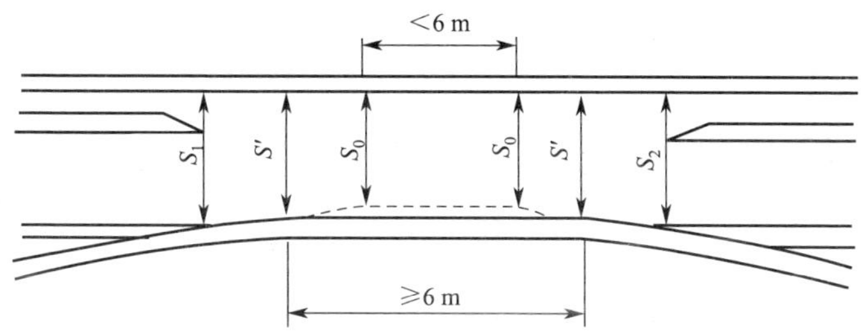

图 4 - 46 同侧对口道岔轨距加宽递减

两尖轨尖端距离短于 6 m,两尖轨处轨距相等时不做递减,保持相等的轨距;两尖轨处轨距不相等时,则从较大的轨距向较小的轨距均匀递减。

两尖轨尖端距离大于 6 m(多在有插入钢轨的条件下)时,按不大于 6‰的递减率,但中间应有不短于 6 m 的相等轨距段。通常是两尖轨尖端轨距加宽递减终点间的距离不短于 6 m 时,则两终点间为 1 435 mm 的轨距段;如短于 6 m 时,则设置不短于 6 m 的相等轨距段。

(6)异侧对口道岔尖轨尖端的轨距递减

异侧对口道岔,设置相等轨距段的办法是与同侧对口道岔一样的,如图 4 - 47 所示。

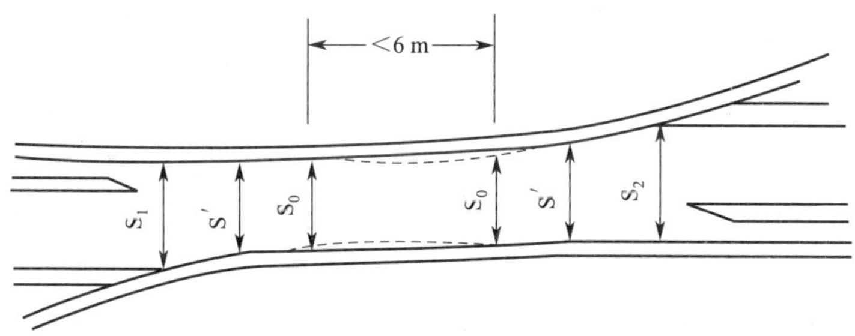

图 4 - 47 异侧对口道岔轨距加宽递减

图 4 - 47 中,S_0 为标准轨距 1 435 mm,S_1 与 S_2 为两道岔尖轨尖端轨距,如两轨距加宽均按最大递减率 6‰递减,两递减终点间的距离小于 6 m,则设置不短于 6 m 的轨距为 S' 相等轨距段。如 S_1 与 S' 或 S_2 与 S' 之间的距离很小时,为便于养护维修,可使 S' 等于两轨距中的较小者,在 $S_1 = S_2$ 的条件下,亦可在两道岔尖轨尖端之间保留相等轨距,即 $S_1 = S' = S_2$。

(7)道岔前端与另一道岔后端相连时,尖轨尖端轨距递减率应不大于 6‰,如图 4 - 48 所示。如不能按 6‰递减时,可加大前面道岔的辙叉轨距为 1 441 mm;仍不能解决时，旧有道岔容许保留大于6‰的递减率。

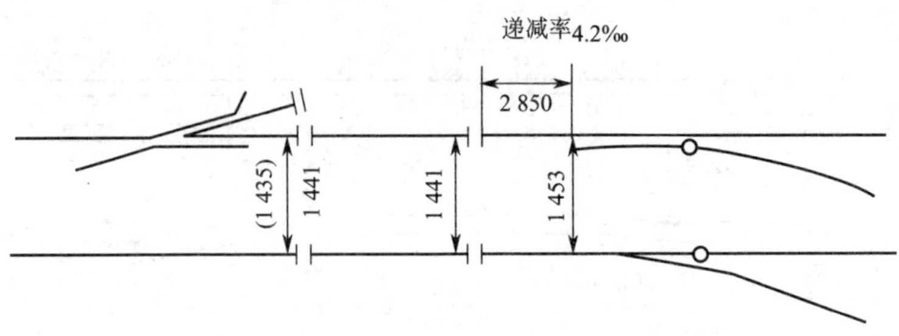

图4－48　前后道岔相连时轨距加宽递减

四、过岔速度

列车过岔速度包括直向过岔速度和侧向过岔速度。过岔速度是控制线路行车速度的重要因素之一。道岔容许通过速度取决于道岔构件的程度、平顺性及平面形式等，这些是保证列车安全平稳运行和旅行舒适度必不可少的条件。

1. 直向过岔速度

(1)影响道岔直向过岔速度的因素

道岔平面冲击角、轮轨关系、轨道刚度、几何形位是影响列车直向过岔速度的因素。

①道岔平面冲击角的影响

当列车逆岔(从岔前方向入岔)直向过岔时，车轮轮应缘将与辙叉上护轨缓冲段作用边碰撞，而当顺岔(从岔后方向入岔)直向过岔时，则将与护轨另一缓冲段作用边护轨。

同护轨一样，翼轨缓冲段上也存在冲击角，这样在道岔直向过岔速度问题上，就会产生与护轨相类似的问题。

一般，直向和侧向翼轨多作成对称的形式，冲击角采用与护轨相同的数值。

②道岔转辙器及辙叉部分轮轨关系的影响

车轮通过辙叉由翼轨滚向心轨时，车轮逐渐离开翼轨，锥形和磨耗形踏面车轮随接触点的外移而逐渐下降，当车轮滚上心轨后，车轮又逐渐恢复到原水平面。反向运行也相同，车轮通过辙叉必须克服这种垂直和横向上的结构不平顺，将引起车体的振动和摇摆。

车轮由基本轨过渡到尖轨时，锥形踏面车轮也会出现会重心先降低随后升高、轮轨接触点先外移后内移的现象，使直尖轨一侧的车轮犹如在存有高低和方向不平顺的钢轨上行驶，而直基本轨一侧的车轮则在平直轨道上行驶，产生附加动力作用，限制着过岔速度的提高。

道岔转辙器及辙叉部分的轮轨关系不良，如轮廓匹配不良、降低值偏差、轨底坡不合适等,是列车过岔时的主要激振源,是影响列车安全性与舒适性的主要因素。

在转辙器部分采用轨距加宽设计,使列车直向过岔时,左右侧车轮的轮轨接触点能同时向外侧或内侧移动,减缓了该处的横向不平顺,提高直向行车时的平稳性与舒适性。

③道岔轨道竖向刚度的影响

在道岔内,因存在多根钢轨共用一块铁垫层、共用同一根岔枕、两钢轨相对位置由间隔铁联结等因素作用,沿线路方向各处的轨道整体刚度是不相同的,这就导致列车过岔时行驶在刚度不均匀的基础上,造成列车振动加剧,继而影响行车的平稳性与舒适性。

为了减缓道岔轨道刚度不均匀的影响,可对扣件系统的刚度进行合理设置,轨下设置刚度较大的 5 mm 橡胶垫层,以保证基本轨与尖轨间合理的动态轮轨关系;板下设置刚度较低的 20 mm 橡胶垫层,以提供良好的减振性能;板下垫层采用分块式结构,在道岔不同的部位,根据整体刚度均匀化的要求,改变分块结构,继而改变垫板的刚度,使道岔各部位的整体刚度均可能一致;在道岔前后,设置轨道刚度过渡段,使岔区与非岔区轨道刚度能均匀过渡。

④道岔几何形位的影响

道岔轨道的轨距、方向、高低、水平等几何不平顺也会影响行车的平稳性与安全性,因此一般情况,道岔轨道采用了区间线路更为严格的维护标准。由于道岔结构的特殊性,道岔中还可能存在一些引起行车平稳性的几何、状态不平顺。

由于道岔制造及组装精度不良,可能导致尖轨、心轨与滑床板间存在间隙,与基本轨、翼轨密贴段存在间隙,与顶铁间存在间隙,都会影响行车的平稳性。

长大尖轨、心轨在转换过程中,若滑床板摩擦系数过大,将会导致尖轨、心轨不能转换到位,存在转换不足位移,造成轨距减小,这对行车平稳性也有影响。

为提高直向过岔时的舒适性,岔区各钢轨接头均为胶接绝缘接头或焊接接头,形成无缝道岔,道岔辙跟则为纵向附加力峰值处,该处的传力部件若设置不当,受到了过大的纵向力,就可能导致该处基本轨与尖轨出现“碎弯”,影响列车的平稳性。

以上轮轨关系、轨道刚度、几何形位也是影响列车侧向过岔时平稳性的因素。

(2)直向过岔速度的确定

由于道岔的直向部分在构造上存在各种几何不平顺,车辆通过时,产生远大于一般轨道的动荷载,因此道岔的直向过岔速度必须根据道岔构造在平面上和纵断面上的几何不平顺进行考虑。

近几年在新型道岔的研制中,采用了道岔动力学理论来确定允许直向过岔速度。根据道岔结构设计,列车以直向设计速度增加 10%、侧向设计速度增加 10 km/h 通过该道岔,仿真分析列车的脱轨系数、减载率、钢轨应力、尖轨开口量等安全性指标,列车竖向及横向振动加速度等平稳性指标,确定该道岔能否满足设计要求,同时还可指导道岔结构设计优化。

直向过岔最高速度一般应不超过表 4 – 8 的规定。

表 4 – 8　直向过岔最高速度(km/h)

钢轨类型	道岔号码		
	7	9	12
43kg/m	80	85	95
50 kg/m	80	90	110
60 kg/m	—	90	120

9 号道岔与 12 号道岔相比,其设计构件强度较弱,几何不平顺值较大,故规定其直向过岔速度也较低。

AT 型弹性可弯尖轨 12 号道岔,尖轨用矮型特种断面钢轨制造,尖轨跟部为弹性可弯式结构,并与基本轨同高,基本消除了转辙部分的几何不平顺。

由于固定式辙叉不可避免地存在护轨、辙叉翼冲击角和辙叉心部分不平顺,在行车平稳、维修周期和使用寿命等方面,远不如可动心轨辙叉。因为可动心轨辙叉消除了有害空间,改善了横向和垂向的几何不平顺状态,使用寿命也较长。

(3)提高直向过岔速度的根本途径

提高直向过岔速度的根本途径是道岔部件采用新型结构和新材料、结构不断强化、制造与组装精度不断提高;道岔的平面及构造要采用合理的形式及尺寸,以消除或减少影响直向过岔速度的因素;道岔的轨道刚度要进行均匀化处理,以消除影响直向过岔速度的动态不平顺。

①转辙器部分可采用特种断面尖轨代替普通断面钢轨,采用弹性可弯式固定型尖轨跟部结构,增强尖轨跟部的稳定性;避免道岔直线方向上不必要的轨距加宽。将尖轨及基本轨进行淬火,增强耐磨性。采用轨距对称加宽结构设计或优化轮轨关系,缩短轮载过渡段长度,以减缓横向不平顺。

②采用活动心轨型辙叉代替固定辙叉,保证列车过岔时线路连续,从根本上消灭有害空间,并使道岔强度大大提高。适当加长翼轨、护轨缓冲段长度,减小冲击角,或采用不等长护轨,以满足直向速度的要求。采用水平藏尖式结构设计或优化轮轨关系,以减缓竖向及横向不平顺。

③为减少车辆直向过岔时车轮对护轨的冲击,可以使用弹性护轨。

④设置轨底坡,改善轮轨接触关系;采用混凝土岔枕代替木枕,增加道岔的稳定性;采用弹性扣件,钢轨及铁垫板下均设橡胶垫层,基本轨采用双侧弹性扣压结构,增加道

岔弹性;消除道岔中钢轨接头,采用无缝线路技术。

⑤合理设置扣件系统刚度,采用刚度均匀化技术,使岔区内及与非岔区线路相连接地段轨道整体刚度尽可能一致或均匀过渡,以减缓动力不平顺。

⑥ 优化尖轨及辙叉顶面降低值、固定辙叉顶面横坡,改变固定辙叉中翼轨平直段的防护范围,减小翼轨冲击角。

⑦加强道岔结构,可动心轨道岔中采用特种断面翼轨;尖轨采用一根钢轨制造,避免出现焊接接头;加强限位器结构,避免引起尖轨跟端变形;尖轨及可动心轨跟端轨底不作削弱,不设柔性点。

⑧ 提高道岔各部件的加工精度,严格控制组装误差,避免混凝土长岔枕的收缩徐变引起道岔水平不平顺,预埋件的定位误差引起轨距和方向不平顺;加强道岔的维修保养,及时修换磨耗超限的道岔零、部件,保持道岔经常处于良好的技术状态。

2. 侧向过岔速度

侧向过岔速度包括转辙器、导曲线、辙叉及岔后连接线路的通过速度,每一部分都影响道岔侧向的通过速度。辙叉部分,无论从结构形式、强度条件和平面设计来看,都不是控制侧向过岔速度的关键。岔后的连接线路不属于道岔的设计范围,且一般规定岔后连接接路的通过速度不低于导曲线的容许通过速度口。因此侧向过岔速度主要由转辙器和导曲线这两个部位的通过速度来决定。

(1)影响道岔侧向通过速度的因素

影响侧向过岔速度的因素很多,主要限制因素是由于导曲线一般不设超高和缓和曲线,且半径较小,列车未被平衡的离心力速度较大。

列车由直线进入道岔侧线时,在开始迫使车辆改变运行方向的瞬间,将必然发生车辆与钢轨的撞击,此时,车体中的一部分动能,将转变为对钢轨的挤压和车辆走行部分横向弹性变形的位能,即动能损失。动能损失过大将影响旅行舒适度和道岔结构的稳定,降低其使用寿命,因此动能损失必须限制在容许范围之内。

(2)侧向过岔最高速度的确定

道岔的侧向过岔速度,主要是根据转辙部分和导曲线的技术条件,按动能损失、未被平衡离心加速度和未被平衡离心加速度的增量来确定的。

①动能损失

车辆与钢轨撞击时的动能损失正比于车体运行速度损失的平方。为防止列车侧向过岔时轮轨撞击的动能损失过大,动能损失必须限制在一个容许值之内。

②未被平衡的离心加速度

道岔导曲线一般采用圆曲线,且导曲线一般不设超高。因此,列车在导曲线上运行时,将产生未被平衡的离心加速度。为保证列车平稳通过道岔,并满足乘客舒适度的要求,未被平衡的离心加速度必须小于容许值。

③未被平衡的离心加速度增量

车辆从直线进入圆曲线时,未被平衡的离心加速度是渐变的。同样,未被平衡的离心加速度增量也必须控制在一个容许值之内。

综合以上基本参数,侧向过岔最高速度规定见表4－9。

表4－9 侧向过岔最高速度(km/h)

尖轨类型	道岔号数		
	7	9	12
普通钢轨尖轨	25	30	45
AT型弹性可弯尖轨	—	35	50

(3)提高道岔侧向过岔速度的途径

增大导曲线半径,减小车轮对道岔各部位的冲击角,是提高侧向过岔速度的主要途径。此外,加强道岔结构也有利于提高侧向过岔速度。

采用大号码道岔,以增大导曲线半径,这是提高侧向通过速度的有效办法,但道岔号数增加后,道岔的长度也增加了,需要相应地增加站坪长度,因而在使用上受到限制。

采用对称道岔,在道岔号数相同时岔导曲线半径约为单开道岔的一倍左右,可提高侧向通过速度30%～40%,但对称道岔两股均为曲线,使原来为直股的运行条件变坏,因而仅适用于两个方向上的列车通过速度或行车密度相接近的地段。

在道岔号数固定的条件下,改进平面设计,例如采用曲线尖轨、曲线辙叉,也可以达到加大导曲线半径的目的。

采用变曲率的导曲线,可以降低轮轨撞击时的动能损失和减缓未被平衡离心加速度及其变化率。但仅在大号码、道岔中才有实际意义。导曲线设置超高,可以减缓未被平衡离心加速度及其增量,但实际上受道岔空间的限制超高值很小,只能起到改善运营条件(如防止出现反向超高)的作用,而不能显著提高侧向通过速度。

减小车轮对侧线各部位钢轨的冲击角,如防止轨距不必要的加宽,采用切线型曲线尖轨,尖轨、翼轨与护轨缓冲段选用尽可能相同的冲击角,并且使与导曲线容许通过速度相配合。

第四节 道岔的运用

一、道岔的连接

道岔的连接有道岔与轨道、曲线的连接,道岔与道岔的连接两种情况。

1. 道岔与轨道的连接

在正线上的道岔，其钢轨类型应与线路的钢轨类型一致。其他线路上，在道岔钢轨类型不低于线路钢轨类型的条件下可与线路钢轨类型不同，但需要在道岔前后各铺一节与道岔同类型的钢轨。

与正线道岔相接的线路，道岔前后两端各 50 根（后端包括辙叉跟端以后的岔枕）轨枕的类型应与岔枕类型相同，每千米的铺枕根数及轨枕扣件应与正线的相应标准一致。

2. 道岔与道岔的连接

应根据线路等级、铺设部位等条件，在道岔间插入一定长度的钢轨。有两对向道岔的连接和两顺向道岔的连接两种情况。

（1）两对向单开道岔的连接

两对向单开道岔的连接如图 4－49 所示。两对向单开道岔间插入钢轨的最小长度应不小于 12.5 m，困难条件下不应小于 6.25 m。

（2）两顺向道岔的连接

两顺向道岔的连接如图 4－50 所示。两顺向单开道岔间插入钢轨的最小长度不应小于 6.25 m。

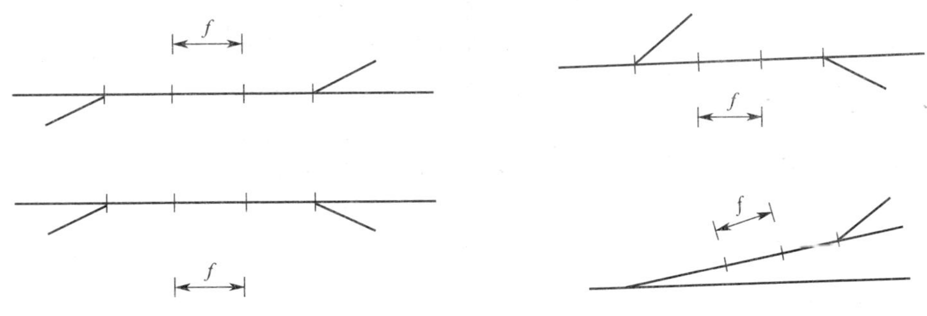

图 4－49　两对向单开道岔的连接　　图 4－50　两顺向道岔的连接

3. 岔后连接曲线

道岔后的连接曲线，其半径不应小于道岔的导曲线半径，为了便于维修保养，通常按下列半径选择：9 号道岔以 200 m，300 m，400 m 为宜；12 号道岔以 350 m，400 m，500 m，600 m 为宜。

二、城市轨道交通对于道岔的有关规定

1. 正线道岔的钢轨类型

道岔是轨道的薄弱环节，其钢轨强度不应低于一般轨道的标准。正线上的道岔与

一般轨道同样行车密度大，通过速度较高，为减少车轮对道岔的冲击，保证行车平稳及延长道岔的使用年限，应避免正线道岔两端设置异型钢轨接头，故规定正线道岔的钢轨类型应与正线的钢轨类型一致。

2. 道岔间插入的短钢轨

两个道岔间插入短钢轨，使得两相邻道岔间轨距变化平缓，可以减少列车对道岔的冲击，使列车运行平稳。根据城市轨道交通特点及运营实践，规定了相邻两道岔间插入短钢轨的最小长度。单渡线道岔，侧股行驶空车，速度又低，特殊需要时两个岔尾可连接。

3. 隧道内和高架桥上的道岔

隧道内和高架桥上一般都采用整体道床，为使轨道弹性一致并增强道岔区轨道的强度，规定上述道岔区宜采用短枕式整体道床。

道岔尽量避开隧道结构沉降缝，道岔转辙器、辙叉部位不应有沉降缝和梁缝。若短岔枕位于沉降缝和梁缝时，应调整避开。

4. 道岔的设置位置

道岔构造比较复杂，如果设在曲线上，会增加设计、施工和养护维修的困难，因此道岔应设在直线地段。道岔基本轨端部至曲线端部的距离(不含超高顺坡及轨距递减段)不宜小于5 m，以保证曲线或曲线超高顺坡及轨距递减不侵入道岔范围并便于施工和养护。另外从铺设道岔整体道床考虑，其铺设范围为超出道岔前部1.5 m左右，超出道岔后部4.5 m左右。车场线为场区作业线，行车速度较低，且为碎石道床，故其最小距离可减至3 m。

从列车折返能力和道岔整体道床铺设范围及道岔信号设备的设置考虑，道岔宜靠近车站设置，这样便于运营管理，有利于发挥线路的效能。但道岔基本轨端部至车站站台计算长度端部的距离不应小于5 m，因为道岔距站台也不能太近，否则会影响其他设备的铺设和安装。

5. 交叉渡线两平行线的线间距

设置交叉渡线两平行线的线间距：9号道岔采用4.6 m或5.0 m；7号道岔采用4.5 m或5.0 m。

6. 列车速度超过80 km/h时采用的道岔

列车速度超过80 km/h时，宜采用AT弹性可弯曲线尖轨、固定跟端，以提高道岔稳定性，增加导曲线半径，提高列车侧向通过速度，缩短过道岔时间。采用高锰钢辙叉能增强道岔的稳定性，减少道岔维修工作量，可调式护轨，利于道岔维修，容易调整查照间隔。

道岔扣件采用弹性分开式能增强道岔的稳定性和弹性，增加轨距、水平调整量，尤其是整体道床上的道岔更应采用弹性分开式扣件。

第五节 单轨交通的道岔

一、跨坐式单轨交通的道岔

跨坐式单轨交通的道岔称为道岔梁，包括一个活动轨，一对走行梁和导向轨。除活动轨之外，还有一调整轨，在两走行面间起补偿作用。

跨坐式单轨交通道岔是由一定长度的轨道梁本身作为道岔，使其移动，与另一线路的轨道梁对接完成转辙作业。道岔梁一端可以移动，整根梁与梁下方的支撑台车固定在一起，由台车上的电动机驱动。道岔梁可分为两类：一类是柔性铰接型（又称关节可挠型，见图4－51），可使道岔梁连续弯成曲线；另一类为简易铰接型（又称关节型），转辙时道岔梁在转辙点前方保持一定距离的直线，用于车库内部或低速区段轨道梁上。

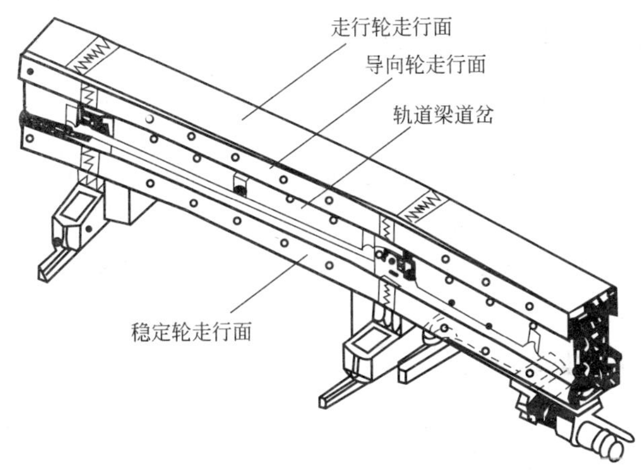

图4－51　柔性铰接型道岔

单轨交通根据连接线路的形式，可分为单开道岔、三开道岔和交叉道岔，如图4－52所示。单开道岔全长为22 000 mm，每节长5 500 mm，由4节梁组成。三开、五开道岔全长为30 000 mm，每节长6 000 mm，由5节梁组成。

二、道 岔 梁

道岔梁的设计应符合下列要求：

（1）应具有车辆走行、导向、稳定和支承作用，并应能承受车辆通过时的运行荷载。

（2）结构组成应包括梁本体、导向面板、稳定面板，两侧中部安装供电接触轨的底座支撑板，梁上应设有信号设施的安装位置，关节可挠型道岔应设有挠曲装置安装座及间隔支撑板。关节型道岔导向面板、稳定面板应与梁本体焊接在一起，关节可挠型道岔

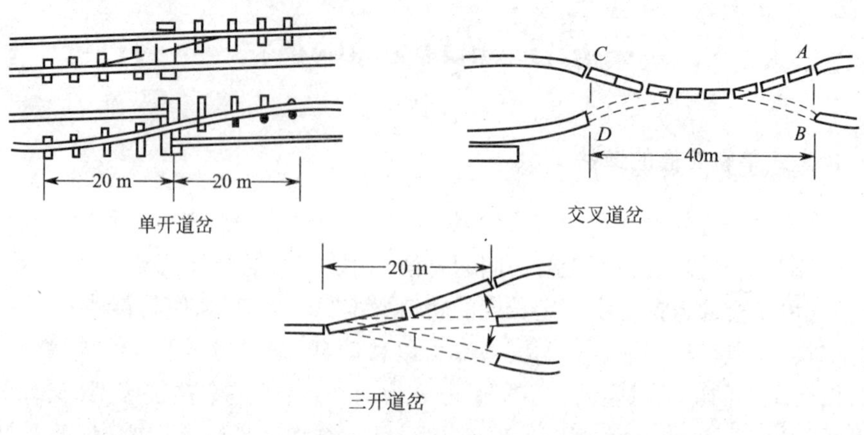

图 4－52　单轨交通道岔

的导向面板和稳定面板应单独安装。

(3)道岔梁之间宜采用 T 形轴连接。

三、道岔梁的组成

除了道岔梁本身外,还包括接缝板、驱动装置、锁定装置、台车和道岔控制装置。

1. 接缝板

道岔梁与道岔梁、道岔梁与相邻的轨道梁端部的走行面及两侧端部的导向面和稳定面间应安装接缝板。

接缝板分活动式和固定式两种。

2. 驱动装置

驱动装置由带电磁制动的电动机、安全离合器、减速机、传动轴、旋转臂、回转臂头及导向滑槽等组成。

驱动装置能使道岔在规定时间内完成起动、加速、匀速、减速、停止等动作过程。

应设置有人工手动驱动装置。

3. 锁定装置

锁定装置应安全可靠,定位应准确,锁定应牢固,并应满足抵抗车辆通过时产生的离心力和冲击力的强度要求。

设置锁定位置自动检测装置并与控制信号系统联锁,当自动控制故障时,各锁定装置应能切换为人工操作方式。

4. 台车

台车由台车架、台车轮、轴、轴承等组成。走行轨应牢固地安装在道岔底板上,底板安装应能保证道岔的安装精度和使用精度,底板宜采用厚度不小于 25 mm 的钢板。道岔固定端的转动装置是道岔的转辙中心,应能抵抗列车通过时产生的纵向力及横向力。关节可挠型道岔设置单独的导向面板、稳定面板以及挠曲装置,同时关节可挠型道岔应具有足够的强度和刚度,不允许任何部分在运行时出现松动和异常的弹性变形或残余变形。

5. 道岔控制装置

道岔控制装置由控制柜、锁闭电机、转辙电机、挠曲电机、限位开关等组成。

道岔控制装置是对道岔的各机构进行控制和检测的装置,按照信号系统发出的指令,使道岔完成解锁、转辙、锁闭、信号反馈和挠曲的动作,将道岔位置表示信号传输给信号系统,应与信号系统之间设有授权、收权联锁电路。

道岔控制装置应具有集中控制、现场控制、手动控制方式,并应具有系统检测、故障诊断、故障保护和报警功能。

控制电路必须满足故障—安全原则。

采样点采用确实可行的技术措施,确保采样点的可靠。

联锁控制应用安全型继电器。

使用的电机有一定的容量裕度,绝缘等级、防护等级应适合道岔的使用环境。

使用的电缆应为阻燃、低烟、防蚀、防潮、无卤和防辐射的产品。

控制柜采取防潮、防湿、防鼠害、防虫进入及防外界温度影响的措施。

四、道岔的设置

正线宜选择关节可挠型道岔,辅助线和车辆基地内的线路可选择关节型道岔。道岔的设置应根据线路条件选择适合其要求的道岔基本线型、道岔梁几何尺寸、转辙距离、转辙时间、衔接梁形式及尺寸、线间距和可动式避让梁的道岔设备。应标明道岔安装平台和道岔走行面的水平标高值,道岔的岔前点和岔后点的里程座标、位置座标,道岔区间线间距、道岔梁的端面与相邻的轨道梁端面间距值。当设置的道岔在定位或反位及渡线时,应保障车辆运行通过时平稳、安全、可靠。

道岔的设置应满足下列要求:

(1)车辆的有关技术条件和参数。

(2)设置在直线段。

(3)衔接道岔区的附带曲线的平面曲线半径:正线和辅助线不应小于 100 m,车辆基地内不应小于 50 m。反向曲线间应设 10 m 长夹直线。曲线端距道岔端的距离应不小于 5 m。

(4)道岔的附带曲线可不设缓和曲线。

(5)道岔设置区不应设竖曲线,其线路中所设竖曲线距道岔的附带曲线端的距离应大于 5 m。

(6)道岔设置区及道岔区的附带曲线不应设超高。

(7)道岔宜设置在平坡上,困难条件下可设在不大于3‰的坡道上,但应有防止车辆打滑和空转的措施。

(8)道岔与道岔连接时其间应设置衔接梁。衔接梁可选用钢结构梁或混凝土结构现浇梁,其长度应不小于2 m。

五、道岔的安装

(1)道岔必须安装在坚实稳定的基础上,道岔区应有良好的排水设施,道岔平台上不应有积水、堆积物及影响道岔运行的设施。

(2)道岔区应有足够的检修空间、通道和安装附属设施的条件及安全隔离设施,并应有照明设施。

(3)道岔桥上的电力电缆、供电电缆、通信及信号电缆、道岔控制电缆等应按电压等级分别布置在道岔桥的两侧。

(4)道岔的台车走行基础和驱动装置安装基础宜采用二次浇注钢筋混凝土结构。道岔桥或道岔专用平台在土建时其凸台位置应预留连接钢筋,凸台钢筋与预留钢筋间应采用焊接连接。

(5)道岔区应设置电视监控设施,便于调度人员了解道岔运行工况。

第五章 车　站

车站是站线、站台、站房等站场设备的总称,是城市轨道交通的重要组成部分,是吸引和疏散客流为乘客服务的基本设施。车站的选址、布置、规模等不仅影响运营效益,而且影响城市文明建设和市容观瞻。车站往往又是连接其他交通的枢纽,交通的方便必然促进城市的发展。

第一节　城市轨道交通车站概述

一、城市轨道交通车站功能

一般的城市轨道交通车站,功能比较单一,主要作业是接发列车、集散客流,客流只有往返两个方向,因而乘客在站内活动形成的客流流线及车站服务设施都比较简单。

只有在终点站和折返站,才有列车折返功能。

只有在换乘站,才有换乘功能。

但所有车站,都有客运服务功能,主要是提供票务服务。

二、城市轨道交通车站分布

车站分布是保证城市轨道交通吸引客流、提高通过能力的一条重要的技术措施。车站分布主要考虑客流集散、城市规划、地区发展、与其他交通衔接等,还要考虑城市轨道交通本身的许多技术条件。为了满足城市轨道交通运量要求,从“以人为本”的原则出发,车站分布尽量做到经济、合理,方便乘客。

1. 车站设置原则

城市轨道交通系统的车站直接服务于乘客。一般,车站设置应满足以下原则:

(1)尽可能靠近大型客流集散点,为乘客提供方便的乘车条件。

(2)在城市交通枢纽、城市轨道交通交会处设置车站,使之与道路网及公共交通网密切结合,为乘客创造良好的换乘条件。

(3)与城市建设密切结合,与旧城改造和新区开发相结合。

(4)尽量避开地质不良地段,尽可能减少对周围环境的干扰。

(5)兼顾各车站间距离的均匀性。

2. 影响车站分布的因素

(1)城市规模

城市规模包括城市建成区和规划区域的面积及人口。城区面积大,人口多,线路上客流量大、乘距长时,城市轨道交通应以长距离乘客为主要服务对象,车站分布宜稀疏一些,以提高城市轨道交通的运营速度。反之,车站分布宜密集一些。

(2)大型客流集散点

大型客流集散点往往是城市的政治、经济活动中心,是城市的窗口地段,包括工业区、商业区、火车站、机场、广场、公共交通总站等特大型及大型客流集散点。该地段不但客流数量大,而且集中,对地面交通压力很大。

(3)城区人口密度

人口密度大,同样吸引范围内,发生的交通客流量大,因此车站分布宜密集一些。

(4)线路长度

不同的线路长度,车站的疏密宜有所不同,短线路车站宜密一些,长线路车站宜疏一些。

(5)城市地貌及建筑物布局

城市中的江、河、湖、山和铁路站场、仓库区等,人口密度低,甚至无人,城市轨道交通在穿越这些地区时可以不设站。

(6)城市轨道交通路网及城市道路网状况

两条城市轨道交通线路交叉时,在其交叉点应设换乘站;在与城市主干道交叉时,为了让乘客方便乘坐,也宜设车站。

(7)对站间距离的要求

在车站分布上,除大型客流集散点及换乘站外,其他车站的设置主要受对站间距离要求所支配。对于平均站间距离,我国城市轨道交通在吸取世界地铁建设经验的基础上,在《地铁设计规范》中规定:"车站间的距离应根据实际需要确定,在市区宜为 1 km 左右,在郊区不宜大于 2 km。"

除上述各因素外,线路平面和纵剖面、车站站位的地形条件、城市公交线路网及车站位置,也会对城市轨道交通车站分布造成一定影响。

3. 车站分布对市民出行时间的影响

车站数目的多少,直接影响市民乘轨道交通的出行时间。车站多,市民步行到车站距离短,节省步行时间,可以增加短程乘客的吸引量;车站少,提高了交通速度,减少乘客在车内的时间,可以增加线路两端乘客的吸引量。市民出行对交通工具的选择,快捷省时排在第一位。

4. 车站站位选择原则

(1)方便乘客

车站站位应为乘客提供方便,使多数乘客步行距离最短。尽量通过短的出入口通道,将购物、游乐中心、住宅、办公楼与车站连通,为乘客提供无日晒、无雨淋的乘车条件。对于大型客流集散地的车站,还应考虑乘客进出站行走路线,尽量避免人流不顺畅、出入口被堵塞和车站站厅客流分布不均匀的现象。对于突发性的大型客流集散点,如体育场、车站不宜靠近主出入口处。

(2)与城市道路网及公共交通网密切结合

城市轨道交通路网密度和车站数目均比不上地面公交线路网,必须依托地面公交线路网络,为城市轨道交通车站往返输送乘客,使其成为快速大运量的骨干系统。一般将城市轨道交通车站设在道路交叉口,公交线路在城市轨道交通车站周围设站,方便公交与城市轨道交通之间的换乘。

(3)与旧城改造和新区开发相结合。

(4)方便施工,减少拆迁,降低造价。

(5)兼顾各车站间的距离。

三、城市轨道交通车站分类

城市轨道交通车站作业内容较少,只是乘客的乘降换乘,车站长度也较短。

1. 按运营功能分

按运营功能车站分为:终点站、中间站、折返站、换乘站、分歧站、越行站。示意图分别如图 5-1(a)~(f)所示。

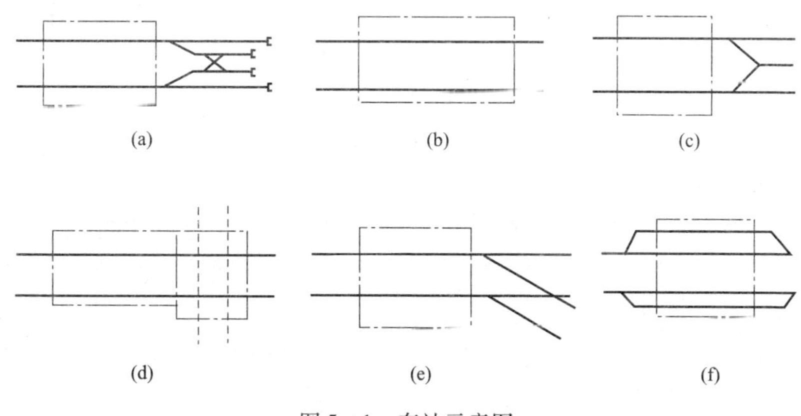

图 5-1 车站示意图

(1)终点站

终点站是线路起、终点两端的车站,设置专供列车折返的线路。其功能除乘降和服务外,有列车折返及少量检修作业。列车在终点站要清客、折返、迎接乘客上车。有些线路晚间部分列车还在此停留,以便次日早晨准时发车。

(2)中间站

中间站是线路中数量最多的一般车站。其功能是:乘降、服务。

(3)折返站

折返站是设在线路中间可供列车折返、开行区间列车,具有列车折返功能的车站,设置专供列车折返和存车的线路。

中间站不设置道岔,直接由上下行正线贯穿,没有调车作业的条件,当发生车辆故障或其他意外事件时,没有办法进行应急处理。为提高应变处理能力,每隔几个中间站设置一个折返站。折返站增设道岔、折返线或渡线、存车线等设备,从而增加了调车、存车功能。

折返站根据使用情况,又分为功能折返站和运转折返站。运转折返站的功能除乘降和服务外,按照客流量固定地开行部分折返列车。功能折返站平时作为一般的中间站,只有在特殊情况下才应急折返、存车。两者的主要区别是,功能折返站不一定就启用为运转折返站,而运转折返站必须具备折返功能,否则,不能进行折返作业。

(4)换乘站

换乘站是两条及以上轨道交通线路交叉点设置的车站,必须配备换乘设施(包括换乘通道、楼梯、站厅等),提供乘客转线换乘。其功能除乘降和服务外,有大量换乘。

(5)分歧站

分歧站也称接轨站,位于轨道交通线路分岔的地方,可以接发两个及以上方向的列车。对于Y形线路,其中有一条是主线,另一条是支线,要在分歧站分出。如上海轨道交通10号线的龙溪路站、11号线的嘉定新城站,广州地铁3号线的体育西路站,都是分歧站。上海轨道3、4号线有共线部分,宝山路站、虹桥路站是它们的分歧站。

(6)越行站

越行站是站内除正线之外设置站线的车站,以实现列车越行功能的车站。一般线路都没有越行站,只有开行一车直达或大站车需要越行的线路才设越行站。如在建的上海轨道交通16号线有4个越行站。

此外,还有少数通勤停靠站或乘降点,设在车站与车辆段的联系线路上,提供内部职工通勤乘降用。

例如,图5-2为上海轨道交通6号线,共有车站28座,其中港城路站、东方体育中心站为终点站,巨峰路站、高青路站为运转折返站,民生路站、儿童医学中心站为功能折返站,世纪大道站、蓝村路站、高科西路站、东方体育中心站为换乘站,其他为中间站。

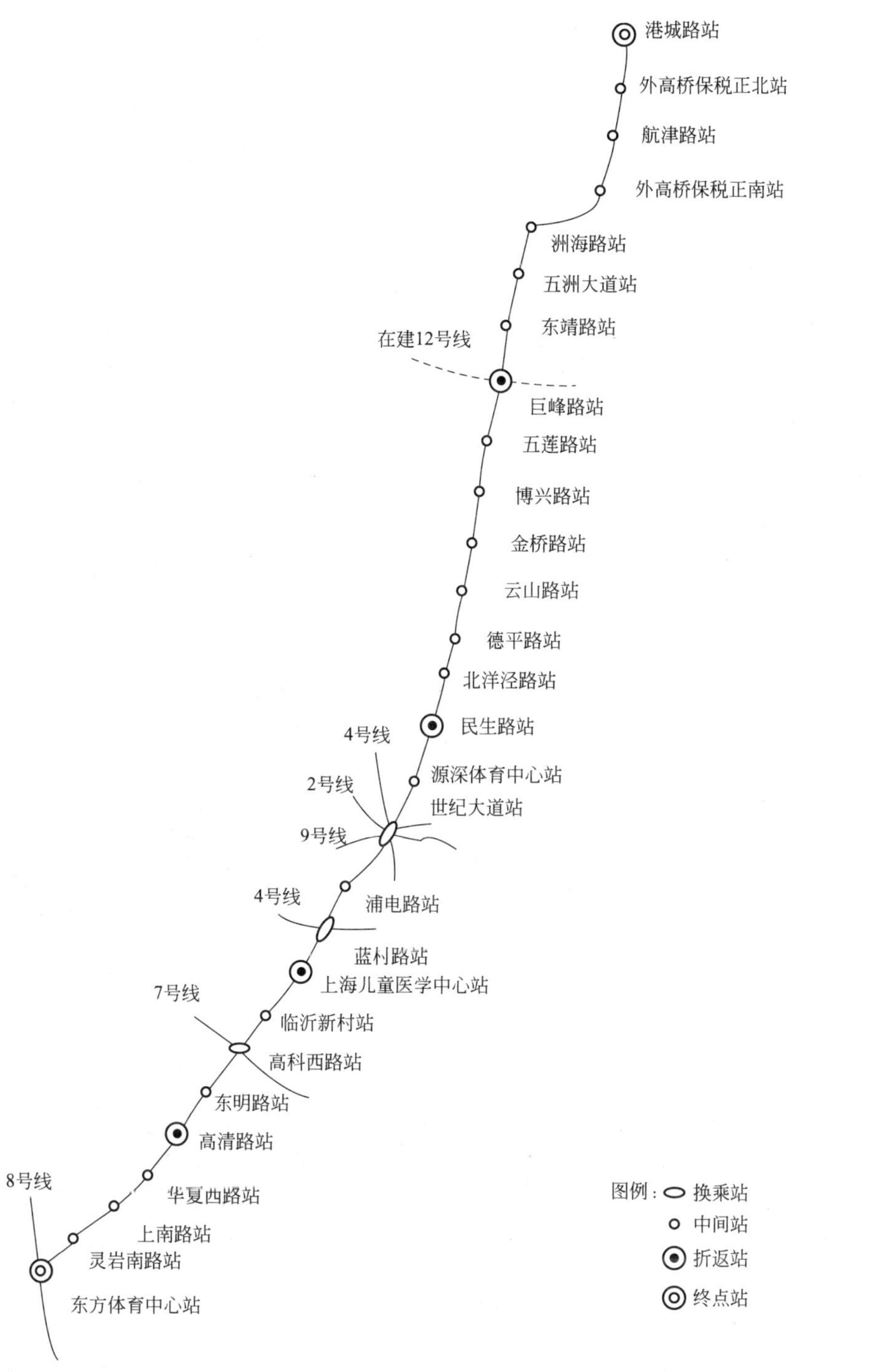

图 5－2 上海轨道交通 6 号线示意图

2. 按规模分

车站规模主要指车站外形尺寸、层数及站房面积的大小，是根据车站设计客流量、所处位置的重要性、站内设备和管理用房面积综合确定的，其中最主要的是客流量。一般可以参照日均客流乘降量和高峰小时客流乘降量来综合确定。按车站规模车站分为：特等、一等、二等、三等，或 A 级、B 级、C 级。

3. 按空间位置分

按空间位置，车站分为地面车站、地下车站、高架车站，它们分别设在地面线路、地下线路、高架线路上。地下车站位于地面以下，一般由地面出入口、中间站厅、地下站台三个主要部分组成。高架车站位于高架桥上，一般由地面出入口、高架站厅或地面站厅、高架站台三个主要部分组成。地面车站位于地面（包括路堤和路堑），其出入口、站厅、站台都设在地面。

地下车站按埋深分为浅埋车站和深埋车站。

4. 按建筑风格分

按建筑风格，车站分为：古典风格、现代风格、民族风格、地方风格。一条线路上的各个车站，它们的风格可以一样，也允许有差异，但应追求美，追求和谐。

此外，按车站结构横断面形式可分为：矩形断面、拱形断面、圆形断面、椭圆形断面和马蹄形断面。按车站断面的层数可分为：单层、双层和多层。按车站结构的跨数可分为：单跨、双跨和多跨。按照车站站台形式可分为：岛式、侧式和岛侧混合式。

四、城市轨道交通车站的命名

城市轨道交通车站一般以经过或者邻近的道路、公园、广场、火车站、飞机场、大学、体育场馆、娱乐场所、地区、新村名等的名字命名。现以上海轨道交通为例予以说明。

1. 以道路名命名

大多数车站以经过或者邻近的道路来命名，如上海轨道交通 2 号线的南京东路站、南京西路站等。

2. 以公园名命名

以经过或者邻近的公园来命名，如上海轨道交通 2 号线的中山公园站、世界公园站，10 号线的豫园站。

3. 以广场名命名

以经过或者邻近的广场来命名，如上海轨道交通 1、2、8 号线的人民广场站。

4. 以火车站名命名

以经过或者邻近的火车站来命名，如上海轨道交通 1、3、4 号线的上海火车站站，1 号、3 号线的上海南站站，2 号、10 号线的虹桥火车站站。

5. 以飞机场名命名

以经过或者邻近的飞机场来命名,如上海轨道交通 2 号线的浦东国际机场站、虹桥 2 号航站楼站。

6. 以大学名命名

以经过或者邻近的大学来命名,如上海轨道交通 10 号线的同济大学站、交通大学站,7 号线的上海大学站,9 号线的松江大学城站。

7. 以体育场、馆名命名

以经过或者邻近的体育场馆来命名,如上海轨道交通 1 号线的上海体育场站,4 号线的上海体育场站、上海体育馆站,3 号、8 号线的虹口足球场站,6 号线的源深体育中心站、东方体育中心站,11 号线的上海赛车场站。

8. 以娱乐场所名命名

以经过或者邻近的娱乐场所来命名,如上海轨道交通 1 号线的上海马戏城站,8 号线的大世界站。

9. 以地区名命名

以经过的地区来命名,如上海轨道交通 1 号线的莘庄站,2 号线的静安寺站。

10. 以新村名命名

以经过或者邻近的新村来命名,如上海轨道交通 1 号线的共富新村站,8 号线的鞍山新村站。

此外,还有以其他方式命名的,如上海轨道交通 2 号线的上海科技馆站,8 号线的航天博物馆站,10 号线的上海图书馆站,4 号线的南浦大桥站,6 号线的儿童医学中心站、外高桥保税区南站、外高桥保税区北站,9 号线的漕河泾开发区站,11 号线的上海汽车城站。

第二节　车站的结构

一、车站的组成

车站一般由主体、出入口及通道、通风道及风亭(地下)和其他附属建筑物组成。车站主体是列车的停车点,它不仅要供乘客上下车、集散、候车,一般也是办理运营业务和运营设备设置的地方。车站主体一般分为站厅和站台两部分,包括设备用房、管理用房、辅助用房。

1. 站厅

站厅的作用是集疏客流,将进出车站的乘客迅速、安全、方便地引导到站台乘车或使下车乘客迅速离开车站。对乘客来说,站厅是上、下车的过渡空间。站厅内要设置售检票及问讯服务等,根据需要还可设银行、公用电话、小卖部等设施。在一定程度上会形成乘客聚集,因此站厅要起到分配和组织人流的作用。站厅内还设有轨道交通运营、管理用房。因此,站厅应有足够的面积,除考虑正常所需购票、检票及通行面积外,尚需考虑乘客作短暂停留及特殊情况下紧急疏散的情况。站厅的面积主要由远期车站预测的客流量大小和车站的重要程度决定,一般根据经验和类比分析确定,可以参照能容纳高峰小时 5 min 内聚集的客流量的水平来推算。

站厅的位置与车站埋深、人流集散情况、所处环境条件等因素有关。站厅设计的合理与否,将会直接影响到车站使用效果及站内的管理和秩序。站厅的设置与车站类型、站台型式及布置关系密切。站厅有以下设置方式:

①位于车站一端

常用于终点站,且车站一端靠近城市主要道路的地面车站。

②位于车站两侧

常用于侧式车站,一般用于客流量不大的车站。

③位于车站两端的上层或下层

常用于地下岛式车站及侧式车站站台的上层,高架车站站台的下层。客流量较大的车站多采用这种设置方式。

④位于车站上层

常用于地下岛式车站及侧式车站。客流量很大的车站多采用这种设置方式。

站厅布置应满足功能分区要求,尽量避免进、出站及换乘人流路线之间的相互干扰。根据车站运营及合理组织客流路线的需要,站厅划分成付费区及非付费区两大区域。对于一般车站来说,通常非付费区的面积应略大于付费区。付费区是乘客需经购票、检票后方可进入的区域,然后到达站台。非付费区是乘客购票并正式进入车站前的活动区域,乘客可以在本区内自由通行。付费区与非付费区之间应分隔。付费区内设有通往站台层的楼梯、自动扶梯、补票处,在换乘车站,尚须设有通向另一车站的换乘通道。非付费区应有较宽敞的空间,设有售票、问询、公用电话等,必要时可增设金融、邮电、服务业等机构。进、出站检票口应分设在付费区与非付费区之间的分界线上,进、出站检票口之间的距离应尽量远一些,以便分散客流,避免相互干扰拥挤。

检票口(机)宜垂直于人流方向布置。检票口(机)处宜设监票亭,便于对乘客进行监督和检查,需要补票的乘客可到设在付费区内的补票处办理补票手续。条件合适时,可考虑监票、补票合一设置。售票处距出入通道口和进站检票处的距离不小于 5 m,出站检票处距梯口的距离不小于 8 m。车站控制室位置要便于对售检票口(机)、人行楼梯和自动扶梯部位的观察,其地面宜高于站厅地面 450 ~ 600 mm。

站厅内车站用房宜集中设置,便于联系与管理。与乘客有联系的房间,如售票、问询、站长室、公安室等，应面向或临近非付费区。

2. 站台

站台供列车停靠、乘客上下及候车。由站台、线路、乘降设备及站内用房等组成。

(1)站台类型

①岛式站台

岛式站台位于上、下行线路之间，可供上、下行线路同时使用，见图5－3。岛式站台当一个方向的乘客很多时，可以分散到整个站台上，站台面积可以得到充分利用，有效利用率高；所有的行车控制都集中在同一站台上，运营方便，管理集中；在站台的端部可借助于自动扶梯或楼梯直接通至地面，乘客上下很方便，对于折返乘客和乘错方向的乘客也较为方便；当车站深埋时不用设置渡线室和喇叭口；当车站的天花板为拱形时，站厅的最高部分正好在站台上方，故站厅在建筑艺术处理上较好。缺点是：在明挖式施工时车站两端线路可能产生喇叭口，运行状态差（进出站曲线）；当区间隧道双线集中布置时，横向扩展余地差；双向乘客上下车对流干扰大。由于岛式车站优点较多，因此地下车站绝大多数都采用这种型式。

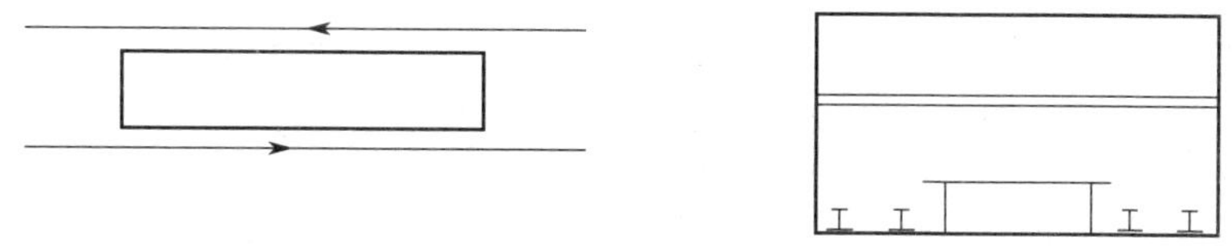

图5－3 岛式站台

在站台两端或中部有供乘客上下的楼梯通至地面或站厅层。当升降高度大于5.5 m时，一般要设自动扶梯。

当区间线路为深埋（埋设深度在12 m以上）时，通常采用盾构法等施工方法，将一条线建成两条独立的单线隧道。岛式站台的车站线间距由站台宽度决定。区间线路的线间距一般等于车站处的线间距，以使区间隧道与车站隧道顺接。

当区间线路为浅埋（埋设深度在12 m以内）时，区间隧道一般采用明挖法或盖挖法等施工方法建成双线隧道，这就要求区间采用线间距最小值。在岛式站台的车站，靠近车站的地段必须将线间距加宽，形成一个喇叭状，见图5－4。

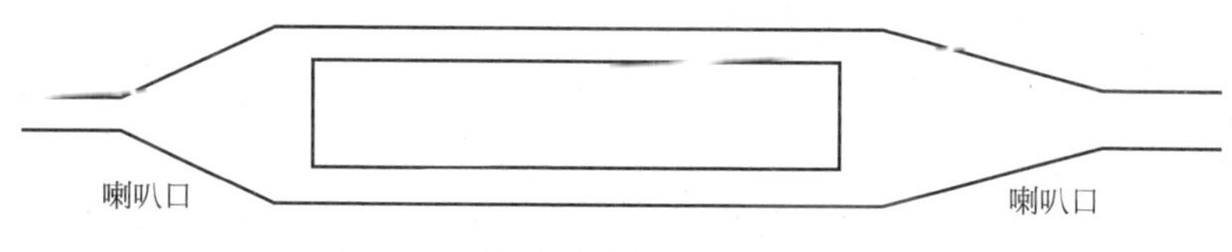

图5－4 岛式站台与区间连接示意图

②侧式站台

站台分别位于线路两侧，线路一般采用最小间距在两站台之间通过，见图5－5。

侧式站台会出现一个方向的站台很拥挤，而另一方向的站台尚未充分利用的情形，因此，两个侧式站台的总宽度一般总比一个岛式站台的宽度大；乘客折返时必须经过站厅或跨线设施换乘；站厅的最高部分位于线路上方，视觉效果受到影响。但是，当车站位于地面或高架桥上时，修建侧式站台则是有利的；当区间线路为浅埋或高架时，因区间和车站处的线间距相同，故不需修建喇叭口；高架车站将两条线路放在当中，可以使最大荷载位于桥梁结构的中间，便于增加结构稳定性及节省造价，同时乘客从两侧去站台也方便。

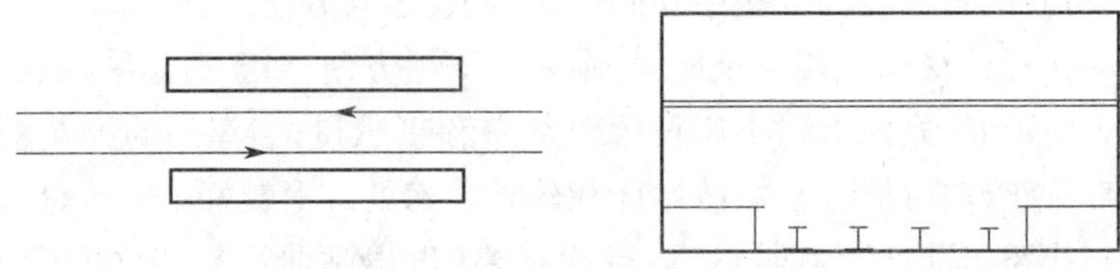

图 5－5　侧式站台

当区间线路为深埋时，由于区间两条单线隧道间要保持一定间距，此间距大于车站上线间距，因此在车站两端需要修建渡线室，用来把车站处的最小线间距加宽到区间线间距，也形成一个喇叭状，见图 5－6。

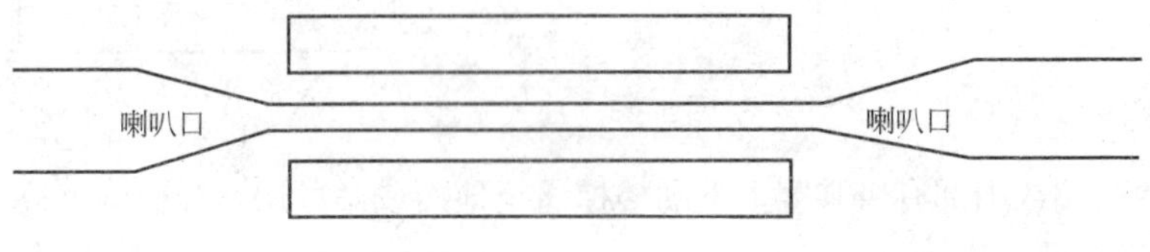

图 5－6　侧式站台与区间连接示意图

③混合式站台

在有些特殊的情况下，有可能综合上述两种型式，既有岛式站台，又有侧式站台，形成混合式车站。一岛一侧的混合式站台见图 5－7，还有一岛二侧的混合式站台。从运营方面看，混合式站台的车站可以实现上、下客流的分流，即中央的岛式站台用于上车，而侧式站台用于下车，但由于乘客上车要比下车慢得多，因而停站时间减少量有限，效果并不明显。从工程方面看，这种车站造价较高，占地面积也明显增加，乘客的竖向输送设备布置尤其复杂。因此，混合式车站用得极少。

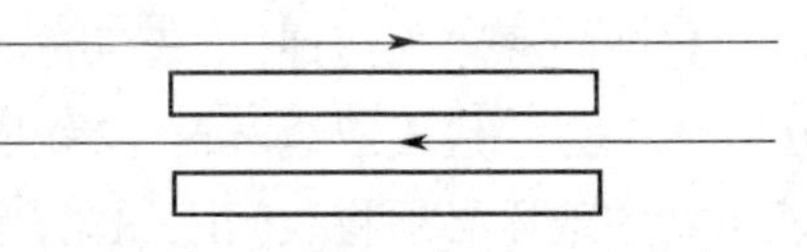

图 5－7　混合式站台

(2)站台层的布置

站台有效长度范围内为乘客使用区域，该区域可划分成上、下车与候车区及疏散通路两部分，其设置与站台型式有关。岛式站台疏散通路设在中间，两侧作为乘客上、下车与候车区域。侧式站台内侧作为疏散通路,外侧是乘客上、下车与候车区域。这种布置方式可减少上、下车和候车乘客与进、出站客流之间的相互干扰和影响。

布置在站台层与站厅层的楼梯与自动扶梯,如有多组时,其位置应使每组所承担的客流量大致相等。

应尽量设置站台屏蔽门,以保证乘客安全和节省能源。

站台两端布设车站用房,其中大部分为设备用房。

(3)站台设计

①站台长度

站台长度由列车长度决定,列车长度则是车辆长度与编组辆数的乘积。站台计算长度应采用远期列车编组长度加停车误差。停车误差的确定与人工驾驶时司机操作的熟练程度或采用自动停车设备的先进程度有关。一般采用停车不准确距离为 1 ~2 m,当采用屏蔽门时停车误差必须控制在 ±0.3 m 之内。

地下站台的长度一旦决定(建成),基本无延长改建的可能,因此,在预测确定了远期客流量后,需充分考虑足够的列车编组辆数,来保证较大的运输能力。

站台层两端可以布设设备和管理用房,但这些设备在每端占用有效站台(计算长度内)的范围不得大于半节车厢长度。如果是侧式站台出现这种情况,则要求它们不得侵入侧式站台计算长度,距楼梯口的距离不小于 8 m。

②站台宽度

站台宽度根据高峰时段客流候车、上下集散的需要计算,不仅应满足远期客流集散的要求及规定的最小宽度要求,而且要满足事故列车所有乘客在 6 min 内全部疏散的要求,并按安全要求扣除安全带宽度及横向立柱等附属设施所占面积折算宽度,实际是计算站台有效宽度。

岛式站台最小宽度 8 m,横向并列的立柱越多,站台宽度越大。侧式站台的最小宽度视其有无立柱而定,长向范围内设梯的侧式站台最小宽度 2.5 m,有垂直于侧式站台通道的侧式站台最小宽度 3.5 m,一般为 4 ~6 m。

③站台高度

站台高度指站台到轨顶面的高度,与车型有关。站台平面与车辆车厢内地板同样高度,称为高站台;站台平面比车厢地板面低,称低站台。采用高站台时,考虑到由于车辆弹簧的挠度,在最大乘车效率时,车厢地板下沉的范围在 100 mm 以内,故高站台高度宜低于车厢地板面 50 ~100 mm 为宜。

④轨道中心到站台边缘距离

从轨道中心到站台边缘的距离由车辆的建筑限界决定,还应考虑站台的施工误差,一般为 10 mm。站台边缘与车辆外边之间的空隙,在直线段宜为 80 ~100 mm,在曲线段应不大于 180 mm。

3. 出入口

出入口是车站的门户,客流集疏的第一通道。出入口应能比较直接地联系室外空间和车站。出入口有时还兼有行人过街的作用。一般在设计之初都会选择靠近地面交通集疏点、著名建筑物、商业区、住宅区等客流繁忙处。为方便乘客及疏散客流,车站的出入口的位置应根据周边环境及城市规划要求进行合理布置,应有利于吸引和疏散客流。

车站出入口的数量应根据吸引与疏散客流的需求设置,满足高峰时段客流集疏的需求,保证人流的有效流动。为此,一个车站出入口通道总数不得少于两个。每个出入口宽度应按远期分向设计客流量乘以 1. 1 ~1. 25 不均匀系数计算确定。

车站出入口布置应与主客流的方向相一致,宜与过街天桥、过街地道、地下街、邻近公共建筑物相结合或连通,统一规划,同步或分期实施。如兼作过街地道或天桥时,其通道宽度及其站厅相应部位应计入过街客流量,同时考虑夜间停运时的隔离措施。

设于道路两侧的出入口宜平行或垂直于道路红线,距道路红线的距离应按当地规划部门要求确定。当出入口开向城市主干道时,应有一定面积的集散场地。

车站地面出入口的建筑形式,应根据所处的具体位置和周边建筑规划要求确定。地面出入口可做成合建式或独立式,但应优先采用与地面建筑或风亭合建式。

一个通道或出入口宽度不得少于 2 m,净空高不得低于 2. 5 m。

4. 车站乘降设备

保证车站出入口、站厅、站台之间乘客垂直移动的便捷舒适、安全可靠,必须设楼梯、自动扶梯等。

(1)人行楼梯

楼梯是最简单易建的乘降设备,投资低、施工简单、管理方便,但易造成人流交叉干扰,乘客不方便。在站台宽度允许的条件下,尽量放宽楼梯宽度。单向公共区人行楼梯最小宽度 1. 8 m,双向公共区人行楼梯最小宽度 2. 4 m,与自动扶梯并列设置的人行楼梯(困难情况下)最小宽度 1. 2 m。

(2)自动扶梯

为减轻乘客疲劳,增强车站吸引力,在条件许可的情况下,在地面出入口与站厅、站台之间应设置自动扶梯。车站出入口的提升高度超过 6 m 时,必须设上行自动扶梯;超过 12 m 时应考虑上、下行均设自动扶梯。站厅与站台间应设上行自动扶梯,高差超过 6 m 时,上、下行均应设自动扶梯。自动扶梯可以形成最佳的运送状态,通过能力大,乘客间无冲突干扰,能合理组织客流(无交叉对流)。在不设步行楼梯时,自动扶梯梯带总数不少于 3 条(上、下、备用)。一般采用上行自动扶梯、下行步行楼梯的设置办法,以降低设备投资及运营成本。

站厅通道及出入口较多,可适当地选用自动扶梯;站台因需尽快疏解下车乘客,宜将站台两端楼梯尽量放宽,站台中间楼梯则需留出一侧通道,设置自动扶梯用于上行。

自动扶梯的供电必须由一级负荷供电。下行自动扶梯能改为上行(高架车站上行改为下行)。

人行楼梯和自动扶梯宜沿纵向均匀设置,同时应满足站台计算长度内任一点距最近梯口或通道口的距离不得大于50 m。人行楼梯和自动扶梯的总量布置除应满足上、下乘客的需要外,还应按站台层的事故疏散时间不大于6 min进行验算。消防专用梯及垂直电梯不计入事故疏散用。

(3)垂直电梯

车站应建设无障碍设施,这是关怀残疾人的具体体现。无障碍设施包括:设置垂直电梯或斜坡道(或坡度小的自动人行步道),同时配制导盲设施到达站台,在人行楼梯边上挂设轮椅升降台等。

(4)斜坡道

在条件许可的情况下,比如高差较小,施工条件良好,可用坡道替代楼梯来连接站台、站厅、出入口,坡道长度应以乘客走行时间能够承受为限,考虑是设在地下的坡道,应取较小的值(一般不应超过200 m)。为防止滑倒,坡道地面需有防滑措施,坡道照明十分重要,两侧墙体可用广告灯箱或装饰画布置,创造一个安全、可靠、温馨的环境,减少乘客穿越地下坡道时可能产生的疲劳感和烦躁情绪。

5. 风井与冷却塔

车站风亭的位置,应根据周边环境及城市规划要求进行合理布置,在满足功能要求的前提下,尚应满足规划、环保和城市景观的要求。

地下车站按通风、空调工艺要求设活塞风井、进风井和排风井。在满足功能的前提下,根据地面建筑的现状或规划要求,风井可集中或分散布置。

地面风亭的设置应尽量与地面建筑相结合。对于单建的风亭,如城市环境有特殊要求时,可采用敞口低风井,风井底部应有排水设施,风口最低高度应满足防淹要求,开口处应有安全装置。风井的周边应绿化。

单建或与建筑物合建的风亭,其口部距其他建筑物距离应不小于5 m。当风亭设于路边时,风亭开口底距地面的高度应不小于2 m。

对于采用集中式空调系统的地下车站设在地面的冷却塔,其造型、色彩、位置应尽量符合城市规划、景观及环保要求。对于有特殊要求的地段,冷却塔可采用下沉式或全地下式,但必须满足工艺要求。

此外,车站应设公共厕所,并应根据需要与可能在靠近位置设置自行车和汽车的停放场地。

6. 车站用房

车站主体根据功能的不同,可分为乘客使用空间和车站用房两大部分。

乘客使用空间即前述非付费区和付费区。

车站用房包括运营管理用房、设备用房和辅助用房三部分，设于站厅。运营管理用房是车站运营管理人员使用的办公用房，主要包括站长室、行车值班室、业务室、广播室、票务值班室、会议室和公安保卫室等。设备用房是安置各类设备、进行日常维修及保养设备的场所，是为保证列车正常运行、保证车站内良好环境条件和在灾害情况下乘客安全所需要设备的用房，主要包括通风与空调用房、变电所、配电室、蓄电池室、综合控制室、防灾中心、消防器材用房、泵房、通信机械室、信号机械室、自动售检票室、冷冻站、维修工区用房等。辅助用房是为保证车站内部工作人员正常工作生活所设置的用房，主要包括卫生间、更衣室、休息室、茶水间等。

7. 中间站的平纵断面设计

(1)平面

车站站台计算长度段的线路应设在直线上，在困难地段可设在曲线上，其半径不应小于 800 m。

(2)纵断面

地下车站站台计算长度段应设在一个坡道上，坡度宜采用 2‰，在困难条件下可设在不大于 3‰的坡道上。有条件时车站宜布置在纵断面的凸型部位上，并设置合理的进、出站坡度。

地面和高架桥上的车站站台计算长度范围内的线路宜设在平坡上，在困难条件下可设在不大于 3‰的坡道上。

两相邻坡段的坡度代数差等于或大于 2‰时，应设圆曲线形的竖曲线连接。车站端部因行车速度较低，其竖曲线半径可小于区间标准，一般情况下为 3 000 m，困难情况下为 2 000 m。

二、地下车站

地下车站尽量与地面交通车站、停车场靠近，形成较佳的换乘组合。尽量与地面建筑结合，可设在地面建筑物内(如商场、公寓的底层、门厅等)，也可独立设置，但需与周围景观协调吻合(如建筑风格、色彩、位置)，通常可设在人行道、街心花园、绿化带中。当然，最重要的是能保证高峰时段客流通畅，乘客进出方便。

1. 地下车站的组成

(1)出入口

地下车站出入口的地面标高一般应高出该处室外地面 300 ~ 450 mm，当此高程未满足当地防淹高度时，应加设防淹闸槽，槽高可根据当地最高积水水位确定。

地下出入口通道力求短、直，通道的弯折不宜超过 3 处，弯折角度宜大于 90°，地下出入口通道长度不宜超过 100 m，超过时应采取能满足消防疏散要求的措施。有条件时宜设自动人行道。地下车站的出入口通道可以兼作人行过街设施,见图 5-8。

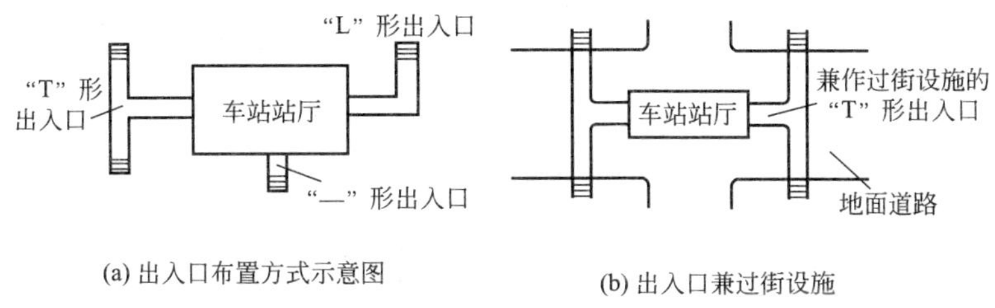

(a) 出入口布置方式示意图

(b) 出入口兼过街设施

图 5－8　出入口布置示意图

(2)站厅

为了不占用地面空间,地下车站的站厅一般设在地下一层。可分别在两端布置,即站厅分为两个,分别布置在站台两端上层。也可集中在中间布置,站厅布置在站台上层。

(3)站台

站台设在地下二层,由站台与线路、乘降设备等组成。

2. 地下车站的结构形式

地下车站结构横断面形式主要根据车站埋深、工程水文地质条件、施工方法、建筑艺术效果等因素确定。在选定结构横断面形式时,应考虑到结构的合理性、经济性、施工技术和设备条件。

按车站结构横断面形式分类地下车站的结构形式有矩形框架结构、拱形结构和圆形结构,主要是由不同的施工方法决定的。

(1)矩形框架结构

矩形框架结构明挖施工的车站采用最多的一种形式,一般用于浅埋车站。盖挖施工的车站也多采用矩形框架结构。

根据功能要求,矩形框架结构可以设计成单层、双层、多层,单跨、双跨或多跨等形式。侧式车站一般采用双跨结构。岛式车站多采用三跨结构。站台宽度≤10 m 时宜采用双跨结构,有时也采用单跨结构。

矩形框架结构的典型断面形式如图 5－9 所示。

(2)拱形结构

对于明挖施工的车站,拱形结构一般用于用于深埋车站,以及站台宽度较窄的单跨单层或单跨双层的车站,可以获得较好的建筑艺术效果。矿山法施工的车站都采用拱形结构。

拱形结构视地层条件、施工方法及其使用要求的不同,可采用单拱式、双拱式或三拱式,根据需要可做成单层或双层。

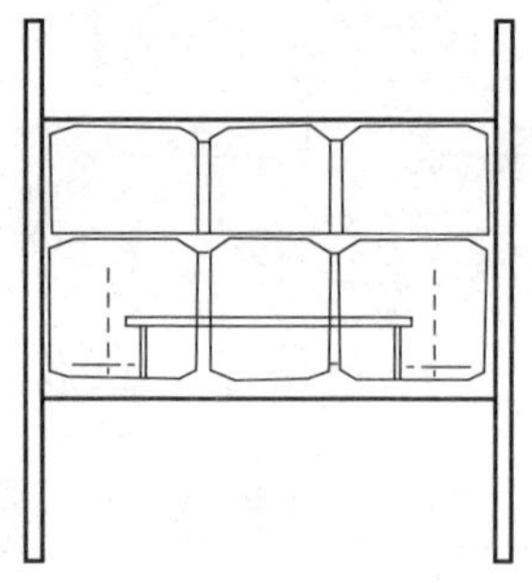
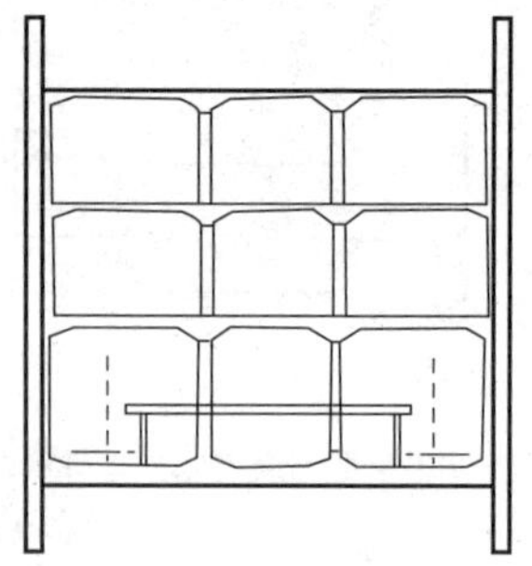

图 5-9 矩形框架结构

①单拱结构

单拱结构图 5-10 所示，单拱结构由于中部起拱，高度较高，两侧拱脚处相对较低，中间无柱，因此可获得宽敞的空间和宏伟的建筑效果。在岩石地层中采用较多。

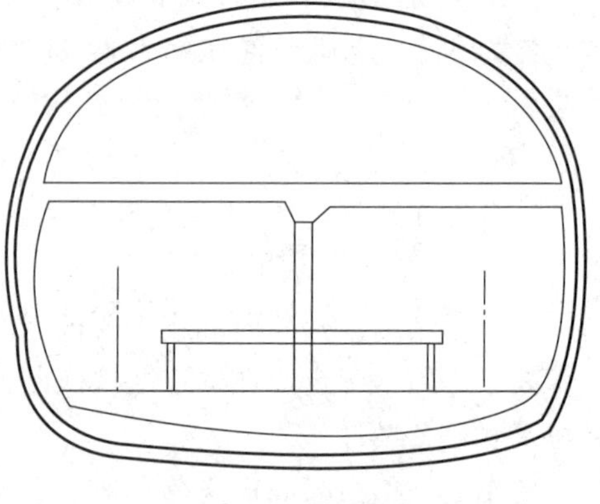

图 5-10 单拱结构

②双拱结构

双拱车站有两种基本形式，即双拱塔柱式和双拱立柱式，分别如图 5-11(a)、(b)所示。

双拱立柱式车站早期多在石质较好的地层中采用，随着新奥法的出现，这种形式近年来已逐渐被单拱车站取代。

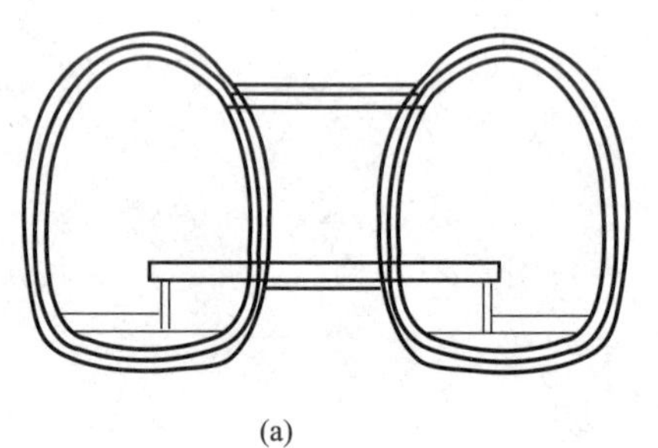

(a)

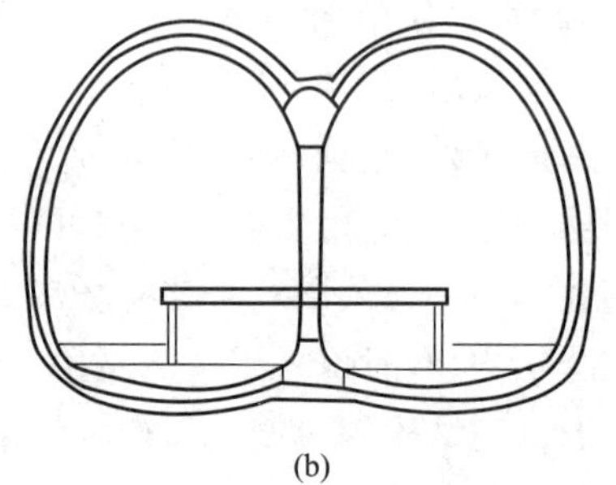

(b)

图 5-11 双拱车站

③三拱结构

三拱车站亦有塔柱式和立柱式两种基本形式，但三拱塔柱式车站现已很少采用，土层中大多采用三拱立柱式车站，如图 5-12 所示。

(3)圆形结构

圆形结构用于盾构法施工的车站。

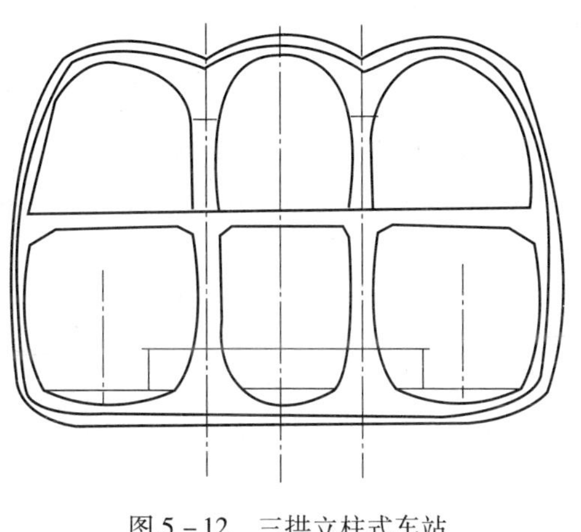

图 5－12　三拱立柱式车站

图 5－13 所示为两圆形隧道组成的侧式站台车站,这是一种最简单的盾构法施工的车站。一般每个隧道都设有一组轨道和一个站台,两隧道的相对位置主要取决于场地条件和车站的使用要求,多设于同一水平面。在车站两端或车站中部两隧道之间设斜隧道以供乘客进出站台。在两个并列隧道之间可以用横向通道连通。

图 5－14 所示为盾构法施工的三拱塔柱式车站,由并列的三个圆形隧道组成,两侧为行车隧道并在其内设置站台,中间为集散厅,用横向通道将三个隧道连成一体。与两圆形隧道组成的车站一样,一般在车站两端或车站中部两隧道之间设斜隧道,以供乘客进出站台。

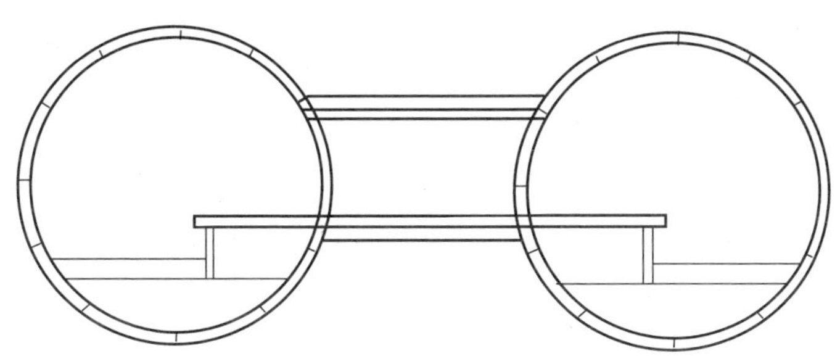

图 5－13　两圆形隧道组成的侧式站台车站

图 5－15 所示为盾构法施工的三拱立柱式车站。先用单圆盾构开挖两旁隧道,然后施工站厅部分,将它们联成一体,乘客从车站两端的斜隧道进入站台。站台宽度应满足客流集散要求,一般不小于 10 m。立柱车站施工工序多,工程难度大,造价也高,但和三拱塔柱式车站相比,具有总宽度较窄、能满足大客流量的优点。总宽度一般可以控制在 20 m 左右。

三、高架车站

1. 设置方案

高架车站有两种设置方案:①地面出入口,高架站厅,高架站台;②地面出入口,地面站厅,高架站台。主要依据地面占地可能性条件、高架结构设置条件、投资条件、施工

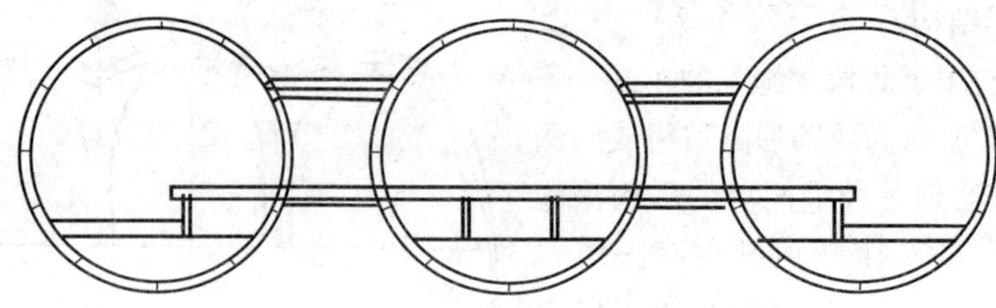

图 5 - 14　三拱塔柱式车站

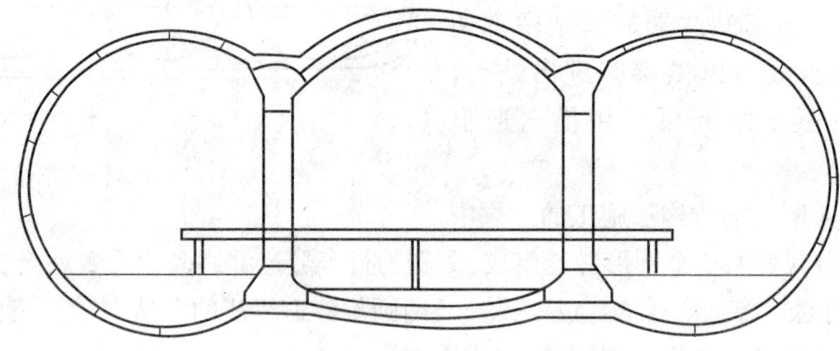

图 5 - 15　三拱立柱式车站

条件决定。

2. 设置位置

(1)设在道路两侧

可设在人行道上空或沿街建筑物内,一般采用上、下行分线设置的办法。该方案容易与沿街建筑融合,方便乘客出入。但上、下行分列布置,建设投资和占地面积均较大。

(2)设在道路中部上空

上、下行并线采用两侧式站台布置,设备集中,管理集中,乘客上、下过街方便。但对街道景观影响较大,且占用道路面积。

(3)高架车站的设计

高架站台(包括地面车站)上应设置风雨棚或封闭的候车棚,其体量、造型应考虑城市景观要求。可用新型轻质材料构筑,以减轻结构重量,提高车站外观形象;尽量采用自动扶梯组织乘客乘降;保证足够的站厅面积,便于控制站台候车人数。

第三节　换乘站

换乘站是轨道交通线网中的重要节点。它除了供乘客乘降外,还要满足两线或多线车站站台之间的换乘。

换乘站一般为两线交会,少数有三线交会的,如上海轨道交通 1、2、8 号线交会于人民广场站,3、4、9 号线交会于宜山路站,北京地铁 2、4、13 号线交会于西直门站。甚至有四线交会的,如上海轨道交通2、4、6、9号线交会于世纪大道站。

换乘站可以由中间站(或终点站、折返站)补充换乘设备而成,或者一开始就建成为供两条相交线路使用的联合车站。换乘站的型式与换乘方式关系密切。

一、换乘站的作用

换乘站是线网中各条线路的交叉点,是提供乘客转线换乘的场所。乘客通过换乘站及其专用(或兼用)通道设施,实现两车站之间客流畅通,达到换乘的目的。换乘站规划在路网设计中有着特殊重要的地位及作用。换乘设施的通过能力应满足预测的远期换乘客流量的需要,且应形成在付费区内换乘。不能同步实施时,应预留接口。

从线网运营来看,线路之间的交叉点的个数、位置,决定着线网的形态,影响着线网中各换乘站客流量的大小、乘客的换乘地点、出行时间及方便程度,从而影响整个线网的运输效率。从交通与城市发展的相互作用关系来看,由于换乘站有更大的客流,久之会导致换乘站处土地利用价值的超常升值,并对换乘站周围的土地利用格局和规模产生深远的影响,最终可能会导致整个城市布局结构的变化及调整。

随着城市的发展,换乘站的客流将会更加增大,换乘站的作用及地位将更加重要。相应地,地面交通线路的站点也倾向于在换乘站处布设,进一步增加换乘站附近地区交通的可达性及机动性,随后,其附近地区的土地利用便发生重大变化。因此,在城市轨道交通路网规划中,要非常慎重地选择换乘站的位置。

二、换乘方式

应根据线网规划、线路敷设方式、地上及地下周边环境、换乘量的大小等因素,选取换乘形式。换乘方式首先取决于两条线路的走向和相互交织的形式。一般有直交叉、斜交叉、平行等多种形式。

1. 换乘方式的类型

换乘方式分为同站台平面换乘、结点换乘、站厅换乘、通道换乘、站外换乘五种基本类型。

(1)同站台平面换乘

同站台换乘是指乘客通过同一站台或相距很近的两个平行站台实现转线换乘,乘客只要走到车站站台的另一边即可换乘另一条线路的列车。对乘客来说,这当然是最方便的换乘方式,尤其是在客流量很大的时候。但这种换乘方式要求两条线路具有足够长的平行段,线路交叉复杂,工程量大,施工难度大,投资大,并增加了列车运行的不良因素(有反向曲线、上下坡道)。因此,除非某两个方向的换乘比例相当高,其他条件也许可的情况下，方可权衡得失慎重选用，且应尽量在建设期相近或同步建设的两条线的换乘站上选用。

同站台平面换乘方式，将互相交叉、不在同一平面的两条轨道交通线路通过坡道曲线的处理，构成互相平行的同一平面。平面换乘对于某两个方向（如图 5－16 中的 $A \rightarrow D$，$B \rightarrow C$）的换乘乘客来说，实现了同一站台换乘，非常方便，这当然是最佳方案。对于另两个方向（如图中，$A \rightarrow C$，$B \rightarrow D$）的换乘乘客来说，仍需进入站厅完成换乘。

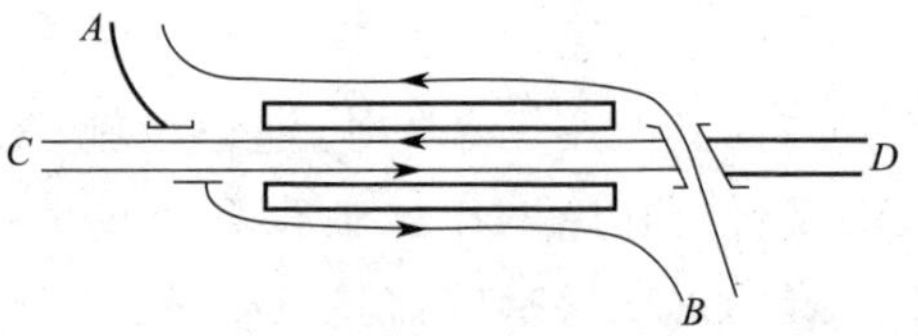

图 5－16　同站台平面换乘

同站台换乘的基本布局是双岛式站台的结构形式，它可以在同一平面上布置，见图 5－17（a），也可以双层布置，如图 5－17（b）。这两种形式的换乘站都只能实现 4 个换乘方向（A_1 与 B_1，A_2 与 B_2）的同站台换乘，而另外 4 个换乘方向（A_1 与 B_2，A_2 与 B_1）则要采用其他换乘方式。

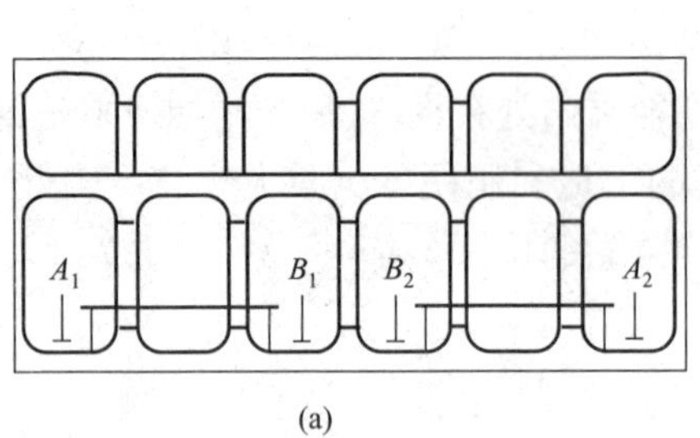

(a)

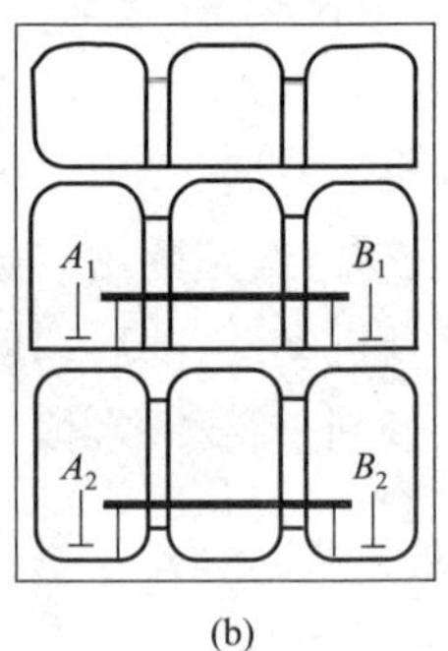

(b)

图 5－17　同站台换乘站布置形式示意图

两条交叉的线路在车站上设于彼此平行的位置且运营时不相互干扰，就必须在出站时两线之间立体交叉。线路交叉的方式不同，会对线路长度、曲线数目及交角、线路坡度等产生不同的影响。线路交叉的方式很多。

由于每条轨道交通线路有上、下行两个方向，所以两条轨道交通线路之间的换乘组合有 8 个方向，利用同站台可以实现的换乘方向只有 4 个，另外 4 个换乘方向则需通过高架桥或地下通道来实现，走行距离较远。为了使 8 个换乘方向都能进行同站台换乘，可以将两个同站台换乘站组合起来使用，这样 8 个换乘方向上的换乘距离都很短。例如，香港地铁荃湾线和观塘线利用其共用的太子站和旺角站的组合实现了 8 个换乘方向的同站台换乘。其车站站台采用图 5－18 的布置形式，两条线路在站间设置立体交叉，从而使所有换乘方向都能实现同站台换乘。

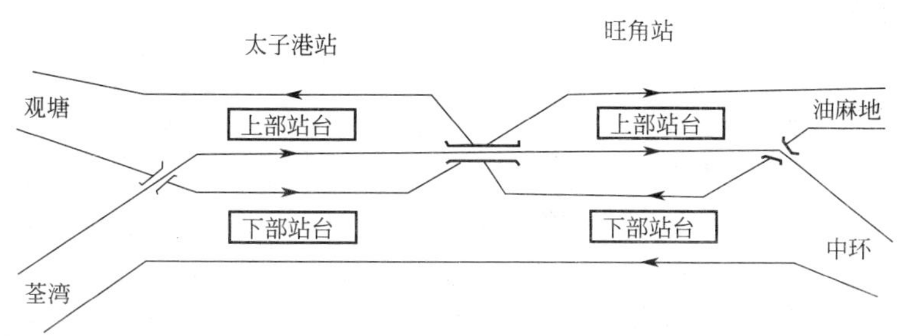

图5－18　香港地铁太子港站和旺角站换乘示意图

(2)结点换乘

结点换乘是在两线路交叉处,将两线路重叠部分的结构做成整体结点,并采用楼梯将两座车站站台连通,乘客通过该楼梯进行换乘,换乘高差一般为5~6 m。

结点换乘方式依两线车站交叉位置,又有十字形、T形和L形三种布置形式,如北京地铁西直门站为十字形,复兴门站为T形,积水潭站为L形。

结点换乘站的换乘能力一般较小,但如果换乘站布置设计合理,也能够达到较大的换乘能力。结点换乘方式的关键是要注意上、下楼的客流组织,避免进、出站客流与换乘客流的交叉。

结点换乘方式的结点要求一次做成,预留线路的限界净空及线路位置受到制约,这就要求避免预留工程不到位或过剩等不良现象的产生。

结点换乘方式要注意上、下客流组织,避免进、出站客流与换乘客流的交叉紊乱。该方式多应用于侧式站台间的换乘,或与其他换乘方式组合应用,可以达到较好的效果。

两个岛式站台之间采用结点换乘方式连接一般较为困难,因为楼梯宽度往往受岛式站台总宽度的限制,其通行能力难以满足换乘客流需求。如果两条交叉线路的高差足够大,那么可以采用两个车站"十"字形塔式交叉,两站台之间用双层式梯阶相连接。

结点换乘方式依两站的站台型式不同,有许多组合形式。

(3)站厅换乘

站厅换乘是设置两线或多线的共用站厅,或相互连通形成统一的换乘大厅。乘客下车后,无论是出站还是换乘,都必须经过站厅,再根据导向标志出站或进入另一站台继续乘车。由于下车客流只朝一个方向流动,减少了站台上人流交织,乘客行进速度快,在站台上的滞留时间减少,可避免站台拥挤,同时又可减少楼梯等升降设备的总数量,增加站台有效使用面积,有利于控制站台宽度。乘客换乘路线通常要先上(或下)、再下(或上),换乘总高度大。若是站台与站厅之间用自动扶梯连接,可改善换乘条件。

采用同层并列侧式站台形式,如图 5－19(a)所示,通过上一层共用站厅层来完成换乘;采用并列岛式站台形式,如图 5－19 (b)所示,通过上一层共用站厅来完成换乘;采用上、下平行侧式站台形式,如图 5－19 (c)所示,通过夹在中间共用站厅来完成换乘。这种换乘方式有利于各条线路分期建设。

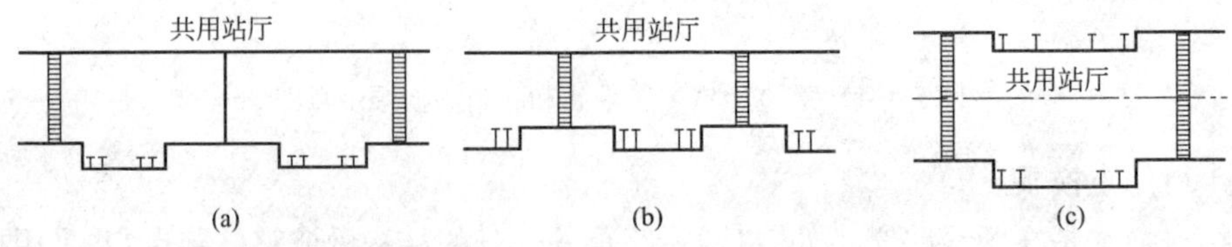

图 5－19　站厅换乘的三种形式示意图

(4)通道换乘

通道换乘是在两线交叉处,车站结构完全分开,当车站站台相距较远或受地形限制不能直接通过站厅进行换乘时,用通道和楼梯将两车站连接起来,供乘客换乘。连接通道一般设于两站站厅之间,也可以在站台上直接设置。通道换乘方式布置较为灵活,对两线交角及车站位置有较大的适应性,预留工程少,甚至可以不预留,将来做少许改动。通道宽度按换乘客流量的需要设计。换乘条件取决于通道长度,一般不宜超过 100 m。通道换乘有利于两条线路工程分期实施,预留工程最少,后期线路位置调整的灵活性大。

当两条轨道交通线路在区间相交,构成"L"形交叉时,两线上的轨道交通车站均应靠近交叉点设置,并用专用的人行通道相连接,图 5－20 所示是通道换乘方式的地下换乘站。在位置较高的车站 A 的站台中心安设双向楼梯或自动扶梯下降到人行隧道平面,该隧道在 A 站的站线下方穿过。人行隧道内应有斜坡,且其朝向乘客走行较多的方向。客流交叉的地点,人行隧道的断面应予加宽。此人行隧道在靠近位置较低的车站 B 的地方,通常分成两个断面较小的隧道,

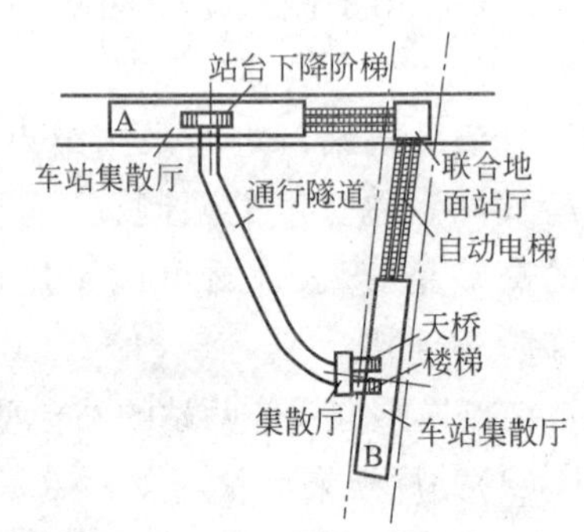

图 5－20　通道换乘方式的地下换乘站

这两个隧道的出口处接有跨越站线的天桥,该天桥端部应设置楼梯通到站台地板面,楼梯则设在车站的塔柱或立柱之间。在人行隧道分支的地方应设置一间不太大的集散厅,以便在其中将不同方向的客流分隔开来。在条件许可时,可利用联合

式的地面站厅或地下站厅来换乘。联合式地面(或地下)站厅,用自动扶梯与两个车站相联接,而在地面只设一个共同的出口。也可以同时采用上述两种方案。这时,人行隧道的宽度可减小,并只用于单向通行。反向换乘时可通过自动扶梯隧道进行换乘。

当一条线路的区间与另一条线路的车站"T"形交叉时,可按图5-21所示的换乘站形式组织换乘。位置较高的车站A的集散厅可用一个人行隧道与一个地下站厅(前厅)相连接,该地下站厅则经由自动扶梯隧道而与位置较低的车站B相连接。若人行隧道长度不大,则B站乘客可经由A站的自动扶梯出站,但这样对乘客是不便的,因为他们必须先上到一个多余的高度,而后再经由楼梯下降到A站的站台去。若人行隧道很长时,则可使地下站厅直接与地面相连接,以供B站乘客出站之用。这样人行隧道则仅供换乘乘客使用,A站的自动扶梯也不致超荷。

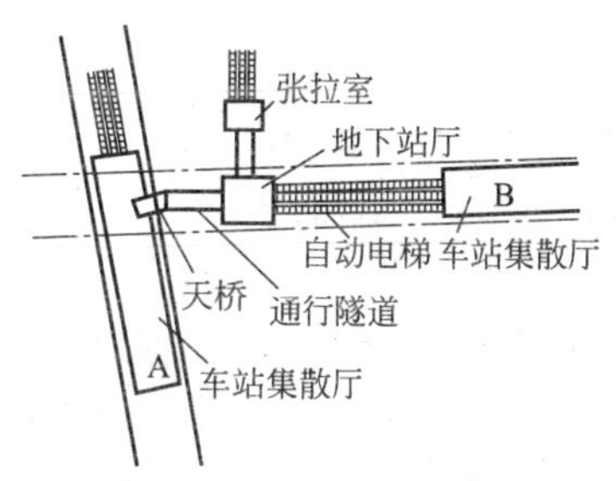

图5-21　一条线路区间与另一条线路车站T形交叉时的换乘站

(5)站外换乘

站外换乘是乘客在车站付费区以外进行的换乘,是没有专用换乘设施的换乘方式,出现在下列情况下:

①高架线与地下线之间的换乘,因条件所限,不能采用付费区内换乘的方式。

②两线交叉处无车站或两车站相距较远。

③规划不周,已建线未作换乘预留,增建换乘设施又十分困难。

站外换乘往往是没有很好的轨道交通线网规划而造成的后遗症,是一种系统性的缺陷。由于乘客增加一次进出站手续,步行距离长,再加上在站外与其他人流混合,因而显得很不方便。站外换乘方式在路网规划中应尽量避免。

(6)组合换乘

在换乘方式的实际应用中,若单独采用某种换乘方式不能奏效时,则可采用两种或多种换乘方式组合,以达到完善换乘条件、增强换乘功能、方便乘客使用、降低工程造价的目的。例如,同站台换乘方式辅以站厅或通道换乘方式,使所有的换乘方向都能换乘;在岛式站台中,必须辅以站厅或通道换乘方式,才能满足换乘能力;站厅换乘方式辅以通道换乘方式,可以减少预留工程量。

2. 换乘方式的选择

任何换乘站的换乘方式都应以满足换乘客流功能需要为第一位置,再考虑其他相关因素:如换乘站各条线路的修建顺序,换乘站上两条线路的交织形式和位置,换乘站的换乘客流量和客流组织方式，换乘站的线路和结构形式、施工方法，换乘站周围的地形条件、地质条件以及城市规划的地面和地下要求等。

三、换乘形式

按照换乘车站两条线路的空间位置，换乘形式有共线式、并列式、交叉式和叠置式。

1. 共线式换乘

两条线路在某一范围内共线，在这范围内的所有车站均为共线站，这样的换乘形式称为共线式换乘。例如，上海轨道交通 3 号、4 号线在宝山路站和虹桥路站之间有 9 个站为共线式换乘站。

2. 并列式换乘

两条线路在某一车站以接近于平行的位置而交汇，这样的换乘形式称为并列式换乘。

3. 交叉式换乘

当城市轨道交通线路形成网络化时，有很多两线交叉或多线交叉的情况，这样的换乘形式称之为交叉式换乘。

4. 叠置式换乘

两条的车站在同一位置形成上下叠置，这样的换乘形式称之为叠置式换乘。

叠置式有两种情况，第一种是同层同线，第二种是同层异线。

同层同线是一条线路的上下行全部设置于车站的上层，另一条线路的上下行全部设置于车站的下层。通过楼梯、通道、站厅等作为换乘设施，在同一个车站进行上下层之间的换乘。

同层异线就是在同一层次内各含有两条线路的上下行之中的任一条。即把每条线路的上下行拆开，一条置于车站的上层，一条置于车站的下层，以使不同线路在同一车站的同一层次、同一站台相会，进一步改善换乘条件。

四、结点换乘形式

在两线交叉处，将两线重叠部分的结构做成整体的结点，并采用楼梯将两座车站站台连通，乘客通过该楼梯进行换乘，换乘高差一般为 5 ~ 6 m，换乘也比较方便。依两线车站交叉位置的不同，有“一”、“十”、“T”、“L”、“H”形布置型式。在两条交叉的线路上一般采用“十”字形换乘、“T”形换乘或“L”形换乘；在两条平行的线路上，可选择“一”字形换乘或“H”形换乘。

1. “一”字形换乘

两个车站上下重叠设置构成“一”字形组合的换乘车站，如图 5 – 22 所示。一般采取相同站台直接换乘或站厅换乘。

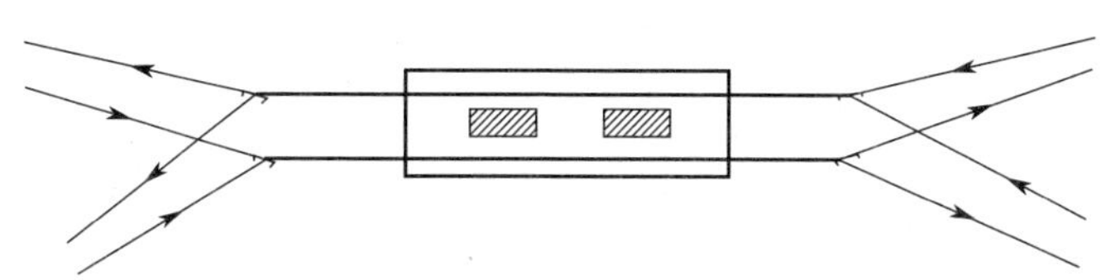

图 5－22　“一”字形换乘

2.“十”字形换乘

两个车站在中部相立交,在平面上构成“十”字形,如图 5－23 所示。一般采用站台直接换乘或站厅加通道换乘。

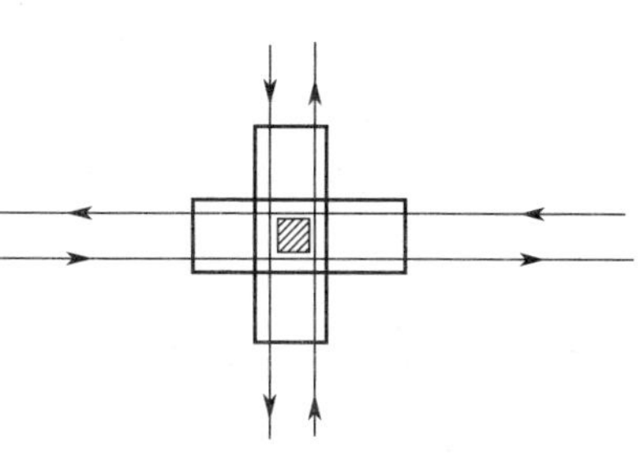

图 5－23　“十”字形换乘

①岛式与侧式换乘。岛式站台与上层侧式站台换乘,具有两处换乘点,如图 5－24(a)所示。

②岛式与岛式换乘。利用上、下二层岛式站台层的“十”字交叉点,进行站台与站台之间直接换乘,如图 5－24(b)所示。

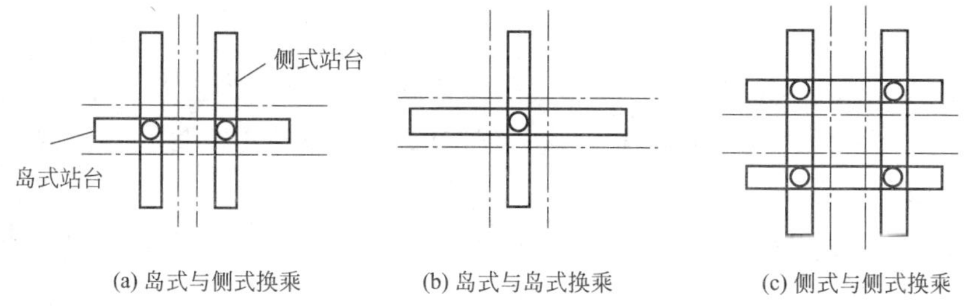

(a) 岛式与侧式换乘　(b) 岛式与岛式换乘　(c) 侧式与侧式换乘

图 5－24　“十”字型节点换乘的三种形式示意图

③侧式与侧式换乘。利用上、下 2 层侧式站台层的“十”字交叉点(4 处)来完成站台与站台之间直接换乘,如图 5－24(c)所示。

3.“L”形换乘

两个车站平面位置在端部相连构成“L”形,如图 5－25 所示。高差要满足线路立交的需要。一般在相交处设站厅进行换乘,也可根据客流情况,设通道进行换乘。

4.“T”形换乘

两个车站上下相交,其中一个车站的端部与另一个车站的中部相连,在平面上构成“T”形,如图 5－26 所示。一般可采用站台或站厅换乘。

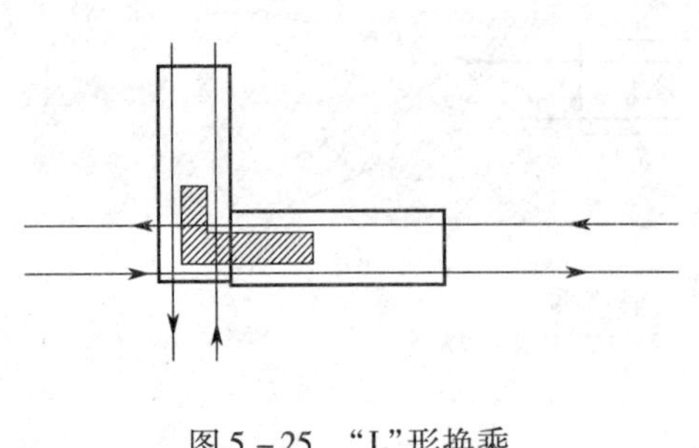

图 5 – 25　“L”形换乘

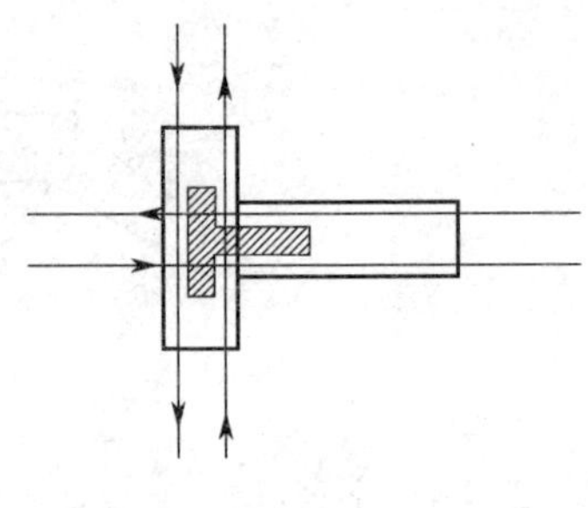

图 5 – 26　“T”形换乘

5. “H”形换乘

两个车站在同一水平面设置，以换乘通道和车站构成“H”形，如图 5 – 27 所示。一般采用站厅换乘或站台到站台的通道换乘。

图 5 – 27　“H”形换乘

五、换乘站的分布原则

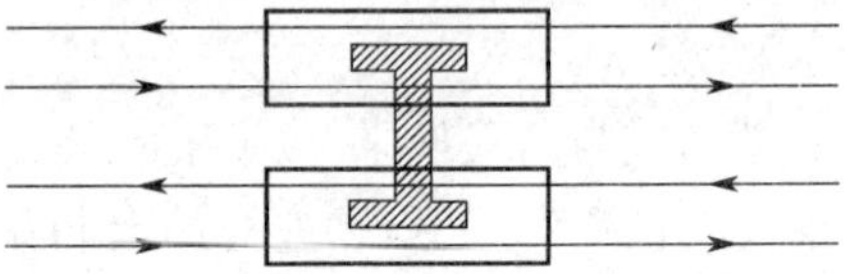

换乘站的分布的一般原则有：

(1)线网中任意两条线路有可能尽量相交一或两次。

(2)换乘站应适当分散，避免过分集中在城市中某个狭小区域。

(3)换乘站最好为两线交叉，以利于分散换乘客流，合理控制换乘站规模，简化换乘站客流组织，降低工程施工难度，节省工程造价，维持车站良好乘车秩序，组织高密度行车，提高运行质量。

(4)换乘站应尽量避免三条以上线路交叉在一点，以减少换乘客流干扰，降低工程难度。

(5)换乘站应主要分布于城市重点区域，如中心区或外围特大型客流集散点。

第六章
车辆段/停车场

城市轨道交通车辆保有量较多,运行时间长,运行距离长,技术要求高,安全可靠性指标高,对车辆的运用、维护保养、检修均有很高的要求,需设置专门的机构完成。这一机构即为车辆基地,其主要任务是车辆的运用、保养和修理,使运行车辆保持良好的技术状态,确保行车安全,提高车辆的运行效益。车辆基地是城市交通系统的重要组成部分。车辆基地一般称为车辆段。

第一节　车辆段与综合基地

除车辆段以外,尚有综合维修中心、物资总库和技术培训中心等,是城市轨道交通正常运营所必须的设备和设施。它们的各种设备、设施与车辆段有着较紧密的联系,实现综合利用,有利生产,方便管理和节约投资。培训中心虽具有相对的独立性,但与车辆段布置在一起时邻近现场,对教学也有一定的好处,同样也可利用车辆段的公共设施。因此综合维修中心、物资总库和培训中心应尽量与车辆段布置在一起,形成车辆段与综合基地。

一、车辆段与综合基地的设计

车辆段与综合基地的布局应综合考虑市政规划、轨道交通路网规划、道路交通、土地、供电、给排水和环境保护等诸因素。

车辆段与综合基地的功能、布局和各项设施的配置应根据城市轨道交通线网规划、既有车辆设备的状况和工程具体情况分析确定。一座城市首建的城市轨道交通工程的车辆段与综合基地应具有较为完善的功能。

车辆段与综合基地的设计,应初、近、远期结合,统一规划,分期实施。其车辆的配置应按初期运营需要配置,以后根据运营的需要逐步添置;站场股道、房屋建筑和机电设备等应按近期需要设计;用地范围应按远期规模并在远期站场股道和房屋规划布置的基础上确定。

二、车辆段与综合基地选址

车辆段与综合基地选址应满足下列要求：

1. 用地应符合城市总体规划

车辆段与综合基地一般都建在地面上，占地面积较大，为保证用地，通常在编制“城市轨道交通线网规划”时已对各条轨道交通线路的车辆段与综合基地的地点和用地面积作了初步安排，并纳入城市的总体规划。随着城市的发展，总体规划可能会有所变化或调整。

2. 有良好的接轨条件

车辆段与综合基地的良好接轨条件是保证正常运营、降低工程投资和运用费用的关键。车辆段与综合基地通常在终点站、折返站或其他车站与正线接轨，其接轨点和接轨方式的选择应保证列车进入正线安全、可靠、方便、迅速及运行经济。线路和车站可能在地下，也可能高架，而车辆段与综合基地通常设于地面，选址应靠近正线，保证与接轨站之间有适当的距离，在满足线路坡度、平面曲线半径和信号要求的前提下，尽量铺设较顺直的出入段线，并缩短出入段线的长度，既要保证正常运营作业的需要，改善使用条件，又要尽量减少工程投资。同时还应注意选址的地形、地貌和周围环境，避免出入线因穿越建筑物、构筑物或跨越河流、水域而增加工程量。

3. 避开工程地质和水文地质不良的地段

车辆段与综合基地内通常设有数十条股道和总建筑面积近 10 万 m^2 的各类厂房、车间和办公楼等房屋建筑，还有各种大型设备和室内、外构筑物，这些股道、房屋、大型设备和构筑物都必须有稳定的基础，以保证生产的安全和各项设备、设施功能的发挥。所以，车辆段与综合基地的选址应尽量选用地形、地貌、地质构造、地层岩性等工程地质条件和地表、地下水位、水量、岩土含水性、地下水腐蚀性、岩土渗透性等水文地质条件较好的地段，尽量避开地质不良地段，为施工和运营创造有利条件，降低工程造价和运营维修成本。处于工程地质和水文地质不良地段的工程必须采取适当的措施进行处理，防患于未然。

4. 具有良好的自然排水条件

车辆段与综合基地占地面积大，排水种类较多，有地面排水，生产、生活废水和污水的收集和排放，还有纵横布置的管沟排水。由于大量股道的布置和分散的房屋建筑物，造成基地内的排水系统相当复杂。具有良好的自然排水条件，可为排水系统的设计和运营提供有利的前提。

5. 便于城市电力线路、给排水等市政管道的引入和道路的连接

城市电力线路的引入主要保证是设施用电和运营供电，对利用城市电网供电的供电质量和电力线路的引入条件就显得非常重要。既有和规划给排水等市政管道，对于

城市轨道交通也非常重要。车辆段与综合基地内应有运输道路及消防道路,并应有不少于两个与外界道路相连通的出口,这是材料设备的运输和消防的需要。

6. 有足够的有效用地面积及远期发展余地

车辆段与综合基地的用地面积应根据功能和工艺要求以及总平面布置确定,而且对用地地块的长度和宽度以及地块的几何形状都有一定的要求。

车辆段与综合基地总平面布置应以车辆段为主体,根据段址地形条件,充分考虑综合维修中心、物资总库及其他设备、设施的功能要求和工作性质,按有利生产、方便管理和方便生活的原则进行统筹安排。各项设备、设施宜分区布置,并应充分考虑远期发展条件。

三、车辆段与综合基地的组成

1. 车辆段

车辆段是城市轨道交通车辆停放、检查、整备、运用和修理的管理中心。车辆段担负全线车辆的运用维修和检修任务,每天进出车频繁,与正线关系密切,而且线路、设备和房屋建筑多,工艺要求严格,因此,车辆段与综合基地的总平面布置应以车辆段为主体。

2. 综合维修中心

综合维修中心是城市轨道交通各种设备和设施的维修管理单位。其功能应满足全线线路、路基、轨道、桥梁、涵洞、隧道、房屋建筑和道路等设施的维修保养工作,以及供电、通信、信号、机电设备和自动化设备维修和检修工作的需要。

多数运营单位在段内设运用车间,车间下辖乘务队、运转值班室、信号楼、乘务员备乘休息室、内燃轨道车班等。

一般还设有为供电、通信信号、工务和站场建筑服务的维修管理单位。

3. 物资总库

物资总库,担负城市轨道交通材料、配件、设备和机具及劳保用品等的采购、存放、发放和管理工作,以正常运转和材料设备供应。物资总库设有各种仓库、材料棚和必要的办公、生活房屋,以及材料堆放场地。

4. 培训中心

培训中心负责组织和管理职工的技术教育和培训工作,应根据当地城市轨道交通的实际需要设置。一般一座城市的城市轨道交通只宜建立一处培训中心,以加强集中管理,避免重复建设。

5. 救援设施

车辆段与综合基地内应设救援设施,确保及时、准确地处理事故。

救援用的轨道车辆宜利用车辆段和综合维修中心的车辆,包括车辆段的调车机车和维修中心的接触网检修车等，并根据救援需要设置专用地面工程车和指挥车。

四、车辆段与综合基地的规模

车辆段与综合基地的基本规模主要取决于配属车辆数，其中大部分是运行车辆。为此，车辆段与综合基地应有足够的停车位和专门的洗车场地，相应数量的检修台位和试验台位，相应规模的后勤和行政管理设施。车辆段与综合基地的基本规模一般都比较大，用地面积为 20 万 ~ 30 万 m^2，库房面积为 7 万 ~ 10 万 m^2，各种轨道的总长度为 8 ~ 10 km。

五、车辆段与综合基地和铁路的联系

车辆段与综合基地宜与铁路接通，这是为了在轨道交通建设和运营期间，便于车辆、设备、物资运送便捷和经济，车辆段设在铁路附近，便于与铁路相连接。尤其在轨道交通系统建设和运营初期，为了便于车辆、设备、物资运送便捷和经济，车辆段应设址在铁路附近，与铁路专用线相连接。

第二节　车辆段/停车场的设置

一、车辆段与停车场

根据功能，车辆基地可分为检修车辆段和运用停车场。

尽管“车辆段”的名称仍属外来语，但其在我国已沿用数十年，同时考虑到我国铁路系统也一直沿用，因此采用“车辆段”泛指城市轨道交通车辆检修设施和运用整备设施的总称，并将车辆检修设施和运用整备设施分别称为检修车辆段（简称车辆段）和运用停车场（简称停车场）。

车辆段必须配备相应修程的各种检修设备和设施，包括检修库和各种检修线路、各种辅助生产车间和设备，以及为车辆检修服务的各种设施，如试车线、镟轮线、给水设备、供电设备和污水处理设备等。

停车场（独立设置的，下同）往往只配备停放车辆的股道和一般车辆维修整备设备，仅能完成车辆的运用管理、清洁整备、列车安全检查和月检等日常维修保养工作。简单的停车场也可不担负月检任务，其月检设施可设于相关车辆段内。

车辆段与停车场的区别：

(1)作业范围不同

除运用管理外，车辆段必须完成车辆检修的相应修程，而停车场只承担日常维修保

养工作。

(2)设备和设施多少

除停车线路外,车辆段必须配备相应修程的各种检修设备和设施,而停车场往往只配备一般车辆维修整备设备。

(3)规模大小

车辆段设备和设施多,且与综合基地合建,占地面积大,规模大,而停车场相对规模较小。

(4)设置与否

一般每条线路必需设一个车辆段,必不可少,而停车场只有运行线路较长时才设。

(5)隶属关系不同

车辆段是城市轨道交通的独立生产单位,而独立设置的停车场隶属于相关的车辆段。

二、车辆段/停车场的功能

车辆段的主要功能如下:

(1)列车的停放、调车编组、日常检查、一般故障处理和清扫洗刷、定期消毒。

(2)车辆的修理——月修、定修、架修与临修。

(3)车辆的技术改造或厂修。

(4)车辆段内通用设施及车辆维修设备的维护管理。

(5)乘务人员组织管理、出乘计划的编制、备乘换班的业务工作。

停车场的主要功能如下:

(1)列车的停放、调车编组、日常检查、一般故障处理和清扫。

(2)车辆的修理——月修与临修。

(3)管理乘务人员出乘、备乘轮班。

三、车辆段/停车场的设置

1. 车辆段的数量

为充分利用设备、便于管理、节约投资,通常将停车场和车辆段合并设置在一起,统称为车辆段。

城市轨道交通线路一般不长,车辆也不多,根据技术经济论证,车辆段的设置应集中为宜。一般每条线路设一个车辆段。一个车辆段的规模,配属车辆(指分配属于车辆段的运行车辆、备用车辆、在修车辆的总称)一般控制在300~500辆范围内。只是在线路太长(如超过20 km),回送车辆不便,或车辆段用地面积受限制,或运营的特殊需要等情况下,为了减少列车空走距离、有利于运营和分担车辆的检查清洗工作量,才在线路的另一端设独立设置的停车场,负责部分车辆的停放、运用、检查和整备工作。

当技术经济合理,也可以两条或两条以上线路共设一个车辆段。在特大城市,轨道交通车辆较多时,才考虑一条线路设置第二个车辆段。

2. 车辆段/停车场的规模

车辆段/停车场的规模应满足功能和能力的要求,并根据线路走向和行车交路、列车对数、列车编组、管辖范围内配属列车数、车辆技术参数、检修周期和检修时间计算确定。

3. 车辆段的设置位置

从运营效率来看,车辆段设在线路中部较好。但是城市轨道交通线路一般都穿越市区,线路中部多为市中心地区,要征用大规模用地是不可能的。因此,往往在城市边缘区或郊区征用土地,采取在线路端部设置车辆段的方法。这种方式与线路起终点在郊外,线路中部穿过市中心的情况相配合,早上车辆由车辆段向市中心方向发车,晚上往郊外方向入车辆段,配车的损失时间减少。

4. 车辆段/停车场的设计原则

(1)进出顺畅

车辆段/停车场是列车运营的起始与终止场所,其设计要根据线路特点保证列车出入段/场的顺畅,满足能力要求。

(2)停检分区合理

在较长的线路,车辆段与停车场的确定需要考虑位置分布,以保证停车和检修理分区合理,便于运营组织与管理的方便。

(3)用地紧凑

城市轨道交通系统一般在市区,土地资源稀缺,且价格昂贵,车辆段与停车场的设计要紧凑,以降低建设费用。

5. 车辆段的设置方式

车辆段均设在地面,采用平面布置,使投资大幅度降低,调车作业方便易行,管理较为方便。

车辆段如立体设置,对于高架结构的轨道交通而言,列车不需经常运行在长大上下坡道出入库,但是投资难以承受。

6. 车辆段的布置形式

车辆段/停车场的平面布置应力求作业顺畅、工序紧凑合理。根据车辆段内所需的各种线路的使用功能和有效长度,并结合地形的具体情况,与正线车站的联系布置,即车辆段的站场形式可以分为尽头式(尽端式)车辆段和贯通式车辆段两种,见图6-1。车辆段/停车场为贯通式布置时,应设联络车场两端咽喉区的走行线。

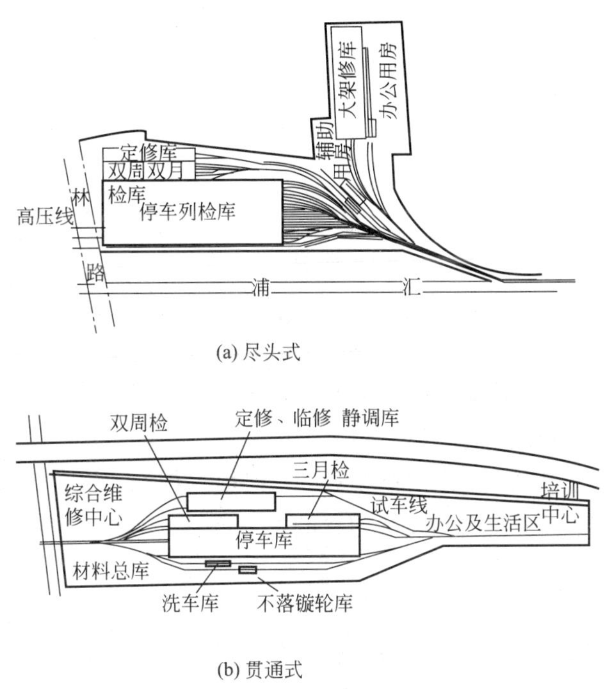

图 6－1　车辆段平面布置示意图

尽头式车辆段对车辆段的工艺要求相对简单，一般位于城市的边缘，对城区环境污染较小；车场只有一个咽喉区，在相同的停车条件下，占地面积小，线路短，铺轨工程量较小。但是只能一个方向发车，列车出入段灵活性差，咽喉区交叉作业多。

贯通式车辆段可向两个方向同时发车；两端列车出入段灵活、方便、迅速；段内作业顺畅，咽喉区交叉作业少。但是对车辆段的工艺要求相对复杂；车场两端都布置咽喉区，占地较大，线路较长，铺轨工程量较大；如果车辆段离城区较近，会对城区产生一定的环境污染。

四、车辆段的分类

1. 车辆检修制式

城市轨道交通车辆检修采用两种制式：厂修、段修分修制和厂修、段修合修制。

(1)厂修、段修分修制

厂修、段修分修制，就是修建专门的车辆大修厂（不限于 1 个），承担全线路网各线车辆的大修任务；车辆的架修、定修及其以下的修理工作，由各线的车辆段承担。这种制式，用于线网规模较大的城市，优点是实行专业化生产，形成规模效益，有利于提高修车质量，具有一定的经济性。缺点是在工程建设起始阶段必须同时修建车辆大修厂和车辆段，由于形成有一定规模的轨道交通线网须经几十年时间，因此大修厂在建成后相当时间内，因车辆大修车任务不足，投资效益难以发挥。国内目前只有北京采用厂修、段修分修制。

(2)厂修、段修合修制

厂修、段修合修制就是不设专门的车辆大修厂，车辆的大修在车辆段内进行。对于线网规模不大的城市，采用厂修、段修合修制较为经济。采用厂修、段修合修制，可以避免上述问题。另外，由于车辆进行大修所用的大部分机械设备与车辆进行架修所用的机械设备基本相同，因此，将厂修与段修合并还可减小机械设备的重复投资，提高设备利用率。国内除北京外，其他城市均采用厂修、段修合修制。

2. 车辆修程

城市轨道交通车辆的检修规程通常分为列检、月检、定修、架修和厂修(又称大修)。根据修理规程的规定，各种修程包含的主要检修范围和内容如下。

(1)列检

对容易出现危及行车安全的各主要部件(如轮对、弹簧、转向架、受电弓、控制装置、空气制动装置、车钩及缓冲装置、蓄电池、车门风动开关装置、车体、车灯等)进行外观检查，对危及行车安全的故障及时进行重点修理。

(2)月检

对车辆外观和一般功能进行检查，即对车辆主要部件的技术状态进行外观检查和必要试验，对危及行车安全的故障进行全面修理。

(3)定修

主要是预防性的修理，需要架车。对各大部件的技术状态和作用做较仔细检查，对检查发现的故障进行针对性修理，对车上的仪器和仪表进行校验，车辆组装后要经过静调和试车。

(4)架修

主要是检测和修理大型部件(如走行部、牵引电机、传动装置等)，同时，通过架车对车辆各部件进行解体和全面检查、修理、试验，对计量的仪器仪表进行校验，车体要重新油漆标记，组装后进行静调和试车。

(5)厂修

是全面恢复性修理。要求对车辆全面解体、检查、整形、修理和试验，要求完全恢复其性能，组装后要重新油漆、标记、静调和试车。总之，厂修后的车辆基本上要达到新车出厂水平。

城市轨道交通车辆的检修周期及检修时间标准如表 6-1 所示。

表 6－1　城市轨道交通车辆的检修周期及检修时间标准

类别	检修种类	检修周期		检修时间(天)
		里程(万 km)	时间/年	
定期检修	厂修	100～200	10～12	35/32
	架修	50～60	5～6	20/18
	定修	12.5～15	1.5	8/6
日常维修	月检		1 月	2/2
	列检		每天或双日	

注:1. 表中分子为近期天数,分母为远期天数。

2. 表中检修时间是按部件互换修确定的。

3. 架(厂)修段和定修段

车辆段可根据担负车辆检修等级的不同(即作业范围的不同)分为架(厂)修段和定修段。

我国城市轨道交通车辆检修制度属于覆盖性检修,即高修程检修应包括低修程检修的全部内容,目前定期检修修程包括定修、架修和厂修三个等级。为充分利用设备,架(厂)修除完成架修(或厂修)任务外,尚应能完成定修任务;定修段则仅完成定修及其以下任务。

五、车辆段的组成

车辆段规划总体上主要分为三个部分:咽喉部分、线路部分及车库部分。

1. 咽喉部分

咽喉部分是车辆段的线路部分及车库部分与正线的连接地段,有出入段线和很多道岔,直接影响整个轨道交通的正常运行。咽喉部分既要注意保证行车安全、满足输送能力的需要,又要保证必要的平行作业,尽量缩短咽喉区长度,以节省用地。

出入段线应在车站接轨,接轨站宜选在线路的终点站,有条件时可选在折返站;出入段线应按双线双向运行设计,并避免切割正线,有条件时可结合段型布置,实现列车调头转向功能;出入段线应根据行车和信号的要求,留有必要的信号转换作业长度;停车场出入线可根据需要设计为双线或单线。

2. 线路部分

线路部分有各种不同用途的线路,包括停车线、洗车线、牵出线、试车线以及材料线等。

3. 车库部分

车库部分有停车库、检修库。各库之间应有便捷的联系。

(1)停车库

停车库主要用于夜间收车后车辆集中停放,以及停放备用车辆。除了停放车辆外,它还是日常检修保养的场所,用于车辆编组、清扫、整备、维修和日常管理,所以设有检查坑。停车库不仅要有足够的轨道停车位,同时还要配置管理人员、乘务员工作和活动休息的场所。

停车库的布局在城市土地规划许可条件下,以车辆进出便捷为原则,规模不宜过大,配属车辆控制在100~200辆为宜。一条线路设一处停车库,如有公共交汇点的两条线路,在车辆不多情况下,也可设置一处停车库。当一条线路过长,为有利于线路上的收、发车,可考虑远离停车库的另一端设置停车线。

停车库以车辆进出便捷为原则,规模不宜过大,应保证所有车辆停放的需求,需在停车库停放的车辆数是运用车辆与备有车辆的和。

为便于列车进出,一条停车线存放的列车数不应超过2列。

停车库内有检车线、停车线、列检线。检车线用以做简单的维护保养作业。停车线专门用于停车,需配置雨棚、站台,便于简单维护保养,降低车辆的自然破损(常用封闭式车库)。洗车线设置于停车库与运行线路之间,专门用于车辆清洗,设有洗车设备、污水处理设施。列检线专门用于一般检查。

停车库计算长度:

$$L_{tk}=(L+2)\times N_t+(N_t-1)\times 8+9$$

式中 L_{tk}——停车库计算长度(m);
L——最大列车编组长度(m);
N_t——每条线停车列位数;
2——停车误差2 m;
8——停车列位之间通道宽度8 m;
9——停车库两端横向通道宽度9 m。

(2)检修库

检修库根据其性质,包括:列检库、双月检库、定修库、架修库、大修库等。列检库完成列检作业,也可在停车库列检线完成。双月检库完成列车双月检作业。定修库完成列车定修作业。架修库完成列车架修作业。大修库完成列车大修作业。按车辆检修修程、检修内容、车辆数,设备各检修库的线路、设备容量及人员等。检修车辆停放于检修库内。

列检库计算长度:

$$L_{jk}=(L+5)\times N_j+(N_j-1)\times 8+9$$

式中 L_{ik}——列检库计算长度(m);

L——最大列车编组长度(m)；

N_j——每条线列检列位数；

5——停车误差 2 m 和检查坑两端阶梯踏步各 1.5 m；

8——列检列位之间通道宽度 8 m；

9——列检库两端横向通道宽度 9 m。

月检库计算长度：

$$L_{yk} = (L+2) \times N_y + (N_y - 1) \times 8 + 25$$

式中　L_{yk}——月检库计算长度(m)；

L——最大列车编组长度(m)；

N_y——每条线月检列位数；

2——停车误差 2 m；

8——月检列位之间通道宽度 8 m；

25——月检库设计附加长度 25 m。

定修库计算长度：

$$L_{dk} = L + N_d \times 1 + 16$$

式中　L_{dk}——定修库计算长度(m)；

L——最大列车编组长度(m)；

N_d——列车单元数；

1——列车单元解钩后车钩检修作业所需距离为 1 m；

6——定修库设计附加长度 16 m。

检修库内有出入库线、检修线、车体整修线、试车线、镟轮线和其他线路。出入库线是检修库与停车库以及直接与正线连接的线路。检修线设在各检修库内用于检修。车体整修线完成分解车体、喷丸除锈、结构整修、车体组装等作业。试车线完成定修、架修、大修等修程的车辆进行试车检测。镟轮线是当轮对磨耗不对称(圆度、斜面不等)时进行镟轮作业的线路。其他线路有：调车用牵出线、与铁路的联络线、内燃机车线、材料线等。

六、车辆段的布局

车辆段的总平面布置是在轨道车辆运行组织、维护检修规模、工序流程及特点、保证防火安全和符合环保规定的前提下，结合场地的自然条件，对车辆基地的房屋建筑、道路、管线和绿化进行综合总体平面布局，并以此作为基地各项单体建设项目设计、施工的共同依据，以保证车辆基地生产高效、有序、安全、文明。

车辆段生产房屋的布置应以运用及检修库为核心，各辅助生产房屋应根据生产性质按系统布置。与运用和检修作业关系密切的辅助生产房屋宜分别布置在相关车库的侧跨内或邻近地点;性质相同或相近的房屋宜合并设置。

车辆段空气压缩机间、变配电所、给水所和锅炉房等动力房屋,应设置在相关的负荷中心附近。

产生噪声、冲击振动或易燃、易爆的车间宜单独设置;产生粉尘、有毒或有害气体的房间或设施宜布置在常年主导风向的下风侧,并宜远离生活、办公区。

第三节 车辆段的设施

一、车辆段的必备设施

车辆段一般需要配置以下设施。

1. 停车库

车辆段应有足够的停车场地,确保能够停放管辖线路的回段车辆。车辆段的位置应保证列车能够安全、便捷地进入正线运行,并应尽量避免车辆段出入线坡度过大、过长。

2. 检修车间

车辆段内需设检修车间。检修车间含架、定修库和月修库;列检作业在列检库或停车库(线)进行。检修车间内应设桥式起重机、架车设备、车轮镟削机床及存轮库,必要时应设不落轮车轮镟床;转向架、电机、电器、制动机维修间;转向架等设备的清扫装置,单独设立的喷漆库;车辆配件的仓库。

3. 车辆清洗设备

车辆段必须配备车辆清洗设备,并设专用的车辆清扫线。

4. 设备维修车间

车辆段内还应有设备维修车间,负责段内的动力设施及通用设备维修。

二、车辆段的线路

城市轨道交通车辆段根据生产需要和所担负的任务范围一般应设置下列线路:

(1)停放线路:列车停放线。

(2)作业线路:列检作业线、月检作业线、定修线、临修线、架修线(或大、架修线)。

(3)辅助作业线路:清洗线、吹扫线、油漆线、不落轮线。

(4)试验线路:静态调试线、动态试车线。

(5)辅助线路:调机停放线、牵出线、材料装卸线、回转线、铁路联络线、救援列车线。

1. 车辆段的各种线路

(1)列车停放线

城市轨道交通系统不是全日运营,夜间列车需回段停放。列车停放线的数量应按车辆配属数量减去所设计的检修列位(检修列位一般也可兼做停放列位使用)来确定,使所有列车夜间可以全部回段停放。由于城市轨道交通列车编组较短,尽头式列车停放线长度按2列位设计,贯通式列车停放线长度按3~4列位设计。列车停放线数量应含备用列车停放线。

如果车辆段条件受到限制,也可考虑利用终端站、折返站存车线夜间停放部分列车。

(2)列检作业线

列检作业线用于车辆的日常检查。列检作业线的数量一般为运用车数量的30%,线间距为4.6~5.0 m,并要求设置检查坑。检查坑的长度应满足最大列车编组长度,应为最大列车编组长度+5 m,5 m包括停车误差2 m和检查坑两端阶梯踏步各1.5 m。

线路长度可按2列位或3列位设计。列车停放线和列检作业线的线间距要求不一样,可将列车停放线与列检作业线混合设置或分开设置,这主要取决于车辆段布局形式。为便于列检作业,也可对所有线路均设置检查地沟。

(3)月检线

月检线用于更换车辆的某些零部件,检查调试牵引、制动系统。每条月检线都设检查坑,线间距为6.0 m。尽端式,月检线应按1列位设置;贯通式,月检线可按两列位设置。

(4)定修线

定修线用于对车辆进行架车局部分解,对一些关键部件进行检测、修理。定修线数量根据检修台位确定,并设有检查坑,线间距为7.0 m。线路长度不宜采用多列位设置,一般采用一列位形式。

(5)架修线

架修线用于对车辆进行架车解体,根据检修工作量确定线路数,线间距为7.5 m。线路长度不宜采用多列位设置,一般采用1列位形式,甚至可采用半位(或一个单元)方案。

(6)洗车线

洗车线是为保持运用列车的清洁而设置的。洗车线有尽端式和贯通式两种布置形式,贯通式布置使用方便,但占地过长。采用固定自动洗车机的清洗线要求满足清洗库前后各一列位长度,且库两端应至少有一辆车长度的直线段,清洗作业时不得影响其他列车的正常作业和运行。一般情况下,洗车线单独设置,不宜与车辆段出入线共用。

尽端式洗车线有效长度:

$$L_{xj} = 2L + L_s + 10$$

式中　L_{xj}——尽端式洗车线有效长度(m);

2L——洗车机设备前后各一列车长度(m)；

L_s——洗车机长度(包括联锁设备)(m)；

10——线路终端安全距离 10 m。

贯通式洗车线有效长度：

$$L_{xg} = 2L + L_s + 12$$

式中 L_{xg}——贯通式洗车线有效长度(m)；

2L——洗车机设备前后各一列车长度(m)；

L_s——洗车机长度(包括联锁设备)(m)；

12——信号设备设置附加长度(m)。

(7)不落轮线

不落轮线用于对车辆在列车不解体的情况下进行全镟轮作业，是保证轨道交通车辆安全运行、提高车辆运行效率的重要设备。对于列车运行过程中因摩擦产生的擦伤、偏磨等不良故障，可以在列车不解体的情况下进行镟轮作业。不落轮线的长度应满足不落轮镟库前后各有 1 列位长度要求，避免影响其他列车的正常作业和运行。作业区段应为平直线路，以保证全镟轮精度。

(8)牵出线

牵出线用于车辆段内的调车作业，根据段内车库位置设 1 ~2 条。线路长度至少应满足 1 列位长度，并设置在方便调车作业、能与车辆段内各线路连通的位置。

牵出线有效长度：

$$L_q = L_{qc} + L_d + 10$$

式中 L_q——牵出线有效长度(m)；

L_{qc}——通过牵出线的列车总长度(m)；

L_d——调车机车长度 12 m；

10——牵出线终端安全距离 10 m。

(9)试车线

试车线用于列车的动态试验。列车经定修、架修或大修后，要求在线路上进行动态试验，检验列车维修后不同速度下的各种工况指标。试车线一般靠近检修库，便于列车上线试验。

试车线长度应根据车辆性能和技术参数以及试车综合作业要求确定。试车线应为平直线路，困难条件下允许在线路端部设部分曲线，其线路应满足列车试验速度的要求；试车线的其他技术标准宜与正线标准一致。

试车线线路上应设置一段检查坑，检查坑长度不应小于 1/2 列车长度加 5 m，检查坑深度应为 1. 2 ~1. 5 m，坑内应有照明和良好的排水设施。

如果受用地限制，车辆段内无法设置试车线时，也可考虑先在段内进行中低速试验，并利用夜间停运间隙，再到正线进行最高速度的动态试验。

(10)回转线

列车长期运行，会产生轮缘偏磨。在有条件的情况下，可在车辆段内设置回转线。利用列车在车辆段停留时间上线运行，以平衡轮对偏磨情况。回转线可根据车辆段的地形和布置特点，采用灯泡线或三角线，也可根据车辆段出入线的布置情况，采用外八字形布置方式。

(11)铁路联络线

在有条件的情况下，车辆段内要求设置与铁路相连的联络线，以沟通轨道交通系统与铁路的联系，解决轨道交通系统材料、大型设备的运输以及新车入段的问题。

(12)调机停放线

调机停放线用于停放和检修段内配属的调车机车，可根据配属的数量设置1～2条线路。

(13)救援列车停放线

救援列车停放线用于停放救援列车，在城市轨道交通系统发生事故或灾害时进行抢救。一般设在咽喉区附近，并有适当的场地。

(14)底架清(吹)扫线

为进行列车定修及架修(或大修)作业，需设置底架清(吹)扫线，对运行后的列车底架和车下设备进行清洁，以便列车解体和检修作业。线路作业长度按1列位确定，数量则根据检修工作量确定。为了不影响周围环境，吹扫线应尽量设在车辆段的下风方向。

(15)油漆线

油漆线用于列车大、架修作业后对车体重新喷漆，油漆线长度可按列位或单元长度确定，数量则根据检修工作量确定，油漆线应设在下风方向。

(16)材料装卸线

材料装卸线引入材料库区，便于外购设备、材料、备品备件的运输。

2. 车辆段线路设计

(1)车辆段线路平面设计

车辆段线路平面设计应满足车辆运用及检修工艺的要求。

①明确车辆段内各种用途的线路数量，然后确定所使用的道岔号数和最小曲线半径；道岔号数和曲线半径越大，车辆段的咽喉区就越长，占地面积就越大。一般情况下列车在车辆段内低速运行，速度在15 km/h左右，完全可以选用小号码道岔，以节约占地。我国《地铁设计规范》(GB 50157)规定车辆段应采用不大于7号的道岔，目前国内城市轨道交通车辆段均采用7号曲尖轨道岔，150 m曲线半径(A型车)和110 m曲线半径(B型车)。

②车辆段线路的夹直线最小长度不得小于 3 m。

③咽喉区道岔布置应力求紧凑,以减少占地;道岔与股道以梯线或倍角方式连接,并尽量使若干股道集成一束,有利于节约用地并便于设置股道间的排水沟。

④应考虑将列车停放线和检修线分开布置,在其间要有便捷的联络线,并符合工艺流程,减少迂回走行和进路交叉。

(2)车辆段线路纵断面设计

纵断面设计是为了确定车辆段各控制点的标高,是车辆段横向和竖向设计的基础。

①结合现状地形、地物的标高,周围道路、河、湖水面的标高,当地洪水位或邻近河流的内涝水位等因素,确定车辆段站场路基标高。

②根据接轨点标高、站场路基标高及车辆段出入线的长度,设计车辆段出入线及车辆段内线路的纵断面。

③车辆段库内线路宜设计成平坡,库外线路可设在不大于 1.5‰的坡道上,咽喉区最好设计成向段内方向的下坡道,以防车辆溜入正线。

④车辆段库内线路的最小竖曲线半径不得小于 2 000 m。

(3)车辆段线路横断面设计

①车辆段横断面设计以总平面图、纵断面图、站场排水图为基础,根据站场排水需要确定车辆段断面形式,以及段内各控制点和主要构筑物如线路、房屋、排水沟及地下管线等的标高,计算土石方工作量。

②断面横向坡度一般采用 2‰,为了避免段内高差过大,站场内均采用锯齿形横断面。

三、车辆段的设备

车辆检修设备分为通用设备和专用设备两种。通用设备有:起重运输设备、机械加工设备、探伤设备、焊接设备、动力设备和计量化验设备。专用设备是针对列车检修用的,有:拆装设备、检测试验设备、专用切削设备、清洗设备、起重提升设备、救援设备、非标设备和专用工装。不同的修程,涉及的设备不同。

1. 车辆维修设备的配置

车辆维修设备的配置摒弃了大而全、小而全的形式,向着车辆维修资源共享的方向发展。利用社会化、专业化服务资源进行互补,避免出现重复配置造成投资成本高、维修成本大(设备的闲置和损坏)、维修能力浪费的情况。

(1)配置原则

设备配置的基本要求是:具有先进性、专业性,必须安全、可靠、高效。

①按基本需求配置

以各段/场的功能为依据,配备生产运营的基本设备;满足列车维修等级的需求,分停车场、车辆段两种需求配置。

②按专业需求配置

根据各段的车型、部件专业维修的布点，配备相应的专用(共享)设备。

③按特殊要求配置

以安全为依据，配备专业性较强的特种设备；对特殊设备（如起复救援设备)，应考虑多线合用、品种齐全、功能完善，对磨轨车等投资大的特殊设备应在多线运行的基础上配置。

(2)一般修理(定修以下)的设备配置

列车检修设备的配置数量、种类主要取决于列车的配属数量和检修能力、配属车辆数和运营线路的长度、行车间隔时间及执行的检修修程标准。

目前执行的列车修程为列检(日检)、周检、月检、双(三)月检、临修，均以互换修为主，进行车辆各种零部件的定期检查和更换。一般修程(包括临修)，必须完成对列车在运行时发生的车轮踏面擦伤、剥离、磨耗进行修正复原，完成列车车载设备、车下悬挂部件、牵引电机、电气箱、单元制动机故障修复和更换，完成车顶设备(空调机组、受电弓)的修复，以及完成列车的日常清洗等工作。

配置的大型专用设备有：不落轮镟床、地面(移动式)架车机、地下(固定式)架车机、列车自动清洗机等。小型专用设备有：列车蓄电池充放电设备、空调机组专用检测设备、空调机组抽真空充液设备、蓄电池运输车、蓄电池(柴油)叉车、列车车顶吊装设备(行车、悬臂吊)、场内调机(轨道车和内燃机车)、列车运行在线检测装置(测量轴温、车体下悬挂物检测等功能)、电气部件检修设备、专用仪器仪表、试验台等。通用设备是常用的车、钳、刨、铣等金属切削设备、动力设备等。

(3)维修(架、大修)的设备配置

列车大修程检修等级分为：大修、架修、定修、部件修，检修周期的确定为列车运行公里数或使用年限，以先到为准。

按大修规程，应对列车进行架车、解体；转向架构架探伤、整形；轮对分解、检查；牵引电机分解、检查、更换零部件、性能测试；车门门页整形、气缸更换；车体重新油漆以及静调、动调；最终恢复列车的出厂标准(或大修标准)。架修规程规定只对车体进行架车、基本解体，对走行部分及牵引电机等主要部件进行检查、测试和修理。定修是只进行局部解体，对大型部件进行检查、测试和修理，对轮对踏面进行不落轮镟削，恢复形状。根据架、大修修程，检修设备的配套数量也因检修项目的增加而增加。维修设备的配置随检修台位量、检修规模、工艺流程而定。

根据检修工艺的流程，专用设备配置为：架车、车体分解工艺的设备；转向架拆装工艺流程的设备；轮对装拆工艺流程的设备和工装配置；牵引电机检修工艺流程的设备和工装配置；制动系统检修工艺流程的设备；空调检修设备；蓄电池检修设备；其他部件检修设备；静态、动态调试设备；油漆工艺的设备；其他加工设备；动力设备。

在一般修理中,只需配备少量的金属切削设备即可。折弯机、剪板机、冲剪机、弯管机、锻造设备等,可采用社会化委外加工方式,不配为佳,以压缩投资规模,减少用地面积,降低维修成本。

(4)列车安全运营的特殊设备配置

由于列车部件的突然损坏、系统控制失常、运行线路信号故障、道岔故障、隧道故障、线路突发情况及一些人为的操作指挥失误,均会造成列车出轨、相撞、追尾等事故。为了及时抢救生命、尽快恢复现场,确保交通畅通,将损失减小到最低,就要迅速进行救援工作。城市轨道交通由于空间相对狭小,发生事故无法用大型机械进行起复救援,只能使用特殊设计的起复救援设备进行救援。主要有:列车出轨起复设备、列车倾覆复位设备、横向平移设备、橡胶充气抬升设备、剪切设备、扩张设备、动力控制操作设备、切割设备、应急照明设备、转向架运载小车、通信设备、高压验电设备、接地设备及专用工具等。配备的动力装置有:发电机组、汽油发动机、液压泵、空压机组。

救援配套设备有:动力牵引设备(调机)、救援设备运输车辆。为提高救援速度,迅速将救援设备送至事故现场,一般情况下所有救援设备应集中存放于专业救援车辆内,一旦接到救援命令,立即将救援设备送至事故现场。

2. 车辆维修设备

(1)不落轮镟床

不落轮镟床用于列车不解体(包括各类内燃调机、轨道车以及单个带轴箱轮对)的情况下对车轮轮缘和踏面的擦伤、剥离、磨耗进行修理加工和各种数据的测量,恢复车轮的形状。

不落轮镟床镟床为地下式,安装在标准轨面下。所需轮对切削修理的车辆不用进行任何分解,直接驶上该机床与地面固定轨相联的活动道轨,就能进行轮对的切削加工。

不落轮镟床有数控和液压仿型两种形式,目前国内生产的为数控型。

不落轮镟床配套列车牵引设备和供电触网联锁装置。

(2)列车自动清洗机

列车自动清洗机完成对运行后的列车车体进行的清洗。通过自动清洗机端部和两侧不同形式的清洗毛刷组,将水和清洗剂喷射在车体上,用清洗毛刷对列车的前后端部、两侧车体侧面、车门、窗玻璃进行滚刷。清洗方式有清水洗和化学洗两种。整个清洗过程是自动的,设备配有水处理循环回用系统、软水系统、牵引系统(选配项目)等。

列车车体自动清洗机的清洗方式有室外型和室内型。按列车清洗时的牵引方式可分为侧刷固定型和侧刷自走型。目前一般采用室内侧刷固定型。

(3)架车机

架车机有地面式架车机和地下式架车机组两种。

地面式架车机能同步提升 n 节不解钩的列车单元组，以便对列车车体下部的机械、电气部件进行维修、保养和更换，设备具有使用方便、操作灵活等特点。

地下式架车机组由两个独立的车体架车机和转向架架车机组成一套架车系统，能架起 n 节列车单元。

总操作控制台能设定架车机组提升的组合数量，4 台架车机（一节车）为一组、可分别选定一组（一节车）、二组（二节车）和三组（三节车）的同步提升。

（4）公、铁路两用蓄电池牵引车

公、铁路两用蓄电池牵引车是一种既能在轨道上牵引，又能在平地上运行的两用牵引车。采用高性能蓄电池供电，自动车钩，特别适用于检修车间、车辆段站场的牵引调车作业。该车的公路铁路转换由液压系统控制，公路运行时采用三轮设计，回转半径小，能在有限的空间进行换向和上道（轨道），提高了车辆的机动性。该车牵引吨位大于 120 t，可拖动三节以上电动客车或转向架至车间任何地方，配合移车台的使用，牵引运行更加灵活。

（5）空调悬臂吊

空调悬臂是起吊、安装、拆卸、运输列车顶部空调总成和受电弓等部件的专用设备。吊车动臂在使用时能深入到供电触网下（与触网的垂直绝对距离不小于 200 mm）直接吊起车顶部件，并送到地面。悬臂吊电源与接触网供电之间有联锁。

（6）室内移车台

室内移车台用来横向一次运送整节列车至检修轨道（台位）。设备纵向端头各有一块带导轨的活动连接板，通过液压系统的控制与移车台两头的检修轨道（工作台位）相联，活动轨与固定轨呈水平，可方便地将需移动的车辆牵引进/出移车台。两头分设互锁驾驶室，可双向操作，受电采用滑触线。

（7）轮对压装机

轮对压装机用于压轮（将车轮和车轴在设定压力下装配成轮对）和退轮（将轮对分解成车轮和车轴）。压装时轮对内测距自动定位，可对不同直径的车轴进行加工，自动记录压力曲线。压装形式有一次压（退）一个轮子和一次两端同时压（退）轮子。

（8）转向架清洗机

转向架清洗机用于列车走行部件——转向架的清洗。该设备采用全封闭形式，内部设有封闭的清洗房、喷淋系统、污水处理系统、控制系统、蒸汽加热系统等。转向架从列车上分解拆下后，因高油污和积尘需对其进行清洗。转向架由该设备上的传送机构送入全封闭的清洗房内，启动设备程序后，由清洗喷管喷出被加热到 20°C 以上的清洗水和漂洗液，对转向架进行自动清洗，在规定的时间内完成设定的清洗动作，然后对转向架进行通风干燥，最后将清洗完的转向架送出清洗房，完成清洗工作。

（9）转向架升降台

转向架升降台用于提升转向架于不同的高度，便于对其进行维修和更换附件。该设备采用变速箱带动提升丝杆机构，安全可靠。通常该设备安装于转向架检修线上，复原时，提升托架与地面轨道同一水平，转向架可方便地推入提升托架定位并进行检修。

(10)试验台

转向架试验台用于车辆转向架的静态变形测试。

金属橡胶弹簧试验台适合采用一系弹簧减振的金属橡胶弹簧的试验。

交流牵引电机试验台对交流牵引电机主要参数进行的测试。

车体称重试验台为车辆大修设备，在静态情况下对架修、大修后的单节车辆进行称重。

减振器试验台对转向架上横向和垂向两种形式的液压减振器进行综合性能的测试。

阀类试验台主要用于列车的各类空气阀、气动元件在检修后的动作试验和气密性试验。

辅助逆变器试验台用于车辆辅助逆变器的整体性能试验。

空压机总成试验台用于对维修后的空气压缩机进行磨合，检测排气量、工作温升、压缩机启动性能等综合测试。

电器综合试验台用于试验和整定所有有触点电器开关元件的电气特性。

单元制动机试验台可对列车单元制动机进行各项性能指标的试验。

受电弓测试台用于列车受电弓弓体试验，能试验升弓情况下受电弓的静态特性。

空调负载试验台用于列车车顶式空调机组的名义制冷量测试。

自动车钩试验台对列车的自动车钩进行车钩连挂和解钩、气密性等性能测试。

(11)列车车下走行部在线检测设备

列车运行中，车下走行部故障是最大的安全隐患之一，可引起列车脱轨、颠覆等事故。在线检测设备具有对运营中的列车进行监控，能进行车号识别，车轴温度探测，轮对踏面擦伤检测和车速测量等功能，极大地提高了行车安全，提高了列车检修效率和自动化水平。

(12)救援复轨组合设备

救援复轨组合设备对脱轨的故障车辆进行现场恢复，保障线路畅通。救援复轨组合设备由各种功能的单台、单套设备组合而成，配套使用能完成救援工作，是城市轨道交通必须配备的关键设备。

①列车横向位移设备

横向位移设备是救援设备中主要的、常用的设备。操作液压控制器使横向位移设备中的垂直千斤顶顶升起脱轨列车，操作液压控制器使横向位移设备中的横向千斤顶(滚轴活动座)可在复轨桥上左右移动，让脱轨列车在轨道上精确复轨。

②液压牵引器

在列车失去动力牵引或现场无法实施其他牵引手段时（如调机牵引），可以采用液压牵引器来进行短距离大牵引力的救援。液压牵引器有两个轨道固定夹固定在轨道上，用来作为牵引器的固定端，液压油缸通过单向阀来锁定牵引方向。该牵引装置应用范围极为广泛，能在极其困难的环境下使用。

③切割扩张设备

操作液压控制器对切割机械和剪切机械进行操作，对受损变形的车辆外壳和内部材料实施切割，实施救援。操作液压控制器对扩张设备进行操作，对受损变形的车辆外壳（主要是活动部件，如门、窗等）进行扩张，产生救援通道，实施救援。

④气垫复轨装置

气垫复轨装置为充气式气囊，用特种橡胶制成，未充气时厚度只有 20 mm，是对体积相对较大千斤顶的一种补充，在要实施救援处的位置间距较小时相当有效（如采用千斤顶位置不够），如列车在隧道中倾覆救援，就能快速扶正倾斜的列车。气源为小型高压钢瓶，由一个两路控制气阀控制充气动作。

⑤应急电源

应急电源提供救援现场电力供应（照明、小型电动工具），一般采用发电机供电的形式，照明则采用蓄电池。蓄电池电源有轻便、安全电压、无噪声等优点，但缺点是电池容量比较小，无法长时间使用。而发电机的优点是电源功率大，能长时间提供照明和其他动力电源，缺点是噪声大。应急电源一般需要配齐蓄电池照明及发电机供电两种设备。

⑥气割设备

由小型气割设备，有气割枪、氧气钢瓶等组成，在救援现场实施气割作业。

⑦转向架救援轮对运载小车

列车运营中如走行部分（转向架轮对）发生轴承烧损、齿轮咬死、齿轮箱悬挂装置失效等故障，致使某个轮对不能转动而无法实施牵引，使用转向架救援轮对运载小车，将故障轮对托起，由救援小车替代车轮转动，使故障列车尽快撤离现场，迅速恢复线路运行。